한정판의 심리학

소비자의 구매 심리를 자극하는 희소성의 법칙

한정판의 심리학

민디 와인스타인 지음

도지영 옮김

THE
POWER
OF
SCARCITY

Mindy Weinstein, PhD

미래의창

매일 내게 웃음과 미소를 주는
우리 남편 마이크와 두 아들 쿠엔틴, 브라이슨에게

CONTENTS

PART 2 ✦ 희소성을 활용하는 법

들어가며

2017년 그날 모든 게 바뀌었다고 말하면 감상적으로 들릴지 모르 겠다. 그날 피닉스시의 기온은 또다시 43도로 치솟았다. 날이 너 무 뜨거워서 말 그대로 길에다 계란을 깨면 달걀프라이가 되고도 남을 정도였지만, 나는 그날 아침의 뜨거운 열기에 아랑곳하지 않 았다. 왜냐하면 저명한 사회심리학자 로버트 치알디니Robert Cialdini 박사와 미팅이 있었기 때문이다. 우리는 학문적인 주제를 논의하 려고 만났는데, 대화를 나누던 도중 계획했던 주제 외에 훨씬 더 많은 이야기를 하게 되었다. 커피 잔을 앞에 둔 채로 설득과 그 심 리적 영향에 대해, 메시지를 전달하는 문구의 미묘한 차이가 사람 들의 심리에 끼치는 엄청난 영향에 대해 이야기했다. 포모증후군

FOMO, fear of missing out(자신만 뒤처지거나 소외되는 것 같다는 두려움을 느끼는 증상-옮긴이)이 우리 마음에 어떤 영향을 끼치는지도 이야기의 주제 중 하나였다.

치알디니 박사와 한 시간 동안 대화를 나눈 그날부터 나는 '희소성'이라는 주제를 3년에 걸쳐 조사하고, 실험하고, 연구했다.

희소성이 터널시야tunnel vision 현상을 일으킨다는 건 누구나 아는 사실이다. 사람들은 자신이 가지고 있지 않거나, 가지지 못한 것을 소비한다. 이것이 마케팅 담당자들이 광고에 종종 제품이나 서비스의 희소성을 알리는 메시지를 사용하는 이유다.

하지만 희소성은 단순히 수요 공급의 법칙만 가지고는 설명하기 어려운 개념이다. '무언가 부족하다고 느끼면 더욱 원하게 된다'는 식으로 단순하게 정의할 수 없다. 이 개념에는 그보다 훨씬 복잡한 요소들이 얽혀 있으며, 누군가의 행동을 좌우하는 것과 같이 상황을 바꿀 수 있을 만큼 그 영향력이 크다. 게다가 희소성 전략을 잘못 사용하면 오히려 역효과가 날 수도 있어 주의가 필요하다.

희소성과 관련된 다음 두 가지 사례를 살펴보자. 하나는 최근에 있었던 일이고, 다른 하나는 희소성의 효과를 보여주는 전형적인 예다.

팬데믹과 휴지 대란

●

코로나바이러스가 빠르게 퍼져 나가면서 미국에서는 예상치 못한 일이 발생했다. 사람들이 화장실에서 쓰는 두루마리 휴지를 사재기해 상점의 재고가 바닥나기 시작한 것이다. 두루마리 휴지가 순식간에 인기 상품이 되자 유통점에서 재고를 확보하는 데 어려움을 겪었고, 그 결과 상점의 진열대가 비어 있는 모습을 자주 볼 수 있었다.

사람들은 두루마리 휴지를 손에 넣는 데 집착했다(집착은 전형적인 희소성의 부작용이다). 두루마리 휴지의 재고가 줄어들수록 사람들은 휴지를 구하려고 더 애썼다. 나중에는 동네 슈퍼마켓에서 두루마리 휴지를 사는 일은 거의 불가능에 가까워졌다. 유통업체로부터 재고를 충분히 확보할 수 없었기 때문이다. 유통업체가 제조업체로부터 제품을 정상적으로 공급받고 있었는데도 소용이 없었다. 두루마리 휴지의 수요는 치솟았다. 슈퍼마켓에서 서로 휴지를 차지하려고 손님들 사이에 싸움이 벌어졌고, 싸움이 지나치게 격렬해져 경찰이 싸움을 중재하는 사건도 있었다.

갑자기 일어난 두루마리 휴지 대란 때문에 경제학자와 연구자들은 어안이 벙벙해졌다. 두루마리 휴지 대란이 미국에서만 일어난 현상은 아니었다. 오스트레일리아의 어느 카페에서는 돈 대신 두루마리 휴지로 값을 지불하도록 했다. 커피 한 잔 가격은 얼마였을까? 두루마리 휴지 세 개였다. 홍콩에서는 무장 강도가 동네 슈퍼마켓을 습격해 다른 건 아무것도 손대지 않고 두루마리 휴지만 600개를 훔쳐 간 일도 있었다.

이와 같은 갑작스러운 두루마리 휴지 대란이 일어난 이유가 무엇일까? 지배적인 의견에 따르면, 휴지를 필요할 때 구할 수 없을지도 모른다는 두려움이 원인이었다. 두루마리 휴지가 희소한 자원으로 인식되자 휴지를 구매하려는 소비자들 사이에 엄청난 경쟁이 발생한 것이다.

평범한 인형이 수천 달러에 팔리다

●

24년 전에도 두루마리 휴지 대란 못지않게 특이한 사건이 하나 있었다. 〈세서미 스트리트〉(1969년 처음 방영된 미국의 유아 교육용 TV 프로그램-옮긴이)에 나오는 말하는 인형의 인기가 치솟아, 제품 부족 사태가 벌어진 사건이다.

미친 듯이 엘모 인형을 찾는 사람들에게 장난감 가게 계산원이 짓밟혔다거나, 암거래로 엘모 인형이 개당 7,000달러에 팔렸다거나 하는 소문이 인터넷상에 무성하다. 신문 광고란은 1,000달러에 엘모 인형을 사겠다는 광고로 가득하다. 그런데 사실 상점에서 판매하는 엘모 인형의 정상 판매가는 29.99달러다. 엘모 인형은 1983년 큰 인기를 끌었던 양배추 인형 이후 가장 구하기 힘든 크리스마스 선물이 되었다. 심지어 마피아까지 엘모 인형을 찾는 열기에 동참했다.

— 《뉴욕타임스》, 1996.[1]

1990년대 중반에 어린이였거나 부모 혹은 조부모였다면, 당시 간지럼을 타는 엘모 인형을 향한 광기가 전국을 휩쓸었던 일을 아마 기억할 것이다. 〈세서미 스트리트〉의 캐릭터를 본떠 만들어진 이 인형은 크기가 약 40cm 정도였고, 배를 누르면 웃음소리와 함께 "간지러워!"라는 말소리가 나왔다. 1996년 크리스마스 기간이 되자, 인형을 가지려는 사람이 폭발적으로 늘어나 엄청난 소동이 일어났다. 당시 제조업체였던 타이코 토이즈Tyco Toys는 크리스마스 연휴 기간에 간지럼을 타는 엘모 인형이 어느 정도 잘 팔릴 거라고 예상은 했지만, 이런 상황까지 예측하지는 못했다.

간지럼을 타는 엘모 인형은 TV 프로그램 〈로지 오도넬 쇼〉에도 등장했고, 크리스마스 연휴 시기에는 TV 광고에도 나왔다. 엘모 인형은 추수감사절 이후 단 하루 만에, 그것도 불과 몇 시간 만에 약 80만 개나 판매됐다(타이코 토이즈가 가진 재고 전량이었다). 그다음에는 어떻게 되었을까? 재고가 부족하다는 소식이 퍼지자 수요가 더 늘어났고, 엘모 인형 대란이 이어졌다. 부모들은 자녀에게 줄 엘모 인형을 구하려고 혈안이 되었다. 《뉴욕타임스》에서 보도했던 것처럼 29.99달러짜리 인형을 7,000달러에 사겠다는 사람도 있을 정도였다.

✦ ✦ ✦

간지럼을 타는 엘모 인형과 두루마리 휴지 대란, 두 사례는 성격이 매우 다르지만 희소성에 의해 일어난 일이라는 점은 비슷하다. 제품과 서비스가 희소해지는 이유는 다양하다. 즉, 희소성은 수요와 공급 사이의 딜레마라는 단순한 이유로만 발생하는 게 아니다. 판매 기간이 한정된 상품, 한정판 제품, 공급 부족과 높은 수요 등의 상황에서 전부 희소성이 나타날 수 있다. 또한 희소성이 나타나면 제품의 구매 가능성은 제한된다는 특징이 있다. 희소성의 종류를 분류하면 다음과 같다.

- **공급 관련 희소성:** 제품 수량이 부족해 구매 가능한 상품이 그다지 많지 않을 때 발생하며, 보통 '한정 공급'이나 '물량 소진 시까지 판매' 등의 표현으로 나타난다.
- **한정판의 희소성:** 공급 관련 희소성의 일종이다. 한정판이란 제품의 생산량을 제한해 만든 상품으로, 대개 기존의 제품을 살짝 변형해서 만든다.

- **시간 관련 희소성:** 정해진 시간 안에 한정된 구매 기회를 제공하거나, 공급을 조절하거나, 상품을 홍보할 때 발생한다. 시간제한으로 희소성이 발생하는 경우다.
- **수요 관련 희소성:** 상품의 높은 인기와 수요로 인해 재고 부족이 일어난 상황으로 정의한다. 즉, 제품의 수요가 공급량을 뛰어넘은 상황을 의미한다. 수요 관련 희소성은 보통 '~개 판매 완료', '단 ~개만 남아 있음', 혹은 '주문 폭주로 매진 임박' 등의 표현으로 나타난다.

우리 선조들은 희소한 자원을 두고 경쟁을 벌였다. 그건 현대 사회를 살아가는 우리도 마찬가지이지만, 우리는 일반적으로 생존을 위한 자원 대신 구하기 어려운 제품과 서비스를 얻으려고 경쟁한다. NFTnon-fungible token(대체 불가능 토큰)를 예로 들어보자. 그림이나 음악에서부터 AI에 이르기까지, 무엇이든 그 고유성과 희소성 때문에 가치 있다고 여겨진다면 NFT가 될 수 있다. 희소성이 NFT의 가치와 가격을 끌어올렸다. 6,900만 달러에 팔린 NFT까지 등장했으니 말이다.[2]

인류가 탄생한 이래로 우리는 그다지 변하지 않은 게 분명하다.

희소성이 지닌 힘

•

희소성은 많이 논의되는 주제는 아니지만, 믿기 어려울 만큼 강력한 힘을 지닌 삶의 원칙이다. 희소성의 원칙을 잘 활용하면 매출을 늘리고, 협상에서 승리하며, 행동을 유도하고, 공동체를 발전시키며, 고객의 충성도를 쌓고, 즐겁고 신나는 경험을 할 수 있다. 인간의 심리와 행동에 영향을 끼치는 몇 가지 원칙이 있는데, 그 가운데에서도 희소성이 가장 강력한 힘을 지니고 있다. 생존의 핵심인 원초적 본능을 자극하기 때문이다. 우리 선조들은 모든 것이 부족한 상황에서 살아남아야 했다. 우리는 선조들처럼 희소한 자원을 사냥하고 채집해야 할 필요는 없지만, 여전히 그러한 본능을 가지고 있다. 그래서 희소한 상품이나 서비스를 손에 넣지 않으면 큰 손실을 본 것 같은 느낌에 시달리며 후회한다. 행동에 나서야 한다는 긴박감에 사로잡히는 것도 이 때문이다.

나는 책 전반에서 희소성의 개념을 다루었지만, 경제학적 관점에서만 이야기를 풀어낸 건 아니다. 희소성은 수요와 공급 법칙의 중심에 있으면서도, 심리학의 세계에도 존재하고, 소비자의 의사결정 뒤에도 숨어 있다. 이뿐 아니라 희소성은 기업의 매출을 움직이며, 그에 따른 수익 증가의 기폭제 역할도 한다. 희소성을 적절히 활용하면 상품 혹은 서비스를 이용하는 고객에게 영향을 줄 수 있다.

나는 '타인에게 영향을 준다'는 개념에 언제나 마음이 끌렸다. 타인을 지배하고 조종하는 것이 아닌(희소성은 윤리적으로 사용되어야 한다), 왜 특정 언어나 상황이 이러한 행동을 이끌어냈는지를 깊이 이해하고 싶었다. 예를 들어 왜 사람들은 정말 필요하지 않은데도 TV나 노트북, 스마트폰, 선글라스, 신발, 와인 등을 또 사는 것일까? 기간 한정 판매라서 혹은 한정판이라서, 공급되는 재고가 별로 없어서, 아니면 인기 있는 제품이라 수요가 많아서일까?

이 책에서는 희소성 뒤에 숨겨진 인간의 심리, 그리고 희소성이 강력한 영향력을 지닌 이유를 중점적으로 다룬다. 사람은 희소성을 마주할 때 매우 소모적으로 반응한다. 그게 몇 분이든, 몇 시간이든, 며칠이든, 몇 달이든, 몇 년이든 간에 말이다. 심리학적 관점에서 보면 사람들은 희소성을 마주할 때 자신이 얻지 못할 수도 있는 품목에 과도하게 집착하며, 포모증후군을 겪는다.

나는 지난 20년간 마케팅 컨설턴트이자 교육가로 경력을 쌓으며, 희소성이 어떤 식으로 사람들에게 영향을 미쳐 계획에 없던 구매를 하게 하거나 꺼림칙한 마음을 가지고서도 계약서에 서명을 하게 만드는지 지켜봐 왔다. 일반심리학 전공으로 박사 학위를 취득하고, 희소성에 관한 연구를 성공적으로 마친 후 관련 조사를 계속해 나가면서 이처럼 효과적인 영향 요인인 희소성에 관해 놀라운(그리고 때로는 염려스러운) 내용을 몇 가지 발견했다. 하지만 그런 조사 내용은 주로 학술지에만 실려 있어 일반 대중들이 접근하기 쉽지 않다. 나는 모든 사람이 이러한 정보를 이용할 수 있어야 한다고 생각한다. 희소성이 구매 결정과 매출 증가에 영향을 주는 이유를 아는 건 기업과 소비자 모두에게 중요하다.

우리는 고객의 결정을 이끄는 주요한 동인인 희소성을 이해해야 한다. 희소성에는 상황을 변화시키고 사람이 행동하게 만드는 힘이 있다. 이는 마케팅 담당자나 영업 사원부터 기업가, 온라인 판매자, 학문 연구자까지 모두에게 영향을 미치는 요인이다.

앞으로 책에서 다양한 관점에서 희소성을 다룰 것이다. 수많은 사례 및 연구 결과는 물론, 맥도날드나 해리 앤드 데이비드Harry & David 등 다양한 기업의 전·현직 임원과의 인터뷰도 실었다. 그중에는 투자 리얼리티 TV 쇼〈샤크 탱크Shark Tank〉에 출연한 유명한 기업가 케빈 해링턴Kevin Harrington과의 인터뷰도 있다. 이에 더해 희소성이 어떻게 작동하는지, 언제 희소성 전략을 적용해야 하고 언제 피해야 하는지 설명하며, 이해를 돕기 위해 실제 사례와 이야기를 책 전체에 걸쳐 소개한다(등장인물을 보호하기 위해 가명을 사용했다). 인정하고 싶지는 않지만, 심리학 박사 학위가 있고, 많은 전략을 알고 있는 마케팅 전문가인 나조차 자주 희소성 전략에 홀리고 만다.

1부 '희소성이란 무엇인가?'에서는 희소성의 유형부터 희소하다는 메시지가 우리의 뇌에 미치는 영향까지, 희소성을 이해하기 위한 모든 내용을 다루며, 희소성이 왜 그리고 어떻게 작동하는지 한층 더 깊이 알아본다. 2부 '희소성을 활용하는 법'에서는 희소성을 어떻게 효과적으로 활용할 수 있는지 보다 전략적인 내용을 살펴본다. 이를 통해 희소성 전략을 적용해야 할 때와 피해야 할 때를 알게 될 것이다. 여기서 배운 기법은 업무나 일상생활에도 적용할 수 있는 것이다. 각 장의 마지막에는 핵심 내용을 정리해놓았다.

희소성에는 엄청난 힘이 있다. 그러니 제대로 활용하라.

그럼 지금부터 본격적으로 시작해보자.

PART 1

희소성이란

무엇인가?

CHAPTER 1

우리 뇌가 희소성에
반응하는 이유

막 저녁 식사를 마친 남자가 긴장한 상태로 주머니 속에 숨겨둔 상자를 계속 만지작거렸다. 지금이 적절한 때일까? 남자는 종일 할 말을 연습했었다. 그는 깊이 숨을 들이마시고 의자를 뒤로 밀고서 한쪽 무릎을 꿇었다. 그러고는 벨벳으로 싸인 반지 상자를 꺼내 조용히 뚜껑을 열었다. 상자 안에는 1.5캐럿의 둥근 다이아몬드로 장식된 백금 반지가 있었다. 레스토랑 안의 다른 손님들이 지켜보는 가운데 남자가 물었다. "나랑 결혼해줄래?"

'다이아몬드는 영원하다.'
1940년대 이후 많은 사람들이 이 말을 의심 없이 받아들였다. 하지만 어떻게 그런 일이 벌어진 걸까? 다이아몬드는 영원하지 않다. 다이아몬드도 산산이 부서지고 이가 빠지며, 타버리면 그저 한 줌의 재로 변할 수 있다. 그러나 우리는 다이아몬드 하면 '부', '사회적 지위', 그리고 무엇보다 '사랑'을 떠올린다. 사람들은 다이아몬드를 살아 있는 한 계속 지녀야 할 가치 있는 물건이라고 생각하고, 다음 세대에까지 물려준다. 심지어는 다이아몬드와 함께 무덤에 묻히려는 사람도 있다. 그런데 놀랍게도, 이러한 인식은 세계 시장에서 다이아몬드 판매량을 늘리려고 만들어낸 전략에서 비롯된 것이다.

1938년, 가족이 경영하는 회사의 수익성을 지키겠다는 목표를 가지고 거의 1만 2,875km를 여행한 29세 청년이 있었다. 그가 바로 다이아몬드 회사 '드비어스De Beers' 회장의 아들 해리 오펜하이머Harry Oppenheimer다. 그 시기에 드비어스는 세계 최대의 다이아몬드 생산 및 유통업체였지만, 시장 상황이 좋지 않아 회사의 존립이 위협당하고 있었다. 그러나 이 여행으로 드비어스는 수십억 달러 규모의 다이아몬드 업계에서 입지를 굳히게 된다. 이후로 우리가 다이아몬드를 바라보는 방식 또한 완전히 달라진다.

당시 다이아몬드 가격이 떨어지면서, 다이아몬드 시장은 불안정해졌다. 유럽에서는 대공황 시기에 다이아몬드 가격이 폭락한 데다가, 독일, 이탈리아, 스페인을 비롯한 여러 유럽 국가에서 약혼반지로 다이아몬드 반지를 고르는 것이 일반적이지도 않았다. 유럽인은 여전히 다이아몬드가 아닌 다른 보석을 선호했다. 미국에서는 약혼반지로 다이아몬드 반지를 선물하려는 사람들이 조금씩 늘어났지만, 그런 생각이 보편화되는 속도는 느렸다. 설상가상으로 미국에서 약혼반지에 사용하는 다이아몬드는 유럽에서 팔리는 다이아몬드보다 크기가 작았고, 품질도 떨어졌다. 예비 신랑이 약혼녀에게 다이아몬드 약혼반지를 일단 건네고 나면, 그가 다른 다이아몬드 반지를 살 확률도 거의 없었다.

드비어스는 이러한 경제 상황을 바꿀 수는 없었지만, 다이아몬드에 관한 인식을 바꾸려는 노력은 할 수 있었다. 《마지막 제국 The Last Empire》의 저자 스테판 칸퍼Stefan Kanfer는 이를 유려한 문장으로 표현했다. "소비자는 태어난 게 아니라 만들어졌다." 다시 말해, 누군가를 소비자로 변화시키는 건 제품이나 브랜드의 '지각된 가치perceived value'라는 뜻이다.[1]

드비어스가 시장 수요 그리고 결국엔 가격을 통제하려면 다이아몬드를 향한 사람들의 인식에 커다란 변화가 있어야 했다. 대중이 다이아몬드를 되팔 수 있는 보석이 아니라 영원한 사랑과 헌신의 상징으로 여겨야 했다. 간단히 말하자면, 그들은 늦기 전에 회사의 수익이 악화되는 걸 막을 방도를 찾아야 했다.

해리는 거래하던 은행에서 당시 미국 최대 광고 대행사였던 N.W.에어N.W.Ayer에 연락해 광고를 제작해보라는 권유를 받는다. 다이아몬드에 관한 인식을 바꾸고, 소비자들이 지금보다 더 큰 다이아몬드를 더 많이 사야 한다고 확신하게 하는 것이 광고의 목적이었다. 그렇게 N.W.에어의 제럴드 록Gerald Lauck과 해리의 만남이 성사되었다. 이 만남은 이후에 다이아몬드가 사랑과 동의어가 되는 데 촉매 역할을 했다.

해리는 다이아몬드에 대한 미국 소비자들의 인식을 바꿀 방안을 찾아달라고 제럴드를 설득했다. N.W.에어는 드비어스가 다른 어떤 광고 대행사에도 연락하지 않았으며, 관련 조사 비용을 다 부담하겠다고 약속하자, 마침내 광고 계약에 서명했다.

N.W.에어는 폭넓은 조사를 하고 난 후, 다이아몬드와 사랑 사이의 연상 관계를 더욱 강화할 필요가 있다고 결론 내렸다. 당시에는 전체 약혼반지 판매의 90% 이상이 젊은 남성에 의해 이루어졌다. '영원한 사랑을 표현할 방법은 다이아몬드를 선물하는 것'이라고 믿게 해야 하는 대상은 바로 이들이었다. N.W.에어는 다이아몬드가 사랑과 동의어라는 메시지에 초점을 맞추고 광고 계획을 수립했다. 광고가 국가의 경제 상황에는 영향을 미칠 수 없지만, 소비자에게는 영향을 미칠 수 있다.

해리와 제럴드 록이 처음 만난 때로부터 불과 2년 뒤, 소비자를 설득하는 광고를 내보낸 덕분에 미국에서 다이아몬드 판매량은 55%나 늘어났다.

그 후 9년의 세월이 흐른 1947년, N.W.에어는 심리학을 활용해 새로운 광고를 제작하기로 한다. 다이아몬드 약혼반지를 건

네는 것이 전통이 되게 하는 것, 약혼하려면 다이아몬드 반지가 꼭 필요하다는 인식을 심어주는 것이 그들의 전략이었다. 주요 광고 대상은 다이아몬드를 바라보는 시각을 바꿀 수 있는 15세 이상의 잠재고객 7,000만 명이었다. 기획안 내용 가운데에는 전국의 고등학교를 돌며 다이아몬드 약혼반지를 주제로 강연을 하겠다는 계획과 같은 충격적인 내용도 있었다. N.W.에어의 담당자는 드비어스에게 보낸 비밀 메모에서 이렇게 설명했다. "강연에서는 다이아몬드 약혼반지 이야기를 주로 할 것입니다. 이번 기회로 전국의 주요 교육 기관에서 조회 시간, 수업 시간, 비공식 모임 시간에 수천 명의 소녀에게 다이아몬드 약혼반지 이야기를 전하게 될 것입니다." 수천 명의 여고생이 이 강연을 들었고, 이들의 마음속에는 다이아몬드와 약혼은 떼려야 뗄 수 없는 관계라는 생각이 자리 잡았다.[2]

다이아몬드 광고를 시작하고 처음 몇 년 동안은 소비자에게 지속적인 영향을 주고 새로운 수요를 만들려는 목적으로 또 다른 전략도 사용했다.

그로부터 1년 뒤인 1948년, N.W.에어의 카피라이터는 시간이 흘러도 변치 않을, '다이아몬드는 영원하다'라는 광고 문구를 만들었다. 일각에서는 이를 두고 20세기의 가장 뛰어난 카피라고 말한다. 이 광고 메시지는 사람들이 알아채지 못하는 사이 자신이 받은 다이아몬드를 보관하고, 절대 되팔지 않게 하려는 의도로 만들어진 것이다. 드비어스는 시장에 다이아몬드가 넘치는 과잉 공급의 위험을 피하고 싶어 했다. 공급이 많아지면 다이아몬드가 희소한 물건이라는 인식 또한 산산이 조각날 터였다.

1953년에 개봉한 영화 〈신사는 금발을 좋아해〉에서 마릴린 먼로와 제인 러셀이 '다이아몬드는 여자의 최고의 친구Diamonds Are a Girl's Best Friend'라는 노래를 부르자, 대중의 마음속에 각인된 메시지는 더욱 확실하고 분명해졌다. 결국 다이아몬드의 수요는 점점 커졌다.

✦ ✦ ✦

다이아몬드 이야기가 희소성과 무슨 관련이 있을까? 여기에는 희소성에 대한 거의 모든 것이 담겨 있다.

제한된 공급과 높은 수요 둘 다 희소성을 발생시키는 원인이다. 만일 어떤 상품의 공급이 제한되어 있다면, 그건 이용 가능한 수량이 그리 많지 않다는 의미이니 상품이 희소해진다. 많은 사람이 상품을 찾으면 재고가 줄어들어 상품이 희소해진다. 앞의 이야기에서 드비어스는 희소성을 발생시키는 두 가지 접근법을 모두 사용했다. 드비어스는 남아프리카공화국 기반의 카르텔을 통해 다이아몬드의 공급을 제한했고, 거래의 모든 측면을 통제했다. 또한 소비자들에게 '다이아몬드는 영원하다'는 인식을 퍼뜨려 다이아몬드는 되팔아서는 안 되는 물건이라고 생각하도록 유도했다. 그렇게 드비어스는 N.W.에어의 도움을 받아 다이아몬드 수요를 늘릴 수 있었고, 인위적으로 만들어낸 희소성을 통해 가격을 통제할 수 있는 위치에 서게 되었다. 어떤 물건이 희소해지면 그 물건은 가치 있는 물건으로 여겨진다. 사람들은 다이아몬드가 희소하다고 생각하게 되었고, 그 결과 다이아몬드의 가치가 높아졌다. 물론 희소성은 다이아몬드뿐만 아니라, 여러 제품과 산업에 영향을 준다. 그리고 희소성은 때로는 상품이 희소하지 않았다면 하지 않았을 행동을 이끌어내기도 한다. 다음 사례를 살펴보자.

우리는 본능적으로 희소성에 끌린다

●

내 친구 트레버는 아침형 인간이 아니다. 그런데도 쌀쌀한 토요일 아침에 8살 난 아들과 함께 대형 장난감 회사 매장 앞에 줄을 서서 차례를 기다리고 있었다. 김이 솟는 커피를 손에 들고 트레버는 줄을 선 사람들을 둘러보았다. 하나같이 점퍼를 껴입고 담요를 두른 모습이었다. 그 안에는 지친 기색의 부모와 함박웃음을 지으며 신난 아이들, 에너지 음료를 홀짝이는 젊은 청년들이 섞여 있었다.

트레버는 순간 자신이 왜 이 추위 속에 일찍 일어나 야외에서 긴 줄을 서고 있는지 이해가 되지 않았다. 그러다 웃고 있는 아이를 내려다보고 떠올렸다. 아들은 구하기 어려운 닌텐도 스위치를 가지고 싶어 했다. 바로 이 매장에서 그날 제품이 새로 입고된다는 소식을 듣고 와서 아빠에게 사달라고 애원한 것이다. 때는 닌텐도 스위치가 상점에 새로 입고되면 몇 분 만에 동이 나던 2017년이었다. 회의적인 성격의 트레버는 닌텐도의 희소성은 마케팅 전략이라고 생각했다. 하지만 아들은 닌텐도 스위치를 살 수만 있다면 줄을 서서 기다릴 가치가 있다고 아빠를 설득했다.

사실 닌텐도 스위치가 부족해진 건 높은 수요 때문이었다. 일본에서 생산하는 수량이 시장의 수요를 따라가지 못해 제품이 희소해졌다. 사람들은 희소성 때문에 닌텐도 스위치를 더 많이 원하게 되었다. 이는 제품 부족 사태를 한층 심각하게 만들 뿐이었다. 닌텐도 열성 팬들은 닌텐도 스위치를 손에 넣으려고 몇 달을 애썼다. 아마존에서 닌텐도 스위치를 판매하는 판매자들은 제품에 웃돈을 붙였다. 월마트, 타깃Target, 게임스탑GameStop 등의 판매점은 하나같이 매장에서나 온라인 사이트에서나 수요를 맞추느라 허덕였다.

◆ ◆ ◆

다이아몬드와 닌텐도 스위치는 고객층이 전혀 다른 별개의 상품이지만, 희소성을 지녔다는 한 가지 공통점이 있다. 다이아몬드가 인위적으로 희소성을 만들어낸 것이라면, 닌텐도 스위치는 수요가 많아져 희소성이 발생한 사례다. 의도적으로 만든 것이든 아니든, 이 두 사례에서 우리는 희소성이 사람들에게 영향을 미친다는 것만큼은 명확히 알 수 있다.

심지어 어린아이도 희소성의 영향을 받는다. 어느 한 연구에서 어린아이를 대상으로 실험을 진행해 이 사실을 밝혀냈다.[3] 연구진은 6세 아이 32명에게 희소한 물품과 그렇지 않은 물품을 두고 골라보라고 요청했다. 아이들은 선택을 하기 전까지는 그 품목이 희소한지 아닌지 알지 못했다. 연구진은 여러 개가 같이 포장된 한 더미의 물건 그리고 딱 하나만 따로 떨어져 포장되어 있는 물건을 보여주고 양쪽 중 하나만 골라야 한다고 이야기했다. 그러자 6세 아이들은 대부분 하나만 있는(희소한) 물건 쪽을 택했다. 그보다 더욱 흥미로운 점은 아이들이 다른 친구들과 경쟁해야 하는 상황에 처했을 때 하나밖에 없는 물건 쪽을 더 선호했다는 것이다. 이때 실험에 참가한 아이는 다른 두 명의 '경쟁자'가 선택하기 전에 먼저 물건을 고를 수 있었다. 아이는 하나밖에 없는(희소한) 물건을 선택해, 경쟁자가 그것을 고르기 전에 먼저 가져가겠다는 의사를 분명히 밝혔다. 아이들은 희소한 물품을 다른 아이가 가져갈 위험이 크다고 느끼면 훨씬 더 다급하게 결정했다.

비록 이 실험은 한 번밖에 진행되지 않았지만, 우리는 여기서 희소한 물품을 선호하는 현상은 어린 나이에도 발생할 수 있으며, 특히 경쟁 상황에 놓일 때 더욱 강해진다는 점을 알 수 있다. 또한 6살이라는 어린 나이에도 자신이 남다르고 특별하다고 느끼기 위해 희소한 제품을 선택했다는 점도 주목할 만하다.

제품이 매진될까 두려워 구매를 서둘렀던 경험이 모두 한 번쯤은 있을 것이다. 공급이 충분하지 않았을 수도 있고, 아니면 매우 인기 있는 상품이었을 수도 있다. 이유가 무엇이든 그 제품을 구매해야만 한다고 느꼈고, 놓치고 싶지 않았을 것이다(어쩌면 구매 행위에 나선 이유가 바로 이런 생각 때문이라는 걸 인식조차 못 했을 수도 있다). 우리는 마치 이 실험에 참여했던 아이들처럼, 자기도 모르는 사이 경쟁심을 느꼈거나, 자신이 남다르고 특별하다는 느낌을 받고 싶어 그 제품을 원했던 것이다.

생각과 행동을 변화시키는 힘

희소성은 대상을 향한 판단과 선호에 영향을 주는 가장 강력한 요소다. 물론 다른 요소도 영향을 주긴 하지만, 넓은 시각에서 볼 때 희소성은 무언가를 소유할 자유가 위협받는다고 느끼게 해, 그것을 가지고 싶은 욕망이 더 커지게 만든다. 사람들은 선택권을 빼앗기는 걸 원하지 않는다. 그건 인간의 본성에 어긋나는 일이기 때문이다.

희소성을 비롯해 인간의 심리에 영향을 주는 다른 여러 요소들은 사업 협상, 사회적 상호작용, 개인적 상황 등 다양한 상황에서 유익하게 작동한다. 앞으로 이와 관련한 모든 내용을 이 책에서 다룰 것이다. 희소성 전략을 올바르고 윤리적으로 활용한다면 큰 효과를 낼 수 있다. '품절 임박!' 같은 희소성을 알리는 메시지가 퍼진다면, 그리고 이 내용이 사실이라면 소비자의 구매 결정에 동기를 부여해줄 수 있다. 다시 말해 희소성을 알리는 메시지를 들으면 사람들은 행동에 나선다. 유형의 물건을 구매하든, 대의를 위해 기부하든, 백신 접종을 하든, 서비스를 이용하든, 사람들은 움직인다.

인류 역사 내내 우리는 생존을 위해 경쟁해왔다. 이 말은 지속적인 안전을 보장하고, 필수 자원을 얻기 위해 싸워왔다는 뜻이다. 선조들은 기근과 풍요의 시기를 거치며 자원이 희소해지는 상황에 대처해야 했다.

진화생물학과 경제학에 따르면 경쟁은 항상 희소한 자원을 둘러싸고 일어난다. 오늘날 우리에게 희소성이 끼치는 영향은 깊이 뿌리내린 인간의 본능에 현대 사회의 도전 과제가 결합되어 나타나는 것이다. 희소한 자원을 마주하면 우리의 신경 체계가 작동하기 시작하고, 우리는 자꾸 물건을 비축하려 하고 탐욕을 부리는 상태에 돌입하게 된다.

또한 역사 속에서 희소성은 내내 권력과 연관되었다. 로마, 오스만 제국, 중국의 청 왕조와 같은 고대의 제국과 왕조는 식량과 물을 확보함으로써 권력을 유지했다. 권력자들은 생존에 필수적인 희소한 자원을 갖고 있었고, 이로 인해 다른 사람을 통치하는 엄청난 힘을 지니게 되었다.

그런데 오늘날에도 우리는 종종 생활 속에서 자원이 부족하다는 느낌을 받는다. 보통은 만성적인 부족 상태를 겪었을 때 그렇지만, 상대적으로 풍요로운 사람 중에도 희소성을 느끼는 경우가 있다. 자원이 희소하다는 느낌, 즉, 자원의 존재 여부에 관한 두려움은 경제적 위치와 무관하게 찾아올 수 있다.

자원이 희소한 상황을 염려하는 사람이 많으므로, 풍부한 물품보다는 희소한 물품을 선호하는 경향이 생겼다. 희소한 물품을 선호하는 이런 현상을 통해 우리는 다음 사실을 유추해볼 수 있다.

1. 희소성이 상품 자체의 가치 있는 특성이 될 수 있다.
2. 우리는 소유하지 못하거나 소유하지 않은 대상에 지나치게 집중한다.
3. 의사결정 과정이 단순해진다.
4. 나만 가지지 못하거나 소외되는 게 아닐까 하는 두려움이 희소성 효과를 낳는 원인이 될 수 있다.

거의 200년이 넘는 시간 동안 많은 학자들이 희소성의 효과에 대해 연구해왔다. 희소성은 그만큼 매우 중요한 주제다. 연구가 확대됨에 따라 희소성에 관한 많은 사실이 드러났다. 희소성은 강력한 영향 요인이며, 사람의 심리와 행동에 변화를 불러오고, 경쟁의 기폭제가 되며, 생각과 판단의 과정을 줄이고, 상품의 가치를 보여주는 시그널로 작동한다. 우리가 '손에 넣기 어려운 대상'을 구하려고 긴 시간과 관심을 쏟는 이유 또한 여기에 있다. 누구나 손에 넣기 어렵다는 걸 알면 그 물건을 더더욱 원하게 된다. 이에 관해서는 2장에서 자세히 알아보겠다.

생산 지연이나 생산 능력의 한계로 공급이 부족해지는 상황처럼(닌텐도 스위치의 사례) 자연스럽게 상품이 희소해지는 경우가 많다. 하지만 때로는 고의로 희소성을 만들어내기도 한다. 기업에서는 인위적으로 공급량을 적게 유지하거나, 광고 홍보 및 판매 과정에서 계획적이고 의도적으로 소비자가 상품이 희소하다는 느낌을 받도록 유도한다(드비어스의 사례).

우리는 소매 유통 시장에서 구매를 결정할 때 상품 광고 등의 다양한 신호에 반응한다. 심지어는 우리가 이런 다양한 신호에 반응하고 있다는 사실조차 깨닫지 못할 때도 있다. 영리한 마케팅 담당자는 광고와 홍보를 통해 상품의 희소성을 지속적으로 알림으로써 소비자의 행동을 이끌어낸다. 희소성의 영향을 받으면 우리는 움직인다. 어떤 물품을 구매할 수 없을지도 모른다는 생각을 몹시 싫어하는 사람이 대부분이기 때문이다.

소셜미디어와 광고 속 희소성

설득은 인간의 타고난 반응과 연관이 있다. 희소성 전략을 활용해 사람들에게 영향을 미치려면, 어떻게 해야 할까? 사람들이 인식할 수 있는 실제적인 압박을 줌으로써 그들의 믿음과 태도, 행동을 바꿀 수 있다. 사회심리학자들은 특히 희소성과 그 영향력에 큰 관심을 보여왔다. 희소성이 실제로 중요한 행동의 변화를 가져오고, 평소라면 하지 않았을 의사결정을 하도록 유도하기 때문이다. 앞서 언급했다시피 사람들은 재고가 한정되어 있다고 하면 그 상품에 더욱 매력을 느낀다.

우리는 제한된 시간 안에 결정을 내려야 하는 인포머셜 informercial(상품 정보를 자세하게 제공하거나 시연해서 보여주는 긴 광고로, 홈쇼핑과 유사하다-옮긴이)을 볼 때 희소성의 효과를 자주 체감한다. TV 리얼리티 쇼 〈샤크 탱크〉에서 심사위원을 맡은 케빈 해링턴은 인포머셜을 만들고, TV 홈쇼핑 산업을 개척한 인물이다. 나는 케빈과 희소성에 대해 대화를 나눈 적이 있는데, 그는 이런 이야기를 해주었다. "1980년대 초반에 희소성을 이용해 제품을 판매하는 방법을 알게 된 후, 홈쇼핑에서 제품을 판매할 때뿐만 아니라, 인포머셜에서 제품을 판매할 때도 희소성을 이용했습니다. 우리는 고객에게 방송 중인 상품을 사거나 특별 할인을 받으려면 특정 시간 내에 주문해야 한다고 말하곤 했어요." 케빈은 희소성을 이용한 전략을 처음 소개한 이후로 40년이나 지났지만, 여전히 이 방법이 효과가 있다고 말했다.

카다시안 가족과 같은 유명인들은 희소성을 '드롭drop'이라는 새로운 방식으로 활용하고 있다. 카다시안 가족은 소비자들에게 오늘 밤 1만 개의 제품을 준비했는데, 다 팔리고 나면 절대 재입고되지 않는다고 말한다. 그러면 주문이 폭주하고 몇 시간 안에 상품이 매진된다. 나이키, 슈프림, 오프화이트Off White부터 아마존까지 점점 더 많은 브랜드에서 이런 방식을 사용하고 있다. 심지어 아마존은 인플루언서가 엄선한 특정 컬렉션의 옷을 30시간 내에만 구매 가능한 프로그램을 운영하는데, 놀랍게도 그들은 이 프로그램을 '더 드롭The Drop'이라고 부른다. 표현을 어떻게 하든, 이것이 인포머셜과 홈쇼핑 방송에서 수십 년 동안 해오던 판매 방식과 매우 비슷한 것은 사실이다.

한편, 기업은 수량이나 시간을 한정하는 드롭 방식을 사용하면, 같은 제품을 반복해서 판매하거나 광고할 수 없다는 점을 알고 있다. 그러면 희소성의 효과가 나타나지 않을 테니 말이다. 여기가 바로 '한정판'이 빛을 보는 지점이다. 홈쇼핑 방송에서는 창의적인 방식으로 한정판 개념에 접근한다.

"홈쇼핑 방송 QVC에서는 같은 상품을 수년간 팔고 있지만, 방송이 나갈 때마다 상품이 매진됩니다. 우리는 기존 상품을 약간 변형해 한정판 상품을 만듭니다. 예를 들어 냄비와 프라이팬 9개짜리를 한 세트로 팔았다고 칩시다. 다음에는 뚜껑 두 개만 추가

해 11개짜리 세트로 구성하는 겁니다. 그럼 이제 한정판 상품이 되는 거죠." 케빈이 설명했다. 세트 구성에 변화를 주면, 이 상품을 다른 상점에서 파는 제품과 즉각 차별화하는 효과도 얻을 수 있다.

광고 속에서 희소성은 특별함과 배타성 등과 같은 판매 대상의 주요한 매력을 부각하는 역할을 한다. 소셜미디어와 디지털 자원을 비롯한 기술의 등장은 광고 효과, 소비자 설득 효과 같은 희소성의 영향력을 촉진했고, 그 결과 마케팅 분야와 심리학에서 이를 다양한 방식으로 활용하게 되었다.

희소성이 뇌에 미치는 영향

●

심리학뿐 아니라 신경학계에서도 희소성을 연구해왔다. 신경과학의 발전으로 연구자들은 우리 뇌가 희소성을 마주할 때 어떻게 반응하는지 뇌의 활동을 실제로 '볼 수 있게' 되었다. 2019년 한 연구에서 연구진들은 가상 경매를 열어 참가자가 상품을 입찰하게 한 후, 기능적 자기공명영상fMRI으로 뇌의 활동을 관찰했다.[4] 그 결과, 경매에 등장하는 상품이 희소하다는 말을 들었을 때, 참가자의 뇌에서 가치평가와 관련된 부분(안와전두피질)이 활성화되는 것으로 드러났다. 이때 참가자들은 희소하지 않은 상품보다 희소한 상품에 더 비싼 값을 불렀다. 즉, 희소성이 나타나면 상품의 가치평가를 재빨리 하게 되고, 그로 인해 빠른 의사결정이 이루어진다는 것을 알 수 있다. 그보다 더 전에 진행되었던 희소성에 관한 신경학 연구에서도 놀라운 사실이 발견되었다.

2017년에 진행된 이 연구에서는 참가자들에게 가격 할인율이 적힌 광고 메시지를 보여준 뒤, 뇌의 상태를 관찰하는 실험을 했다.[5] 광고 메시지 속 할인 기한은 각각이 달랐다. 일부 참가자에게는 할인 기간이 오늘 단 하루라고 했고, 다른 참가자에게는 단 일주일만이라고, 또 다른 일부 참가자에게는 만료 기한 없이 계속 할인을 받을 수 있다고 했다. 해당 제품을 사고 싶으면 버튼을 누르도록 했는데, fMRI 장비로 촬영해보니 참가자가 기간 한정 할인 제품을 사겠다고 선택할 때마다 감정과 관련된 뇌의 부위(편도체)가 활성화되었다. 하지만 할인 기간에 제한이 없는 상품, 즉 할인이 희소한 서비스로 여겨지지 않는 제품의 경우에는 그렇지 않았다. 또한 희소한 제품을 사겠다고 결정할 때, 참가자들은 기본적으로 이 구매 결정을 지지하지 않는 정보는 무시하는 것으로 드러났다.

이 두 가지 연구 결과를 통해 우리는 희소성을 느끼면 의사결정을 빨리해야 한다는 조급함이 커지고, 이로 인해 '지금 사야 해!'라는 생각이 강하게 든다는 것을 알 수 있다. 이러한 사고 과정은 비용과 편익을 합리적으로 분석하는 인지 능력을 저해하여,

무언가를 '사야만 하는' 이유를 생각하는 데 초점을 맞추고, 구매 결정을 방해하는 다른 생각은 억누르도록 만든다.

두 연구 외에도 희소성 관련 두뇌 활동을 측정한 여러 연구를 통해 희소성이 매우 중요한 영향 요인이라는 점이 이미 증명되었다. 장비로 촬영하면 뇌 속에서 실제로 어떤 일이 일어나는지 볼 수 있으므로 이것이 지어낸 이야기라고 할 수는 없을 것이다.

우리 뇌는 생존을 위해 움직이도록 정해져 있다. 우리가 종종 가지고 있지 않은 것에 집중하는 것도 이 때문이다. 희소성을 마주하면 우리 뇌는 긴급하다고 여겨지는 곳으로 활동의 초점을 옮긴다. 정말 사고 싶은 물건이 있는데 구하기도 어렵다면, 우리 뇌는 기어를 전환해 이 물건을 구하는 데 정신력을 모으고, 구매 결정을 정당화하는 데 초점을 맞춘다. 이제 마음속에서 이 물건을 구하는 것이 긴급한 문제가 되었기 때문이다.

이것을 잘 보여주는 예가 맥도날드의 맥립 버거다.

한정 판매를 하자 인기가 높아졌다

맥도날드에서 판매하는 맥립 버거(뼈 없는 돼지고기 패티를 갈비 모양으로 만들어 BBQ 소스를 듬뿍 바르고, 생양파와 피클을 올린 햄버거)는 추종자 집단이 있을 정도로 인기 있는 메뉴다. 이 버거의 인기가 치솟은 주된 이유는 희소성 때문이다. 맥립 버거는 한정된 기간에만 판매된다. 맥도날드 광고에서 '품절 임박'이라는 희소성의 신호를 발견하기란 그리 어렵지 않다.

이 상징적인 햄버거는 1981년 미국에서 첫선을 보인 뒤 1985년 무렵까지 판매되었다. 하지만 이후 판매량이 점점 줄어 정식 메뉴에서 빠지게 되었다. 맥도날드는 1980년대 후반에는 매출을 올리려는 목적으로 맥립 버거를 잠깐 기간 한정 판매 제품으로 출시하기도 했다. 맥도날드는 그렇게 미국 시장과 일부 해외 지점에서 맥립 버거를 일시 판매하곤 했다.

그러다 2005년 맥도날드는 맥립 버거 판매를 완전히 중단하겠다며, 고별 판매 행사를 시작했다. 그런데 이 소식이 퍼지자, 맥도날드의 상징적인 맥립 버거를 지켜야 한다며 웹사이트까지 만드는 등 사람들이 뜨거운 반응을 보이기 시작했다. 행사는 엄청난 입소문을 탔다. 맥립 버거 고별 판매가 큰 성공을 거둔 덕에 맥도날드에서는 2006년과 2007년에도 이 행사를 진행했다. 그 후 2010년 그들은 맥립 버거가 맥도날드 햄버거의 전설이라는 점을 강조하며, 다시 판매를 시작했다.

시간이 흐르면서 맥립 버거를 추종하는 것은 일종의 현상이 되었고, 〈심슨네 가족들〉, 〈내가 그녀를 만났을 때How I met your mother〉, 〈로젠Roseanne〉을 비롯한 여러 TV 프로그램에서 수많은 패러디를 양산하며 이 버거는 화제의 중심에 서게 되었다. 심지어 시트콤 〈풀하우스Full House〉의 등장인물인 베키는 이렇게 말하기도 했다. "조이, 무슨 일이야? 맥립 버거가 다시 나왔을 때 이후로

네가 이렇게 신나하는 건 본 적이 없어."

맥도날드가 희소성의 개념을 독특한 방식으로 활용한 덕분에 맥립 버거는 사람들이 많이 찾는 특별한 버거가 되었다. 이 버거는 주기적으로 맥도날드 메뉴판에 등장하는데, 특정한 기간에만 살 수 있으며, 판매하는 지역도 그때그때 달라진다. 이 때문에 사람들은 맥립 버거의 출시를 원하고 또 요구한다. 언제, 어디서 맥립 버거가 판매될지는 결코 알 수 없다. 이러한 제한된 구매 가능성이 맥립 버거의 최대 강점이 되었다. 사람들은 언제든 쉽게 구할 수 있는 제품이 아니라고 생각할 때 해당 제품을 더욱 좋아한다.

출시 일정이 예측 불가능하니, 기간 한정으로 판매하는 이 버거에 대한 사람들의 열정은 커져갔다. 블로거들도 맥립 버거에 관한 글을 게시했으며, 팬들은 소셜미디어 그룹에 가입해 '맥립 버거 목격담'을 나누었다. 맥립 버거만을 위한 웹사이트까지 생겨났다. 앨런 클라인이라는 팬이 만든 인기 웹사이트 '맥립 버거 위치 탐지기'에서는 많은 팬들이 버거를 판매하는 곳의 위치를 찾고, 목격담을 보고하는 등 맥립 버거에 관한 이야기를 나눈다.[6] 맥립 버거를 위한 페이스북 페이지는 수없이 많고, 이 페이지들의 팔로워 숫자도 수천 명이다. 어느 팬은 4주 동안 맥립 버거 27개를 먹었다고 뽐내기도 했다. 그는 맥립 버거 판매 기간에는 버거의 새콤한 맛이 온종일 생각난다고 말했다. 이처럼 많은 사람들이 이 버거에 집착하게 되었다. 그들은 한정된 구매 가능성에 과하게 몰입했다.

맥도날드는 맥립 버거를 이용해 브랜드 친밀도를 성공적으로 높였고, 고객의 장기 충성도를 쌓았다. 맥립 버거 열풍은 지금도 계속되고 있다. 열성 팬들은 판매가 끝나기 전에 맥립 버거를 사 먹기 위해 맥도날드로 떼 지어 몰려든다. 이러한 팬들 덕분에, 그리고 궁극적으로는 맥도날드에서 기간 한정 판매라는 탁월한 판매 기법을 사용한 덕분에, 맥립 버거는 거의 40여 년간 계속 판매되고 있다.

희소성 뒤에 있는 동기

●

마케팅 담당자는 소비자에게 영향을 미치기 위해 그들이 다른 사람에게 '어떻게 인식되고 싶어 하는지'에 주목한다. 다른 사람들에게 부러움을 받거나 동경의 대상이 되고 싶어 하는 사람은 공급 수량이 한정된 고급 제품이나 한정판 제품에 큰 매력을 느낀다.

사람은 누구나 욕구와 필요, 갈망을 느낀다. 이 모든 감정이 소비자의 행동을 이끌어내는 핵심 요소다. 대부분의 사람들은 오늘 구할 수 있는 상품이 내일이면 사라진다는 생각이 들면 당장 그것을 손에 넣고 싶어 한다. 희소성이 우리가 의사결정을 내리는 데 매우 강한 영향을 주는 이유가 여기에 있다. 무언가를 가지지 못할지도 모른다는 '두려움'은 아득한 옛날부터 존재했다. 이러한 두려움은 음식, 물, 쉴 곳처럼 생존에 필수적인 자원은 물론, 생존에 필수적이지 않은 물건을 소유할 때도 나타난다.

우리는 원할 때, 원하는 것을 갖고 싶어 한다. 아마존이나 이베이에서 내가 사려는 그 에어프라이어가 다 팔리지 않았으면 한다. 할인을 받거나 특별한 제품을 살 시간이 제한되지 않길 바란다. 실제로 그런 제한이 있을 때조차도 그렇다. 다른 아이들이 우리 집 아이보다 먼저 새 레고를 가지는 걸 원하지 않는다. 욕구가 충족되지 않을 때 우리는 '손실'을 느낀다. 우리가 지닌 포모증후군 때문에 희소성은 불안을 일으키고, 불안은 통제력 상실로 이어진다. 그리고 우리는 통제력이 사라진 상태를 좋아하지 않는다. 희소성 문제를 마주했을 때 통제력을 되찾을 유일한 방법은 희소한 그 물건을 손에 넣는 것뿐이다. 그럴 때 비로소 통제력을 지니고 있다는 느낌이 회복된다.

희소성을 활용할 때 조심해야 할 것

희소성은 강력한 힘을 발휘하지만, 한편으로는 매우 취약한 지점도 있다. 마케팅에 희소성을 활용하는 데는 몇 가지 위험이 따르므로 조심스럽게 접근해야 하며, 위험을 완화하도록 애써야 한다.

마케팅 메시지에 희소성을 활용할 때는 반드시 어떤 종류든 구매 가능성에 제한이 있다는 점을 입증하는 신호를 보내어, 받는 사람이 희소성을 인정하게 해야 한다. 다음 상황을 생각해보자.

- 큰 폭으로 할인하는 기간 한정 판매이지만, 할인 기간이 끝나는 때가 정해져 있지 않다.
- 회사에서는 상품이 매진 직전이라고 하지만, 소비자들이 재빨리 인터넷에 검색해보면 사실은 그 반대 상황이라는 걸 알 수 있다.
- 슈퍼마켓에서 준비된 상품 수량이 적다고 발표했지만, 상품 진열대가 꽉 차 있다.
- 회원권이 있어야 입장할 수 있는 회원 전용 장소가 항상 사람들로 북적인다.
- 패션 브랜드에서 신상 재킷을 한정 수량만 판매한다고 광고했는데, 그 재킷을 가진 사람이 너무 많아 보인다.

이런 상황에서는 소비자의 신뢰가 깨지고, 상품의 가치는 땅에 떨어진다. 소비자들은 보통 후기 사이트나, 인터넷 게시판, 소셜미디어 등에서 정보를 공유한다. 희소성을 조작하려 드는 회사라는 인식이 퍼지면, 기업의 신뢰도에 금이 가기까지 그리 오래 걸리지 않는다. 오직 매출을 늘리겠다는 목적으로 제품이 희소하다는 메시지를 만들어낸 것이 밝혀지게 되면, 기업의 평판에 돌이

킬 수 없는 해를 입는다. 이와 관련된 내용은 5장에서 자세히 다룰 것이다.

우리 삶에 희소성 활용하기

드비어스와 N.W.에어는 희소성의 개념을 잘 이해했으며, 다이아몬드의 가격을 높게 유지하려면 수요와 공급을 통제해야 한다는 걸 알았다. 닌텐도 사례의 경우 생산 문제 때문이기도 했지만, 소비자가 시장에 희소한 스위치 게임기를 손에 넣으려고 열을 올리자 제품의 수요가 더욱 치솟았다. 맥도날드 사례에서도 맥립 버거를 상시 판매하는 대신 기간 한정 판매로 판매 방식을 변경하자 버거가 더 많이 팔렸다.

희소성이 우리에게 강력한 영향을 미친다는 점에는 의문의 여지가 없다. 희소성의 영향력은 우리가 인식하는 것보다 더 크며, 우리는 이를 여러 가지 방식으로 효과적으로 활용할 수 있다. 희소성에는 사람을 조종하고 통제할 수 있는 힘이 있다. 그런데 긍정적으로 생각하면 우리는 이 점을 활용해 더 영리한 의사결정을 내릴 수 있다. 일단 우리 삶에서 희소성이 어떤 역할을 하는지 알고 나면, 정보를 잘 갖춘 상태에서 여러모로 깊이 생각해 결정을 내릴 수 있을 것이다. 다음 장에서는 사람들이 희소성에 대처하는 방식을 살펴보기로 한다.

◆ (진실한) 희소성의 메시지가 광고에 덧붙여지면 사람들은
움직인다(구매하기나 기부하기 등).

◆ 희소성은 마케팅과 심리학 양쪽 분야에서 주요한 접근법으로
사용되어 왔다. 사람의 행동과 태도를 바꾸는 요소인 희소성을
활용하면 광고 효과와 고객의 구매를 설득하는 영업 효과가
커지기 때문이다.

◆ 희소성을 느끼면 의사결정이 다급해지고 '지금 사야 한다'는
생각이 든다.

◆ 우리 삶에서 희소성이 어떤 일과 역할을 하는지 이해하게
된다면, 더 많은 정보를 바탕으로 제대로 판단하여
의사를 결정하게 될 것이다.

CHAPTER 2

구하기 힘들수록
더 갖고 싶어진다

처음부터 계획한 건 아니었지만, 희소성은 분명 자전거 회사 '렉트릭 전기자전거Lectric eBike'가 빠르게 성장하고 사업을 확대하는 데 기폭제 역할을 했다. 렉트릭 전기자전거는 평생 친구로 지낸 청년 사업가 두 명, 레비 콘로우Levi Conlow와 로비 드지엘Robby Deziel이 창립한 회사다. 창업 초기부터 회사에 크게 기여한 레비의 아버지 브렌트 콘로우는 레비와 로비에게 고성능 전기자전거를 만들어낼 능력이 있다고 믿고, 은퇴를 미루면서까지 회사에 돈을 투자했다. 내가 레비와 인터뷰를 진행했을 때 렉트릭 전기자전거는 설립된 지 2년 반밖에 되지 않았는데, 누구도 상상하지 못할 만큼 크게 번창하고 있었다.

내가 이 책을 쓰던 중에 레비에게 연락한 건 동료 대학교수와 나누었던 대화 때문이었다. 나는 동료 교수에게 희소성이 사업과 마케팅의 성공에 엄청난 영향을 미친다는 사실을 설명하고 있었다. 내 이야기를 듣자마자 동료 교수는 최근 우리 학교를 졸업한 학생 둘이서 창립한 회사 렉트릭 전기자전거를 아는지 물었다. 그는 렉트릭에서 전기자전거를 사려고 대기 명단에 이름을 올렸던 이야기를 해주며, 구하기 어렵기로 소문난 그 자전거를 손에 넣을 거라는 기대만으로도 얼마나 기뻤는지 신나게 설명해주었다. 나는 그 이야기를 듣고 렉트릭 전기자전거에 흥미가 생겼는데, 레비와 대화를 나눈 뒤에는 완전히 마음을 빼앗겼다.

재정은 보수적으로 운영하면서도 열정이 넘치는 신진 사업가인 레비와 로비는 새로운 사업을 '독립적'으로 꾸려 나가겠다고 결심했다. 둘은 이미 목표 소비자층도 설정한 상태였다. 취미 활동에 돈을 아끼지 않는 45세에서 85세 사이의 소비자가 대상이다. 두 사람은 회사의 운영 자금을 마련하기 위해서 고객들에게 자전거를 사전 주문할 기회를 제공했다. 고객들이 자전거 대금을 전액 미리 지급한 덕분에 레비와 로비는 자전거 완제품을 생산해 출하할 수 있었다. 이후 제품의 공급량보다 수요량이 더 많아지는 상황이 이어졌다. 렉트릭 전기자전거를 사려는 사람들의 대기 명단이 항상 있었고, 제품의 지각된 가치는 한층 높아졌다. 광고에 비용을 들이지 않았음에도 주문이 꾸준히 쏟아져 들어왔다. 새로 생긴 회사가 어떻게 고객들에게 한 번도 보지 않은 상품을 주문하게 했는지 궁금하다면 그런 생각은 당신만 한 게 아니라고 말해주고 싶다. 나도 바로 그 질문을 떠올렸으니 말이다.

레비는 처음에는 인플루언서의 지원을 받는 방식으로 마케팅을 했다고 말했다. 레비와 로비는 회사의 목표 소비자층에 맞는 8명의 인플루언서를 정해 이들에게 연락했다. 그리고 각 인플루언서에게 전기자전거를 무료로 보내주고 자전거가 마음에 들면 후기를 남겨달라고 부탁했다. 정확히는 모르지만, 일단 인플루언서들이 이 자전거를 좋아한 건 맞는 듯하다. 실제로, 유튜브에서 활동하는 어느 인플루언서 덕분에 자전거 수요가 크게 올라갔다.

사람들은 온라인상에서 다른 사람이 언급한 그 전기자전거를 주문하려고 웹사이트로 몰려들기 시작했다. 하지만 얼마 지나지 않아 이 잠재고객들은 자전거를 구매하려면 대기 명단에 이름을 올려야 한다는 사실을 알게 되었다. 하지만 그 점이 잠재소비자의 구매 의지를 꺾지는 못했다. 그리고 그들은 예상 대기 기간이 8~15주 정도로 길다는 걸 알았을 때도 여전히 단념하지 않았다. 레비는 고객들이 느끼는 기대감을 어린아이가 크리스마스를 기다릴 때 느끼는 기분에 비유했다. 점점 신이 난 고객들은 소셜미디어에 전기자전거 배송을 기다리고 있다는 글을 게시했고, 이미 자전거를 가지고 있는 사람에게 관심을 보이며 연락을 취했다. 전기자전거를 기다리던 고객들은 어떤 면에서 자신이 일종의 커뮤니티에 속해 있다는 느낌을 받기 시작했다. 렉트릭 전기자전거는 사람들의 마음을 사로잡았고, 고객들은 온라인과 오프라인 양쪽에서 다른 사람들에게 이 신나는 마음을 빠르게 전했다.

렉트릭 전기자전거의 희소성은 구매 대기 명단에서만 나타난 것은 아니었다. 대기 명단이 없을 때도 잠재고객은 웹사이트를 방문했다가 어느 자전거 모델이나 색깔이 매진되었음을 확인하면 공황 상태에 빠져, 매진되지 않은 다른 자전거를 바로 구매했다. 전기자전거를 사려는 사람은 보통 3개월간 구매를 숙고하지만, 렉트릭의 고객은 나만 그 제품을 못 구하는 게 아닐까 두려워하며 결정을 서둘렀다. 또한 레비는 웹사이트에 남은 할인 시간을 알려주는 타이머를 둔 덕분에 판매량이 40%나 늘어났다고 말했다.

판매를 견인한 건 희소성이었지만, 고객을 평생의 팬으로 만든 건 뛰어난 품질과 고객 서비스였다. 대부분의 고객은 렉트릭이라는 전기자전거 브랜드를 한 번도 들어본 적이 없었다. 그러나 이들은 다른 사람들(즉, 다른 고객)이 하는 말을 신뢰했다. 그리고 사람들이 주문한 제품에 관해 문의하고자 렉트릭에 전화를 걸면, 대개 레비 아니면 로비가 직접 전화를 받아, 기다린 보람이 있을 거라며 고객을 안심시켰다고 한다. 날이 갈수록 브랜드 신뢰도는 더 높아졌다. 레비는 전화를 받을 때마다 항상 이런 말로 통화를 마무리했다. "자전거를 빨리 받아보셨으면 좋겠어요. 고객님께서 분명 엄청나게 좋아하실 거니까요." 렉트릭 전기자전거가 큰 성공을 거둔 것을 보면, 진짜로 그 고객이 제품을 엄청나게 좋아했다고 말해도 될 것이다. 그리고 그건 정말 사실이었다.

우리가 희소성에 반응하는 방식

●

술집이나 나이트클럽에서 만난 상대와 밤을 같이 보냈는데, 다음 날 아침 내가 왜 그 사람에게 끌렸는지 의문이 들었다는 사람들의 이야기를 들어보았을 것이다. 술을 마시면 상대가 더 매력적으로 보이는 현상을 뜻하는 '비어 고글beer goggles'이라는 말이 있을 정도로 이런 일은 흔하게 일어난다. 비어 고글이란 맥주를 마실수록 상대에게 더 강하게 끌려 실제보다 더 큰 매력을 느낀다는 말이다. 많은 연구진들이 사람들이 이렇게 행동하는 이유를 밝히고자 수십 건의 연구를 진행했다.

　그중에서도 수많은 연구에서 수십 년간 '마감 시간 효과clos-ing-time effect'라고 불리는 현상에 주목해왔다. 먼저 우리가 쉽게 예상하듯이, 알코올 기운이 판단력을 흐리고, 어색함을 억눌러주기 때문이라는 분석이 있다. 이는 별로 주목할 만한 새로운 내용은 아니다. 그런데 1979년에 처음 마감 시간 효과를 분석한 연구에서는 흥미로운 결론을 제시하고 있다. 술집의 마감 시간이 함께 밤을 보낼 사람을 선택할 자유를 방해해 결과적으로 술집에 남아 있는 사람의 호감도와 매력을 높였다는 것이다![1]

마감 시간 효과는 우리가 희소성에 '반응'하는 방식을 보여 준다. 1966년 듀크대학교의 사회심리학자였던 잭 브렘Jack Brehm 은 '반발 이론Reactance Theory'이라는 획기적인 이론을 떠올렸다. 이후 오늘날까지도 이 이론은 우리의 행동을 설명하는 데 사용되고 있다.[2] 반발 이론은 사람들이 선택할 자유가 제한되었을 때 어떻게 반응하는지를 집중적으로 다루는 이론으로, 두 가지 추정을 바탕으로 한다. 첫째, 우리는 우리 자신이 자유롭게 행동할 수 있다고 믿는다. 여기서 자유로운 행동이란 우리가 행한 적 있거나 현재 하고 있으며, 혹은 앞으로도 할 수 있는 행동이다. 둘째, 자유로운 행동이 위협받거나 빼앗길 때, 자유를 되찾으려는 동기가 생긴다는 추정이다. 우리가 반응하는 이유는 자유를 원하기 때문이 아니라 자유를 잃는 걸 두려워하기 때문이다. 그러므로 우리가 되찾아야겠다고 느끼는 대상은 무언가를 '선택할 자유'다.[3] 선택의 자유를 잃을 수도 있는 상황에서 사람들은 반사적으로 반발하며 깊이 생각하지 않는다. 이 반발의 효과는 매우 강력해서 우리는 가끔 쓰지 말아야 할 곳에 돈을 쓴다든가 필요하지 않거나 진짜 원하는 게 아닌 물건을 산다든가 하는 부정적인 결과를 낳는 결정을 내리기도 한다.[4]

자유를 빼앗겼다고 느끼면, 이를 되찾아야 한다는 마음이 들

것이다. 마찬가지로, 어떤 것을 가질 수 없다는 말을 들으면, 대개 한층 더 가지고 싶어진다. 이는 하지 말라고 하면 더 하고 싶어지는 '반심리학Reverse Psychology'의 일종이다. 아주 옛날부터 부모가 아이들에게 써오던 수법을 떠올려보자. 아이들에게 "무얼 하든 간에 브로콜리는 먹지 마"라고 말하면, 기쁘게도 아이들은 브로콜리를 먹어 치운다. 독립과 자유를 요구하는 10대 청소년의 행동에서도 이런 모습이 나타난다. 미국 CBS의 탐사 보도 프로그램 〈60분Sixty Minutes〉에서 담배를 피우는 10대 청소년 무리를 인터뷰하면서 담배를 피우지 말라는 부모님의 말씀에 영향을 받은 부분이 있는지 물었더니, 청소년들은 강하게 긍정하며 "그런 말을 들으니까 더 피우고 싶어지더라고요" 하고 대답했다.[5] 하지만 어린이나 10대 청소년만 그런 게 아니다. 성인 역시 가질 수 없는 것일수록 더욱 가지고 싶어 한다.

2019년 '바시티 블루스 작전Operation Varsity Blues'이라는 이름으로 널리 알려진 대학 부정 입학 스캔들이 뉴스를 장식했을 때, 우리는 희소성의 힘과 심리적 반발이 눈앞에서 펼쳐지는 걸 확인했다. 프린스턴, 하버드, 예일과 같은 최고 명문 대학에 입학하려면 극도로 치열한 경쟁을 치러야 한다. 이러한 명문 대학은 수준 높은 교육을 제공하는 것으로 유명하지만, 합격률이 4% 수준으로 극히 낮다는 사실 또한 잘 알려져 있다.[6] 지원자의 96%가 불합격하니, 사람들은 한층 더 입학을 원하고, 대개 학생뿐 아니라 학부모까지 입학을 위해 갖은 노력을 다한다. FBI 수사관 200명이 동원된 바시티 블루스 작전에서 바로 이 사실이 드러났다.

윌리엄 릭 싱어는 대학 입시 컨설턴트로 활동해온 입시 브로커로, 미국 최고 명문 대학에 학생들을 부정 입학시킨 혐의로 기소되었다.[7] 릭 싱어는 담당한 학생이 특정 운동을 해본 경험이 전혀 없음에도 해당 종목에서 마치 선수로 활약한 것처럼 꾸며 대학에 입학시키는 방식으로 사기를 쳤고, 부모들에게 뇌물을 받았다. 그는 대학 입학시험인 SAT와 ACT 점수를 조작하기 위해 학부모와 공모했음을 인정했다. 정작 학생은 무슨 일이 벌어지고 있는지, 자신을 대학에 입학시키기 위해 어떤 조치가 취해지고 있는지 알지 못했다. 릭 싱어를 찾은 학부모는 대부분 영화배우, 디자이너, 기업 임원을 비롯한 유명인이었다. 전해진 바에 따르면 이들은 자녀를 명문 대학에 입학시키려고 20만 달러에서 650만 달러에 달하는 금액을 건넸다.[8] 서던캘리포니아, 예일, 스탠퍼드, 조지타운과 같은 명문 대학에 뇌물로 거의 2,500만 달러가 전해진 것으로 추정된다.[9] 2011년부터 2019년 2월 사이에 릭 싱어는 자신이 운영하는 비영리재단을 이용해서 기부금 형식으로 돈을 받은 뒤, 그 돈을 여러 대학의 공모자들에게 보냈다.

릭 싱어는 공감, 사기, 사기 공모, 사법 방해 혐의를 인정했다. 비록 사건에 연루된 학부모 중에는 무죄를 주장하는 사람도 있기는 했지만, 유죄를 인정한 학부모도 많았다. 사건에 연루된

게 발각되었거나 유죄를 인정한 학부모는 징역형 혹은 벌금과 사회봉사 명령을 받았다.

이 사건은 희소성 및 반발 이론과 밀접하게 연관되어 있다. 사건에 등장한 명문 대학은 전부 합격률이 낮고, 많은 사람들이 입학하고 싶어 하는 곳이다. 그러다 보니 수입이 많거나 사회적 지위가 높은 인사의 자녀라 해도 이런 학교에 입학하기란 어렵다. 이 범죄에 가담한 사람들은 대부분 자녀의 SAT나 ACT의 점수가 높지 않거나, 내신 성적이 매우 좋지 않거나, 입학 허가를 받지 못할 기타 이유가 있었다. 바로 여기에서 심리적 반발이 생긴다. 무언가를 가질 수 없다는 소리를 들으면 한층 더 가지고 싶어진다는 사실을 떠올려보라. 우리는 다 거절당하는 것을 싫어하기에 선택할 자유를 되찾으려 노력한다. 부모들이 릭 싱어와 저지른 범죄도 이런 심리에서 나왔다. 이들은 자녀에게 명문대를 선택할 자유를 보장하기 위해 조치했다. 희소성에 뒤이은 반발 작용이다.

잡화 전문점 하비 로비Hobby Lobby에서 할인을 중단했을 때도 이런 일이 일어났다.

쿠폰을 없애자 일어난 반발

"제가 기억하는 한 정말 그랬어요. 40% 할인 쿠폰이 없으면 하비로비에서 물건을 사지 않죠."[10]

어느 인기 웹사이트에 게시된 글이다.[11]

2021년 1월, 할인 쿠폰 없이는 상품을 구매하지 않겠다고 말하는 고객이 많아지자 하비 로비는 매주 발행하던 40% 할인 쿠폰을 없앴다. 하비 로비의 고객은 수년간 제품을 구매할 때마다 쿠폰을 사용하는 데 길들여져 있었다. 종이로 된 쿠폰이 없어도, 쇼핑하거나 계산을 기다리는 줄에 서서, 그것도 아니면 계산하는 바로 그 자리에서라도 재빨리 모바일 쿠폰을 찾아 사용하곤 했다. 그랬던 하비 로비에 과연 어떤 일이 일어난 것일까?

하비 로비 측에서는 주간 쿠폰을 없앰으로써 "수천 가지 상품에 더 나은 가치를 부여할 수 있다"고 말했다.[12] 하지만 회사의 설명을 들은 고객은 반발했다. 어느 고객은 이렇게 이의를 제기했다. "모든 제품에 터무니없이 비싼 가격을 매기지 않고 애초에 합당한 가격을 정하겠다는 뜻이기를 바랍니다." 또 다른 고객은 다음과 같이 말했다. "그냥 원하는 가격을 매기고 그걸로 끝내는 게 어떨까요? 쿠폰 때문에 모든 사람이 많은 수고를 들여야 하는 것 같아요."[13]

하비 로비의 고객들이 강력하게 반발하는 모습에서 우리는 반발 이론이 작동하고 있음을 볼 수 있다. 하비 로비에서는 아주 오래전부터 주간 쿠폰을 발행했다. 그렇기에 고객은 자신이 자유 행동(여기서는 쿠폰을 사용하는 행동)을 할 수 있다고 추정했다. 이를테면 고객은 과거에 쿠폰을 사용했거나 아니면 앞으로 사용할 생각이었던 것이다. 그러므로 반발 이론의 첫 번째 추정 사항을 만족한다. 하비 로비가 쿠폰 발행을 중단했을 때 고객은 쿠폰을 사용할 수 있는 자유를 빼앗겼다. 그렇다면 반발 이론의 두 번째 추정 항목을 만족시켰을까? 틀림없이 그렇다고 할 수 있다.

기억하자. 이럴 때 자유를 되찾으려는 동기가 생긴다. 바로 이 때문에 하비 로비의 쇼핑객들도 앞서 이야기한 인터넷 댓글과 같이 불만의 목소리를 높인 것이다.

하비 로비는 이제 매일 저렴한 가격으로 상품을 제공하겠다며 고객을 달래려 했지만, 고객들은 여전히 쿠폰을 사용할 자유를 빼앗긴 것처럼 느꼈다. 고객의 반발 때문에 하비 로비의 매출이 줄었는지는 분명하지 않지만, 이 상황에 불만을 품은 고객이 많았다는 건 분명하다.

아무래도 성인인 우리도 아이들과 크게 다르지 않은 것 같다. 거절당하고 싶어 하지 않고, 거절당했을 때 반발한다. 인간관계와 상호작용 측면에서도 무언가를 얻기 위해 열심히 노력하는 것은 대개 희소성의 원칙과 연관되어 있다. 개인적인 일에서든 업무 상황에서든 마찬가지다. 입사 제안을 해준 회사에 생각해볼 시간이 필요하다고 말하거나, 첫 데이트에 가고 싶지 않은 마음을 내비치는 것이나 다 같은 결과를 불러온다. 상대가 우리를 더 원하게 된다는 것이다. 연구자 구릿 번바움, 코비 졸택, 해리 라이스는 일련의 세 가지 연구를 진행해, 상대가 사귀기 어려운 사람이라는 생각이 들면 사귀고 싶은 마음이 더 커지는지 확인해보았다.[14] 각 연구에서 참가자는 상대 참가자와 교류했다(적어도 참가자들은 그렇게 생각했다. 하지만 상대 '참가자'는 사실 연구 팀 사람이었다). 이후 진짜 참가자에게 상대방이 어느 정도 사귀기 어렵다고 느껴지는지, 상대방의 가치에 관한 인식, 상대방을 원하는 정도를 점수로 매겨달라고 요청했다. 그랬더니 사귀기 어려운 사람으로 인식할수록 상대의 가치와 그를 원하는 정도가 커졌다. 간단히 말해, 이 연구는 상대방이 감히 사귈 수 없는 사람일 때 우리가 그 사람을 더 매력적으로 느끼고 사귀고 싶어 한다는 걸 보여준다. 물론 먼저 상대를 향한 관심이 어느 정도는 있어야겠지만 말이다.

자신의 가치를 인정하라

제레미 니콜슨Jeremy Nicholson 박사는 사회 및 성격심리학 박사이자 니콜슨심리라는 회사를 창립한 사람으로, 주로 영향력, 설득, 데이트에 관해 연구해왔다. '매력 박사님'이라고도 불리는 니콜슨 박사는 데이트의 역학 관계를 주제로 광범위한 연구를 진행했다. 니콜슨 박사도 희소성이 있으면 상대를 더 원하게 된다는 주장에는 동의하지만, 일부러 사귀기 어려운 사람인 척 구는 것이 독신인 사람들에게 가장 좋은 방법은 아니라고 말한다. 니콜슨 박사에 따르면, 우리는 먼저 자신을 가치 있게 여겨야 하며, 과소평가해서는 안 된다. 자신이 지닌 독특한 특성에 집중한다면, 나만의 가치가 분명해지고, 나의 희소성이 더 진정성 있게 보일 것이다. 그렇게 된다면 구애하는 사람이 더 많아지는 것은 물론, 나와 잘 어울리지 않는 사람에게 시간을 낭비하지 않을 수 있다. 그리고 결국엔 쉽게 사귈 수 없는 사람이 될 것이다. 진정한 희소성을 갖추면 만남이 자연스럽게 이어지고, 더 나은 관계가 유지될 것이다.

연인 관계뿐만 아니라, 업무 관계나 기타 인간관계에서도 같은 원리가 적용된다. 내가 가르치는 학생인 알렉사의 이야기를 살펴보자.

알렉사는 두 시간 반에 걸친 면접을 마친 뒤, 매우 높은 경쟁을 뚫고 일류 회계법인의 사장인 조에게 인턴직을 제안받았다. 조는 전화로 시간당 임금을 비롯해 인턴직과 관련된 사항을 자세히 설명했다. 알렉사는 이 회사에서 인턴 일을 정말 하고 싶었지만, 용기를 내어 급여에 이의를 제기했다. 경쟁 회사로부터 더 높은 시급으로 인턴 제안을 받았다고 말한 것이다(그건 사실이었다). 당연히 이건 조가 기대한 답이 아니었을 것이다. 더욱이 인턴 자리를 두고 말이다. 조는 알렉사에게 인턴 시급은 회사가 표준으로 정한 금액이라고 재차 말했다. 알렉사는 조에게 인턴 자리를 제안해주셔서 감사하다고 전하며 생각할 시간을 줄 수 있는지 물었고, 조는 그렇게 하도록 허락했다.

그로부터 몇 시간 안 되어 조는 다시 알렉사에게 전화를 걸어, 비록 회사가 지금까지 모든 인턴에게는 회사의 표준 시급을 지급해왔지만, 알렉사에게는 요청한 만큼의 시급을 지급하겠다고 알렸다. 대체 무슨 일이 일어난 걸까?

알렉사는 이미 경쟁 회사로부터 인턴 자리를 제안받았다는 점을 분명히 했다. 그건 이 회사에서 알렉사를 채용하지 못할 수도 있다는 것을 의미했다. 알렉사는 조의 회사에서 제안한 자리를 바로 수락하지 않았고, 조의 회사는 알렉사를 채용할 기회를 잃을 수도 있었다. 이러한 두 가지 이유가 합쳐지자 알렉사의 지각된 가치가 올라갔고, 채용을 두고 경쟁의식이 생겨났다.

알렉사는 결국 시급을 높인 후 조의 회사가 제안한 인턴 자리를 수락했다. 알렉사는 니콜슨 박사를 만난 적은 없지만, 니콜슨 박사가 조언하는 바를 따랐다. 알렉사는 자신이 회사에 이바지하게 될 바를 가치 있게 여겼고, 자신을 과소평가하지 않고 자신의 가치를 인정했다.

희소성이 반응을 일으키는 건 분명하다. 그런데 그 반응은 어떤 메시지를 던지는지에 따라 강화되기도 하고 약화되기도 한다. 이게 무슨 말일까? TV 프로그램에 관한 한 연구를 살펴보면 그 답을 얻을 수 있을 것이다.

사람들은 늘 눈에 띄길 원한다?

제품의 특별함은 그 제품을 소유하고 싶은 욕망을 더 커지게 만든다. 그리고 그렇게 쉽게 손에 넣을 수 없는 고급 제품을 가졌을 때, 우리는 자신이 남들과 차별화된다고 여긴다. 하지만 항상 그런 것은 아니다. 어느 교수 팀의 연구에 따르면, 위험하다고 느끼는 상황에서는 희소성을 알리는 메시지의 유효성이 감소할 수 있다.[15] 진화론적 관점에서 볼 때 우리는 위험에 처해 있을 때 군중 속에서 뚜렷하게 돋보이는 상황, 즉 희귀한 무언가를 가지고 있는 상황을 원하지 않는다.[16] 이 사실을 광고에 직접 적용하면, 어떻게 해야 희소성을 효과적으로 전달하고 알릴 수 있을지 깨닫게 될 것이다.

연쇄살인범이 어떤 도시나 동네를 노리고 공격하는 내용의 드라마 〈로우 앤 오더Law&Order〉를 시청하고 있다고 해보자. 연구 내용에 근거해볼 때, 드라마에서 긴장된 순간이 지나간 후 광고에서 한정 상품임을 강조하는 메시지를 전한다면, 이 광고는 효과를 보지 못할 것이다. 실제로는 오히려 역효과가 난다. 범죄 드라마를 보면 공포를 느끼게 되므로 이어지는 광고를 볼 때 본능적인 반응이 일어난다. 도망치고 싶고, 다른 사람과 구별되는 물건은 사고 싶지 않다. 이런 식으로 생각해보라. 포식자가 다가오는 상황인데 무리 속에서 두드러져 보이고 싶은 사람이 어디 있을까? 그보다는 가능한 한 무리에 섞여 모습을 감추고 싶을 것이다. 이는 우리 선조 때부터 쌓인 경험에서 나오는 반응이다. 그들은 신체적인 위협을 자주 마주했고, 스스로 보호하는 방법을 배워야 했다. 무리 속에 있으면 안전하다는 인식도 갖게 되었다. 군중 속에 있으면 개인으로서의 나는 포식자의 눈에 잘 띄지 않는다. 반대로, 이 드라마 뒤에 한정 상품이 아니라 널리 대중의 인기를 끄는 제품이라는 메시지를 강조한 광고를 배치하면, 긍정적인 효과를 거둘 것이다. 포식자의 시선을 피해 무리 속에 숨을 수 있을 것 같은 느낌을 주기 때문이다.

　로맨틱 코미디 드라마는 어떨까? 드라마 〈섹스 앤 더 시티Sex and the City〉의 예전 방송분을 보는 동안, 앞선 예시에 나온 것처럼 희소성을 강조하는 광고가 나온다고 해보자. 똑같은 제품, 똑같은 메시지라도 이런 상황에서는 긍정적인 효과를 낼 것이다. 드라마를 보면서 다른 사람보다 돋보이기를 원하는 마음이 올라온 상태이기 때문이다. 인기 있는 사람이 되고 싶고, 남들과 똑같아 보이고 싶지 않은 욕망 또한 우리 선조들에게서 비롯된 것이다. 선조들은 짝지을 상대의 마음을 끄는 법을 알아내야 했다. 여기에는 다른 사람과 나를 긍정적인 방식으로 차별화할 방안도 포함된다. 이 점을 고려하면, '100만 개 이상 판매'되었다는 식의 주장으로 상품의 인기와 대중성을 보여주는 광고는 이 상황에서는 역효과를 불러일으킬 것이다.[17]

　지금까지 본 예시에서 우리는 고객이 사전에 어떤 상황에 놓여 있는지에 따라 희소성을 강조하는 메시지에 반응하는 방식이 달라지기도 한다는 점을 알 수 있다.

희소성은 경쟁을 낳는다

어느 봄날 우리 가족은 비행기를 타고 미국을 횡단해 디즈니 월드에서 일주일을 보냈다. 당시 15살, 12살이던 두 아들은 '이츠 어 스몰 월드'나 '캐리비안의 해적', '유령의 집' 같은 종류의 놀이 기구에는 흥미가 없었고(기본적으로 속도가 느린 놀이 기구라면 전부 그랬다), 탔을 때 긴장감이 넘치는 놀이 기구를 좋아했다. '컨트리 베어 잼버리'나 '더 홀 오브 프레지던트' 같은 기구를 타게 하려 해 보았지만, 아이들은 전혀 흥미를 보이지 않았고, 그 대신 빠르게 움직이는 놀이 기구를 타려고 수백 명의 사람 틈에 끼어 줄을 섰다. 디즈니 월드에서 사흘 동안 시간을 보낸 뒤, 우리는 디즈니 할리우드 스튜디오에 갔다.

우리 집에서 각종 예약을 담당하고, 입장권을 사고, 일정을 계획하는 사람은 나다. 내가 하고 싶었던 일은 아니지만, 그와 상관없이 내 몫이 되었다. 할리우드 스튜디오에 가기 전날 밤 나는 욱신거리는 다리 아래를 받친 뒤(이때 우리는 여행에서 총 24km를 걸은 상태였다), 와인을 홀짝거리며 휴대폰으로 디즈니 홈페이지에 소개된 할리우드 스튜디오 내 놀이 기구를 쭉 살펴보고 있었다. 나는 우리 가족이 모두 함께 탈 수 있는 놀이 기구를 찾고 있었다. 아이들이 좋아할 만큼 충분히 스릴 넘치면서도 동시에 놀이 기구에서 내리자마자 내가 어지러워 쓰러질 것 같다고 느끼지 않을 만큼 충분히 느린, 그런 놀이 기구 말이다.

그렇게 놀이 기구 목록을 살피다 보니 '스타워즈: 라이즈 오브 레지스턴스'라는 놀이 기구가 눈길을 끌었다. 우리 가족 모두 열렬한 스타워즈 팬이라 다들 좋아할 터였다. 하지만 그 이유만으로 이 놀이 기구에 관심이 생긴 건 아니었다. 온라인상에서만 탑승 예약 신청을 할 수 있다는 안내 때문이었다. 이 놀이 기구를 타려면 무조건 온라인으로 예약을 해야 했고, 예약 가능한 시간도 개장 전 아침에 한 번, 오후에 한 번 하루 두 번으로 정해져 있었다. 이상하다는 생각은 들었지만, 내일 아침에 일어나 가장 먼저 탑승 예약 신청을 해야겠다고 마음먹었다. 그 외에 다른 생각은 크게 하지 않고, 예약 신청 시간 5분 전으로 알람을 맞춰 두고 잠이 들었다.

다음 날 아침, 아직 시차 적응을 하지 못했기에 알람이 울렸을 때 일어나기가 힘들었다. 아직 반쯤 잠든 상태로 흐릿한 눈을 떠 휴대전화를 집어 들고, 디즈니 애플리케이션을 연 뒤 예약 신청이 시작되기를 기다렸다. 몇 분 지나지 않아 탑승 예약 신청 버튼이 나타났고, 곧바로 버튼을 눌렀다. 그런데 깜짝 놀랄 만한 일이 일어났다. 온라인 탑승 예약이 이미 마감되었다는 안내 메시지가 뜬 것이다. 나는 곧 좌절했다. 이젠 오후에 다시 예약을 시도하는 수밖에 없었다.

처음엔 스타워즈 놀이 기구에 조금 관심이 있었던 것뿐인데, 이 일을 겪고 나니 완전히 집착하게 되었다. 그날 오전 놀이공원에 도착했을 때, 나는 나중에 온라인 탑승 예약 신청을 할 수 있도록 휴대전화 전파가 잘 터지는 곳이 어디인지 살펴보았다. 우리는 놀이 기구를 타고, 추억을 쌓고, 반복해서 길고 긴 줄을 서며 아침 시간을 보냈다. 시간이 다가올수록 나는 신경을 곤두세워 현재 시각을 확인했다. 우리는 전파가 잘 잡히는 곳 중앙에 놓인 테이블에 자리를 잡고 앉았다. 두 번째 신청 시간인 오후 1시가 다가오자 심장이 빨리 뛰고 손바닥에 땀이 났다. 내가 경험하고 있던 건 반발 이론에 등장하는 심리적인 반응이었다. 한 번도 타본 적 없는 놀이 기구 때문에 이런 반응이 나타나는 게 당황스러웠고, 우습기도 했다. 긴장된 마음을 떨치려 애썼지만, 긴박감과 집착은 여전했다. '우리는 탑승 예약에 성공해야만 해. 나는 놀이 기구를 선택할 자유를 되찾고 싶어.'

시간은 마침내 오후 1시가 되었다. 나는 할 수 있는 한 가장 빠른 속도로 예약 신청 버튼을 눌렀다. 곧이어 우리가 예비 탑승자 그룹에 들어갔음을 알리는 안내 메시지가 나타났다. 예비 탑승자 그룹은 혹시 탑승 가능한 자리가 더 생기면, 연락을 받을 수 있는 그룹이었다.

당시 나는 예약 신청을 하는 데 집중하고 있어서 나만 그러고 있는 게 아니라는 걸 깨닫지 못했다. 우리가 앉았던 구역은 와이파이와 휴대전화 전파가 잘 연결되는 곳이었다. 주변 테이블에서 탑승 예약에 성공한 사람들로부터 환호성이 일었고, 성공하지 못한 사람들은 소리를 지르며 실망해 고개를 숙였다. 불과 몇 분 정도 타는 놀이 기구를 둘러싸고 벌어진 일이다.

나는 그날 내내 예비 탑승자 그룹에 차례가 돌아오지 않을지 애플리케이션을 계속 확인했다. 휴대전화를 끊임없이 확인하다 보니, 가족과 시간을 보내는 즐거움마저 사라져 갔다. 마침내 놀이공원이 폐장하기 약 한 시간 전에 우리 차례가 돌아왔다. 신이 나서 달려갔지만, 다른 탑승자들과 함께 줄을 서서 30분을 더 기다려야 했다. 줄을 서서 차례를 기다리는 동안 내가 겪은 일에 대해 생각해봤다. 나는 아들에게 우리가 왜 이토록 이 놀이 기구를 타고 싶어 했는지, 그리고 이 놀이 기구의 어떤 점이 그리 대단한 것인지 물었다. 대답은 간단했지만, 심오했다. 아들은 어깨를 으쓱하더니 '타기가 몹시 어렵다'는 게 이유라고 말했다. 스타워즈 놀이 기구는 한정된 숫자만 탈 수 있어서 더욱 사람들의 마음을 끌게 되었다. 나는 희소성 때문에 놀이 기구에 반응했고, 그걸 타려고 다른 사람과 경쟁했다.

나는 이 놀이 기구가 예약하기가 어렵다는 이유로 그날 내내 탑승 예약에 과도하게 집중했다. 그런데 생각해보면, 처음 이 기구를 예약해야겠다고 결정했을 때 그리 오래 고민하지도 않았다. 어떤 놀이 기구인지 시간을 들여 알아보거나, 탑승 후기를 찾아보거나, 기다려서 탈 가치가 있는 놀이 기구인지 다른 기구와 비교해보지도 않은 채, 재빨리 반응했다. 오직 탑승 인원에 제한이 있다는 사실에만 바탕을 두어 가치를 평가했고 결정을 내렸다(다음 장에서 사고의 지름길에 관해 자세히 알아볼 예정이다). 그리고 그 결과, 나는 다른 사람과 경쟁까지 벌이게 되었다.

의도적으로 반발 심리를 활용하다

기업에서 어떤 상품이 희소하다고 이야기할 때, 우리 머릿속에서는 선택할 자유를 위협받고 싶지 않다는 심리적 반발이 일어난다. 이로써 우리는 즉각 행동에 나서게 되는데, 상품을 당장 사야겠다는 긴박감은 여기서 나온다. 많은 업체에서 회사의 이익을 위해 이 반발 심리를 이용한다. 다음 상황을 예로 들어보자.

이번 주 구매 목록을 적어 마트에 왔다. 늘 먹는 시리얼을 담으러 갔더니, 시리얼 진열대 위쪽 광고판에 이번 주에만 가격을 크게 할인해준다고 적혀 있었다. 그리고 구매 가능 개수도 1인당 세 개로 한정되어 있었다. 지금 필요한 건 한 개뿐이지만, 왠지 더 사야 할 것만 같다. 정신을 차리고 보니 카트 안에는 한 개도, 두 개도 아니고 세 개의 시리얼이 담겨 있다. 이것이 반발 이론의 핵심이다. 만약 이런 경험이 있다면, 우리만 그런 것은 아니니 안심해도 된다.

미국 내 대형마트의 판매량을 80주 동안 분석한 자료에 따르면,[18] 그 기간 동안 에인절 소프트 화장지, 크래프트 마카로니 앤 치즈, 마졸라 옥수수유, MJB 커피, 유반 커피, 스파클 종이타월,

스타키스트 참치 등 특별 할인 상품은 제품을 할인할 때마다 판매량이 늘어났다. 특별 할인 상품 중에 구매 수량 제한이 없는 제품의 경우 판매량은 약 202% 증가했다. 나쁘지 않은 숫자다. 하지만 특별 할인 상품의 구매 가능 수량을 제한했더니('1인당 세 개까지 구매 가능' 같은 식으로) 판매량이 544%나 늘어났다. 마트를 찾은 사람들이 할인 품목을 하나만 산 게 아니라, 구매 가능한 수량만큼 채워서 산 것이다.

또 다른 연구에서도 비슷한 결과가 나타났다. 연구진들은 미국 아이오와주 수시티에 있는 슈퍼마켓 세 군데에서 할인 문구에 따른 판매량 변화에 관한 실험을 진행했다.[19] 실험 대상 제품은 캠벨 수프로, 정상 가격은 한 캔당 89센트지만, 일시적으로 제품 가격을 할인해 수프 캔마다 뒤에 '캠벨 수프 할인-한 캔당 79센트'라는 문구를 표시했다. 그리고 구매 가능 수량 제한 조건을 세 가지로 달리했다('수량 제한 없음', '1인당 네 개까지 구매 가능', '1인당 12개까지 구매 가능'). 사흘 동안 저녁 8시에서 9시 사이에 세 가지 구매 가능 수량 제한 조건을 각각 내걸고, 연구진들이 고객이 진열대에서 수프 몇 캔을 담아 가는지 몰래 확인했다.

여기서 잠시 멈춰서 슈퍼마켓 손님의 입장이 되어보자. 수프 한 캔당 10센트를 아낄 수 있는 상황에서 구매 가능 수량에 제한이 없다면 몇 캔이나 살지 생각해보라. 그리고 각각 4캔, 12캔의 구매 가능 수량 제한이 있을 때는 어떨지 상상해보라. 대다수의 슈퍼마켓 손님과 비슷하게 생각했다면 12캔으로 제한된 숫자에 마음이 가장 많이 흔들렸을 것이다. 연구 팀은 구매 가능 수량을 제한하지 않았을 때와 4캔으로 제한했을 때를 비교했더니 고객 구매량이 9% 증가했다는 점을 발견했다. 그런데 구매 가능 수량을 12캔으로 제한했을 때는 훨씬 더 큰 영향이 있었다. 수량을 제한하지 않았을 때와 비교하면 고객의 구매량은 평소보다 112% 많았고, 4캔으로 제한했을 때보다는 94% 많았다.

이 두 연구 결과를 통해 우리는 구매 수량을 제한하면 사람들이 여기에 반응해 상품을 더 많이 사게 된다는 것을 확인할 수 있다. 이와 관련해 또 다른 설명을 할 수 있지만, 먼저 앞서 언급한 문 닫을 시간이 다 된 술집의 이야기로 돌아가 보자.

✦ ✦ ✦

술집의 마감 시간이 다가오면, 가게 안의 손님들이 더 매력적으로 보이는 현상에 대해 많은 학자들이 우리의 잠재의식이 상대를 선택할 자유가 곧 끝날 것임을 알기에, 남아 있는 사람들에게서 한층 더 매력을 느끼고 그들을 원하게 되는 것이라고 설명한다. 그런데 이러한 개념을 반박하는 목소리도 있다.

오스트레일리아 시드니의 세 학자는 이 '마감 시간 효과'가 존재한다는 것조차 확신할 수 없다고 말했다.[20] 즉, 그들은 사람들이 선택지가 줄어드는 상황에 반응한 것이 아니라고 보았다. 그들은 커플과 독신인 사람을 섞어 실험을 진행했는데, 그 결과 커플인 참가자도 독신 참가자와 동등한 마감 시간 효과를 보인다는 점을 발견했다. 사귀는 상대가 있는 사람은 술집의 마감 시간이 다가와도 이미 만나고 있는 사람이 있기 때문에 위협당할 자유가 없는데도, 시간이 지남에 따라 남아 있는 사람을 더욱 매력적으로 느꼈다. 마감 시간이 다가오는 상황에서 양쪽 그룹이 모두 영향을 받았다는 사실은 마감 시간 효과로 설명할 수 없는 또 다른 요인이 있음을 뜻한다.

희소성이 그 대상의 '가치'와 연결된다는 점을 떠올려보면, 이렇게 분석할 수 있다. 사람들이 짝지어 술집을 떠나면서 반대 성별의 사람이 점점 희소해지고, 그러다 보니 희소해진 상대가 더욱 매력적으로 느껴진 것이다. 캠벨 수프 실험을 기억하는가? 구매 가능 수량을 제한하면 쇼핑객들은 제품이 더욱 가치 있다고 여긴다.

◆ ◆ ◆

희소성은 경쟁을 불러일으키며, 물건의 인식 가치를 높인다. 무언가가 희소할 때 우리는 그것이 더 가지고 싶어지고, 가질 수 없는 대상에 집중한다. 그런데 희소성이 사고의 지름길로 인도한다는 것도 알고 있는가? 이는 희소한 대상에 초집중한다는 개념(내가 디즈니 월드에서 놀이 기구 탑승 예약에 초집중했던 것처럼)과 모순되는 것처럼 보이지만, 현실적으로는 그렇지 않다. 빠른 판단과 결정은 단순히 희소성의 또 다른 효과일 뿐이며, 희소한 상품에 우리가 반응하는 방식은 상황에 따라 달라질 수 있다.

다음 장에서는 경제 원칙인 '상품 이론commodity theory'을 통해 희소성이 가치를 높인다는 개념을 더 자세히 살펴볼 것이다.

핵심 정리

- 우리는 선택할 자유를 잃는 것을 두려워하기 때문에 자유를 되찾아야 한다는 생각이 우리 행동의 동기가 된다.
- 무언가를 손에 넣으려고 애쓰는 건 대개 희소성 원칙과 관련되어 있다.
- 자기만의 특별함을 진정성 있게 보여줄 때 더 나은 관계가 유지된다.
- 고객이 사전에 어떤 메시지를 습득했는지에 따라 희소성을 강조하는 광고 메시지에 다르게 반응할 수 있다.
- 희소성은 경쟁을 유발하고, 제품의 인식 가치를 높이며, 사람들이 그 대상을 더 가지고 싶게 만든다.

CHAPTER 3

수많은 선택지에 지친 뇌
: 사고의 지름길

회사에 출근할 때 어느 길로 갈 것인가? 인터넷에서 어떤 글을 먼저 읽을 것인가? 커피 마실 때 우유와 설탕을 넣을 것인가? 이메일에 어떻게 답할 것인가? 잠자리에 들 때까지 종일 우리는 수백, 수천 가지 결정을 내린다. 미국 코넬대학교 연구진에 따르면, 우리가 매일 음식과 관련해 내리는 결정만 해도 226.7개씩이나 된다고 한다![1] 오늘은 무얼 먹을까?

음식 문제 말고도 우리가 결정해야 할 사항은 많다. 매 '초'마다 우리의 감각기관은 약 1,100만 개에 이르는 정보의 단편을 뇌로 전달한다.[2] 게다가 기술의 발전으로, 매일 우리가 접하는 정보의 양은 믿을 수 없을 정도로 많아졌다. 이런 모든 상황에서 우리 뇌는 집중력을 높일 수 있는 길을 찾아야 했다. 한번 생각해보자. 업무를 하는 동안 이메일 수신 알림음이 몇 번이나 울렸는가? 대부분은 그럴 때 하던 일을 멈추고 이메일을 확인한다. 그리고 방금 받은 이메일뿐 아니라 몇 개의 다른 이메일에도 답한다. 그러고 나서는 온라인에서 무언가 검색해본다. 정신을 차리고 보면 30분이나 지나 있다. 스스로 절제해 방금 받은 그 이메일만 읽는다고 하더라도, 하던 업무로 다시 돌아가 집중력을 회복하기까지 평균 64초가 걸린다.[3] 여기에 이메일을 확인하려고 멈춘 횟수를 곱해보면, 우리가 집중하는 데 어려움을 겪는다는 사실이 그리 놀랍지 않다.

종일 이런 식의 방해가 계속되면서 우리의 뇌는 모든 일이 '더 빨리' 이루어지기를 원하도록 변화했다. 매일 매 순간 여러 방면으로 집중력을 요하는 일이 많기 때문에, 우리 마음속에 지친 뇌가 온갖 정보를 추적해야 한다는 불안이 점점 커진다. 끊임없이 뇌가 피로하다는 느낌은 상상이 아니다. 우리의 뇌는 온갖 메시지, 자극, 끝없이 내려야 하는 결정 등 처리해야 할 문제의 집중 포화를 맞고 있으므로, 마주한 자료를 하나하나 심층적으로 처리하지는 않는다. 매일 말 그대로 수천 개의 메시지에 노출되는 상황에서 어떻게 모든 정보를 깊이 분석하겠는가? 우리 뇌는 심층 정보 처리deep information processing를 하는 대신, 빠른 사고의 지름길rapid mental shortcut을 이용해 행동과 태도를 지시한다. 이것이 우리가 의사결정을 할 때 신속한 판단에 도움이 되는 단서나 신호를 찾는 이유다.

소비자로서도 마찬가지다. 우리는 제품이나 서비스를 구매할 때, 의사결정 과정을 단순화하고 싶어 한다. 그렇게 하기 위해 우리 뇌는 지름길을 찾는다. 디즈니 월드의 스타워즈 놀이 기구를 예로 생각해보면, 처음 그 기구를 예약하기로 결정했을 때 나는 사고의 지름길을 택했다. 내 사고의 지름길은 '놀이 기구+제한된 탑승 가능성=예약하겠다는 빠른 결정'이었다. 우리는 유원지에서 놀이 기구를 탈 때조차 희소성 앞에서 사고의 지름길을 이용하게 되는 것 같다.

다음으로 사고의 지름길 개념을 직접 경험해볼 수 있는 예시를 들어보겠다. 당신은 직장 동료의 집에서 열리는 저녁 파티에 초대받았다. 직장 동료는 아무것도 가져오지 말라고 했지만, 빈손으로 갈 수는 없다. 그래서 와인 한 병을 가져가기로 한다. 와인을 사러 왔는데 선택지가 너무 많다. 당신은 와인을 좋아하지도, 심지어 마시지도 않는 사람이라서 이름도 익숙하지 않다. 이제 풀어야 할 딜레마가 생긴다. 저녁 파티에 어떤 와인을 가져가야 할까? 선택지를 줄여 카베르네 소비뇽으로 하기로 했지만, 문제는 아직 해결되지 않았다. 카베르네 소비뇽 가운데에서도 어떤 브랜드의 제품으로 해야 할지 다시 골라야 한다. 그런데 진열대를 보니 다른 브랜드의 제품은 모두 진열대에 가득 채워져 있는 반면, 어느 한 브랜드의 제품은 재고가 두 병밖에 남아 있지 않다. 진열대의 상품이 거의 다 팔릴 정도라면 분명 좋은 와인일 거라고 추측한 후, 딱 두 병 남은 와인을 집어 든다. 만약 당신이 이런 결정을 내렸다면, 방금 사고의 지름길을 택한 것이다. '희소성'이라는 잠재된 요소가 심리적 영향을 끼침으로써 결정을 내리는 데 큰 힌트를 제공했다.

연습을 계속해보자. 이번에는 꽃바구니나 다른 의미 있는 선물을 사려고 한다. 어떤 꽃바구니를 사야 할지 몰라, 꽃을 판매하는 웹사이트 1-800플라워즈닷컴1-800-Flowers.com에 게시된 상품을 이리저리 살펴보고 있다. 그러다 어느 상품이 이미 100개나 팔렸고, 현재는 200개가 남아 있다는 걸 확인한다. 웹사이트에는 남아 있는 상품의 개수를 실시간으로 보여주는 카운트다운 시계도 있다. 이 상품이 인기가 있는 건 분명하다. 이쯤 되면, 그 자리에서 검색을 멈추고 그 꽃바구니를 사는 사고의 지름길을 택할 가능성이 매우 크다.

짐 맥캔Jim McCann은 1-800플라워즈닷컴(미국의 꽃·식품 소매업체)을 세운 창립자다. 그는 고객에게 판매 및 재고 현황 등의 추가 정보를 제공하자, 제품의 판매량이 급증했다고 말했다. 만일 1-800플라워즈닷컴에서 어느 상품이 큰 인기를 끌어 매진이 임박하면, 그리고 특히 밸런타인데이처럼 중요한 시기가 가까운 때라면, 고객에게 해당 제품이 인기이며 곧 매진된다는 알림을 보낸다. 어느 제품이 가장 인기인지도 알려주고, 재고 문제가 있을 때도 고객에게 알린다. 그 결과 고객들이 웹사이트를 이리저리 살펴보며 보내는 시간이 줄었고, 전보다 빠른 행동으로 이어져 전환율이 올라가고 고객 만족도도 높아졌다. 고객은 정신적인 에너지를 크게 소모하지 않고 정보에 입각한 결정을 내렸다는 점에 만족했다. 1-800플라워즈닷컴이 고객에게 사고의 지름길을 제공한 셈이다.

우리는 왜 자신도 모르게 희소성을 빠른 판단의 근거로 사용하는 것일까? 희소해진 제품을 구매했던 그 많은 구매자의 결정이 틀릴 수 없을 거라고 생각하기 때문이다. 어쨌든 그렇게 많은 수의 사람이 나쁜 상품이나 서비스를 구매할 확률이 얼마나 되겠는가? 아니면 앞서 살펴본 데이트 사례에서 상대방이 구애하는 다른 사람이 이미 있어서 내가 사귀기 어려운 사람이라면, 그 사람에게는 뭔가 특별한 점이 있을 거라고 생각하는 것과도 비슷하다. 간단히 말해 공급이 제한적이고 인기가 높을 때, 혹은 다른 이유로 이용 가능성이 제한될 때 사고의 지름길이 나타난다.

희소성은 어떤 결정을 내리거나 그 대상의 가치를 평가하는 데 걸리는 시간을 줄여준다. 사고의 지름길이란 뇌를 잠깐 쉬게 해주는 것이다. 목적을 가지고 신중히 생각할 만한 동기나 능력이 부족할 때 희소성이 있으면 쉽게 정보를 처리할 수 있다.

희소하다=가치 있다?

●

의식적이든 아니든 우리는 의사결정 과정에서 희소성과 가치를 동일시하는 경향이 있다. 특히 무언가 혹은 누군가에 대해 결론을 내리거나 의견을 이야기할 때, 종종 '희소성이 곧 가치'라고 생각할 때가 많다. 온라인에서 한 셔츠를 살지 말지 고민하고 있을 때, 해당 상품이 곧 품절이라는 이메일을 받으면 마음속에서 갑자기 셔츠의 가치가 엄청나게 커진다. 해당 셔츠가 유명 브랜드 제품이라면 이러한 사고의 지름길을 택할 가능성은 훨씬 더 크다. 테슬라 자동차를 예로 살펴보자.

2016년, 테슬라 모델3 차량을 사고 싶은 사람들이 대기 순서 앞쪽에 이름을 올리려고, 테슬라 매장 밖에서 밤새 기다리는 일이 있었다. 모델3는 테슬라에서 처음으로 대중 판매를 목적으로 출시한 차량으로, 많은 고객들이 감당할 만한 가격대로 시장에 등장했다. 테슬라 차량을 소유한다는 특권에 한정된 생산량이 더해지자, 사람들은 주저 없이 1,000달러의 예약금을 건넸다. 기억해야 할 것은 이 예약금은 '대기 명단'에 이름을 올리기 위한 예약금이었다는 점이다. 이 고객들은 그날 새로운 테슬라 차량에 탑승해 운전대를 잡아볼 수도 없다는 것을 알고 있었다. 그리고 모델3를 만져보고 싶으면 대기 명단에 이름을 올려야 한다는 것도 알았다. 그러니 테슬라의 고객들은 결정을 빨리 내려야 했다.

희소성은 빠른 선택을 이끈다

1장에서 살펴본 것처럼 드비어스는 다이아몬드 공급을 제한하고 광고를 통해 수요를 늘려 인위적으로 희소성을 만들었다. 그 결과 다이아몬드는 귀중한 보석이 되었고, 가격과 가치 모두 상승했다. 이는 희소성이 그 대상을 갖고 싶어 하는 마음과 그 대상의 가치를 '모두' 키운다는 점을 보여주는 주요 사례다. 사람들은 일반적으로 어떤 대상이 희소하면 그 대상이 가치 있는 것이라고 결론 내린다. 우리 머릿속 사고의 지름길은 '희소하다=가치 있다=사야한다'는 빠른 의사결정으로 이어진다. 우리는 희소한 제품을 살때는 결정을 내리기까지 그다지 깊이 생각하지 않고, 서둘러 결정을 내린다. 그 제품이 희소해 보인다는 게 '이유'다. 이를 분명히 보여주는 연구 결과가 있다.[4]

연구진들은 실험 참가자에게 서로 다른 다섯 상점에서 쓸 수 있는 각 25달러짜리 상품권 다섯 장을 주고, 그중에서 100달러가 되도록 네 개의 상품권을 고르라고 했다. 그리고 무작위로 뽑힌 세 명의 참가자는 그들이 선택한 100달러 상품권을 가질 수 있다고 설명했다. 참가자에게 상품권 선호 순위를 정하도록 했는데, 한 그룹에는 각 상점에서 단 몇 장만의 상품권만 이용할 수 있다고 했고, 다른 그룹에는 각 상점마다 사용 가능한 상품권이 많이 있다고 이야기했다. 상품권을 희소한 것으로 인식한 경우 해당 그룹에 속한 참가자들에게는 높은 수준의 정신적 각성, 즉 심리적 반응이 일어났다. 지금까지 수많은 예를 통해 살펴보았듯, 상품권이 희소하다는 소식을 들은 참가자는 그 상품권을 더 많이 가지고 싶어 했다. 연구진은 하나의 제품군 안에서 여러 상품 중 선택해야 할 때 희소성으로 인한 각성이 영향을 준다고 결론지었다. 그런데 이 개념은 다이아몬드나 닌텐도 스위치 게임기, 두루마리 휴지 같은 '물건'에만 해당되는 것은 아니다.

내가 가르치는 학생들도 어떤 강의를 들을지 고를 때 같은 사고 방식을 택했다. 수강 신청 사이트에서는 강의마다 몇 자리가 남았는지 볼 수 있는데, 학생들은 신청 가능한 자리가 하나도 없는 수업을 보게 되면 더욱 그 강의를 수강하고 싶어 한다. 학생들은 내게 학기가 시작할 때까지 혹시 한 자리라도 더 생기지는 않을지 매일매일 신청 가능 잔여석을 확인하겠다는 말을 많이 했다. 학생들에게 왜 잔여석이 많이 있는 다른 수업에는 등록하지 않는지 묻자, 모든 학생이 듣고 싶어 하는 걸 보니 분명히 이 수업을 담당하는 분은 좋은 교수님일 거라고 답했다. 학생들은 교수의 가치를 결정하는 데 사고의 지름길을 택했다.

구하기 어려운 버번위스키를 훔친 이유

가치는 보통 가격으로 환산된다. 그렇기에 희소한 상품의 가격도 점점 비싸진다. 높은 가격에 팔린 버번위스키 '패피 반 윙클 버번 Pappy Van Winkle bourbon'이 그 예다.

2021년 넷플릭스에서 공개한 다큐멘터리 〈사건 파일 하이스트〉에서는 황금의 술, 버번위스키를 둘러싸고 벌어진 대형 절도 사건 이야기를 다루고 있다.⁵ 이 사건의 범인은 패피 위스키를 생산하는 버펄로 트레이스 증류소의 전 직원이자, '버번의 왕'이라 불리는 길버트 토비 커트싱어다. 그가 직접 다큐멘터리에 출연하기도 했다.

흔히 '패피'라고 불리는 패피 반 윙클 버번은 알코올 도수가 45.2%이며, 한 해에 단 7,000개만 제한적으로 생산되는 켄터키의 귀한 버번위스키다. 패피의 소비자 가격은 병당 약 130달러 정도이지만, 구하기 어려운 제품인 탓에 2차 시장에서는 더 높은 가격인 300~400달러 정도에 팔린다.⁶ 패피는 열광적인 팬덤을 지닌 궁극의 컬트 브랜드다. 버펄로 트레이스 증류소의 웹사이트에 따르면, 세계 주류 대회에서 100점 만점에 99점이라는 놀라운 점수를 받고, 버번위스키 부문 세계 1위에 등극했다고 한다. 패피의 인기가 높아지면서 버펄로 트레이스 증류소는 고객들에게 공급이 수요를 따라가지 못한다고 경고했다.

2000년대 초, 커트싱어는 이처럼 높은 수요를 보이는 패피 위스키를 밀반출해 현금을 받고 팔기 시작했다. 밀반출한 위스키를 산 사람 중에는 커트싱어와 함께 소프트볼을 하는 팀의 친구들도 있었다. 아마도 커트싱어는 병으로 된 위스키를 빼돌렸을 뿐 아니라 자신의 픽업 트럭에 위스키가 담긴 오크통을 통째로 싣고 방수포로 덮어 잠재적 구매자에게 실어 날랐던 것으로 보인다. 그러다 2013년, 65 케이스의 패피 위스키가 도난당했다는 소식이 뉴스에 등장한다.

버펄로 트레이스 증류소는 위스키가 사라진 걸 발견하고 당국에 도난 신고를 했다. 도난당한 위스키의 금액은 약 2만 5,000달러가 넘었다. 이 위스키 도난 사건은 '패피게이트'라 불렸다. 프랭클린 카운티 보안국은 버펄로 트레이스와 와일드 터키 증류소의 위스키 도난 건과 관련해 익명의 제보를 받은 뒤 커트싱어의 집을 수색했다.[7] 그 결과 보안국은 도난당한 버번위스키 배럴 여러 통을 발견했고, 이후 커트싱어는 체포되어 버번위스키 절도 계획에 가담한 죄로 기소되었다. 징역 15년형을 선고받았지만, 30일 뒤 풀려났고 집행유예 처분을 받았다.[8]

이 버번위스키 도난 사건에도 희소성이 연관되어 있다. 패피 버번위스키는 시장에서 드문 제품으로 인식되었고, 구하기 어려웠다. 이러한 이유로 패피 위스키의 가치는 1차 시장뿐 아니라 2차 시장에서도 올라갔고, 2차 시장에서는 소비자 가격의 거의 두 배에 달하는 가격으로 판매되곤 했다. 패피 위스키를 구하기 어려우면 어려울수록 사람들은 한층 더 손에 넣고 싶어 했고, 가격이 높아도 기꺼이 지불하려고 했다. 공급이 부족한 상황에 반응한 사람들은 커트싱어에게서 위스키를 구하는 등 패피를 구매할 자유를 되찾기 위해 엄청난 수를 썼다.

어떤 메시지를 어떻게 던질 것인가?

광고를 만들 때는 논리적인 주장을 자세하게 늘어놓기보다는, 오랜 세월에 걸쳐 유효성이 증명된, 간단하면서도 영향력이 큰 메시지를 사용하는 것이 좋다. 그중 하나가 희소성을 알리는 메시지다. 이러한 광고는 사람들이 특별히 원하는 무언가가 없거나, 이 메시지에 관해 깊이 생각할 수 없을 때 특히 효과적이다.

기업이 '매진 임박'이라든가 '재입고'되었다는 광고 메시지를 던지면, 사람들은 사고의 지름길을 택해도 된다고 여기고 그냥 그 제품을 산다. 하지만 사람들은 복잡한 것에는 예민하게 반응한다. 즉, 광고의 내용이나 희소성을 알리는 메시지가 간단하지 않다면, 제품을 구매하지 않게 된다는 말이다. 그러므로 상품의 희소성을 알리는 메시지를 단순화하거나, 소비자의 의사결정 과정을 훨씬 더 쉽게 만들어야 큰 효과를 거둘 수 있다. 2장에서 살펴보았던 캠벨 수프 이야기로 돌아가보자. 쇼핑객들은 구매가 제한되어 있다는 사실뿐만 아니라, 할인된 가격에 살 수 있는 상품의 개수가 한정되어 있다는 사실에 반응해, 사고의 지름길을 택했다. 무의식적으로 제한된 개수가 사야 할 적절한 숫자라는 신호를 받은 것이다. 그러니 정신적 에너지를 쏟거나 심층 정보 처리를 할 필요가 없다. 빠른 결정을 내려도 좋다는 허가를 받은 것이나 마찬가지기 때문이다.

기업은 정당한 희소성을 만들려고 다양한 기법을 사용한다.

다음은 고객이 빠른 결정을 내리도록 유도하는 효과적인 기법이다.

- 한정판 제품을 생산한다.
- 일시적으로 제품 포장을 바꾼다.
- 특정 점포나 특정 웹사이트를 통해서만 상품을 판매한다.
- 홍보 기간에 구매 가능 수량을 제한한다.
- 단기 할인 판매를 한다.
- 묶음으로 판매한다.
- 재고량이 줄어들면 크게 알린다.
- 가장 인기 있는 상품이 무엇인지 고객에게 보여준다.
- 고객이 상품을 구매할 수 있는 기간을 제한한다.

이런 상황을 맞닥뜨리면 고객은 대개 사고의 지름길을 택해 의사결정을 내린다.

희소성의 효과를 보려면 갖춰야 할 조건들

●

사람들이 무의식적으로 물건을 사고, 직원을 뽑고, 데이트하고 싶도록 무언가를 희소하게 하거나 구하기 어렵게 만드는 게 말처럼 쉽다면, 이 책은 1장에서 끝났을 것이다. 아니 1장도 다 필요하지 않을 것이다. 하지만 희소성의 효과를 일으키는 건 그리 간단한 문제가 아니다. 희소성이 긍정적인 결과로 이어지게 하려면 몇 가지 기본적인 요소가 반드시 갖춰져야 한다. '상품'은 쓸모가 있거나 가치가 높아야 하고, 양도할 수 있어야 하며(한 사람이 다른 사람에게 줄 수 있어야 한다), 해당 상품을 실질적으로 소유할 가능성이 있어야 한다. 버번위스키 이야기 속에서 패피 위스키는 높은 가치를 지니고 있었다. 커트싱어의 도움으로 패피 위스키병과 오크통은 양도 가능해졌고, 구매자들은 누구나 탐내는 이 술을 손에 넣을 기회를 잡았다.

또 다른 예를 살펴보자. 어느 밴드가 투어 공연으로 우리 동네에 온다는 걸 알았다고 해보자. 다음과 같은 조건을 만족했을 때, 당신은 희소성의 효과를 느낄 것이다.

1. 내가 그 밴드에 관심이 있다. 게다가 표가 팔리는 속도가 빠르다(가치 있음).
2. 판매처에서 공연 표(상품)를 내게 팔 수 있다(양도 가능성).
3. 판매가 시작되자마자 온라인에 접속하면 공연 표를 구매할 가능성이 있다(소유 가능성).

이런 기본적인 요인 외에도 희소한 상품의 매력을 더해줄 또 다른 방법이 있다. 제품의 가치를 먼저 보여주거나, 상품의 이용 가능성을 제한하거나, 상품을 손에 넣으려는 사람들을 기다리게 하거나, 공급업체를 몇 군데로 한정하는 등 방법은 많다. 상품을 구하기 위해 추가적인 노력을 기울여야 한다면, 해당 상품의 매력은 더 커진다.

판매처가 예정된 공연의 표를 판매하기로 예고했다면, 이제 우리는 해당 표를 살 수 있을 때까지 기다려야 하는 처지가 된다. 공연 표를 1인당 5장까지 살 수 있다고 치면 슈퍼마켓의 사례처럼 공연 표가 더욱 갖고 싶어질 것이다. 즉, 구매 가능한 최대 수량만큼 살 가능성이 아주 크다는 뜻이다(물론, 가격이 허용할 때의 이야기다).

콘서트 표 이야기는 가정에 불과하지만, 브루노 마스의 공연 표를 판매할 때 실제로 이런 일이 일어나기도 했다. 2021년 7월로 예정되었던 브루노 마스의 라스베이거스 공연 6회분 표는 몇 분 만에 매진되었다. 표를 구하지 못한 팬들이 많았는데, MGM 호텔에서 그런 팬들을 위해 공연 표를 포함한 숙박 기획 상품을 내놓았다. 해당 기획 상품의 가격은 2,499달러에서 6,529달러 사이였다.[9] 비록 가격이 공연 표보다 훨씬 비싸기는 했지만, 이 상품에는 분명 그보다 더 의미 있는 무언가가 포함되어 있었다. 잡지 《트래블+레저Travel+Leisure》의 기자 안드레아 로마노는 "브루노 마스 공연 표가 매진되는 속도를 생각하면 아마 이 숙박 상품을 빨리 예약하는 편이 좋을 것"이라고 충고했다.

무언가가 희소하다는 사실을 알게 되면 사람들은 주목하고, 주의를 집중한다. 제품의 포장에 희소한 제품이라는 메시지를 더했을 때, 더 많은 사람의 시선을 끌게 되는 현상을 밝혀낸 연구도 몇몇 있었다.[10] 비록 이 연구들은 실험실 환경에서 이루어진 것이지만, 우리는 이런 비슷한 현상이 현실에서도 일어나는 것을 늘 본다. 이를 가장 보편적으로 찾아볼 수 있는 곳이 온라인 유통업체다.

유통업체는 보통 이전에 매진되었던 상품이 재입고되면 그 소식을 크게 알린다. 이러한 메시지는 해당 제품을 찾는 사람이 정말 많다는 인상을 준다. 인기 남성복 판매 사이트 '잭 스레드 Jack Threads'에서는 신상품 목록은 물론, 전에 매진되었다가 재입고 된 제품이 무엇인지도 볼 수 있다. 소비자는 해당 제품이 인기가 많다는 것, 그리고 다시 매진될 가능성이 있다는 점을 짐작할 수 있다. 희소성이 있다는 메시지가 더해지니 상품의 매력도가 올라간다. 인식 가치가 높아지고, 소비자는 사고의 지름길을 택하게 된다.

행사 주최자들도 행사 표를 팔기 위해 희소성의 원칙을 이용한다. 만약 당신이 행사나 콘서트에 가려고 생각하고 있었는데, 예매 가능한 표가 45장밖에 남지 않았다는 말을 들었다고 하자. 당신의 마음속에서 행사나 콘서트의 가치가 즉시 올라갈 것이다. 그리고 이는 바로 표를 사야겠다는 빠른 결정으로 이어질 수도 있다. 표가 수백 장, 수천 장 남았다는 걸 알았을 때와는 완전히 다른 인상을 받는다.

그러나 그저 '희소하다'는 광고 메시지만 더하는 정도로는 매번 충분한 효과를 얻을 수 없다. 패스트푸드점에서 진행된 어느 연구에서도 이런 결론에 다다랐다.

희소하다는 말의 역효과

패스트푸드점 드라이브스루를 이용할 때, 혹은 식당에서 직접 음식을 주문할 때 "이 메뉴를 추가해보시면 어떨까요?"라는 권유를 몇 번이나 들었는지 생각해보라. 배가 어느 정도 고픈지, 그리고 권유 받은 메뉴가 무엇인지에 따라 추가하겠다고 했을 수도 있고 아닐 수도 있다.

오하이오주립대학교의 티모시 브록Timothy Brock 박사와 로라 브래넌Laura Brannon은 시간제한이 있는 메시지를 강하게 권유할 때와 약하게 권유할 때 중 어느 상황에서 사람들이 주문하라는 권유에 더 많이 응하는지 알아보려고 한 가지 실험을 했다.[11] 실험 장소는 손님이 많아 바쁘고 시끌벅적한 멕시코 음식 전문 드라이브스루 식당이었다. 주문을 받는 식당 종업원들은 연구의 목적은 전혀 몰랐지만 실험에 함께해주었다. 연구진은 종업원들에게 고객에게 시나몬 트위스트 빵을 권유하도록 지시했다. 시나몬 트위스트 빵은 좀처럼 주문하는 사람이 없는 메뉴였다. 이미 이전에도 이 식당에서 달콤한 디저트 메뉴를 내세워 '우리 가게 특별 메뉴'라고 홍보한 적이 있었지만, 매출에는 그다지 도움이 되지 않았다. 브록과 브래넌은 그와는 다른 방법으로 접근한다면, 고객의 관심을 끌고 판매량을 늘릴 수 있을지 확인하고 싶었다. 그래서 종업원들에게 드라이브스루 손님에게 다음 두 가지 메시지 가운데 하나를 전달하게 했다.

- **시간제한이 강한 메시지:** "오늘 한정 특별 조리법으로 만든 시나몬 트위스트 빵은 어떠세요?"
- **시간제한이 약한 메시지:** "올해의 조리법으로 만든 시나몬 트위스트 빵은 어떠세요?"

그리고 나서 다음 메시지 중 하나를 덧붙이도록 했다.

- **강하게 권유하는 주장:** "아시다시피 시나몬 트위스트 빵은 멕시코 음식과 아주 잘 어울리죠."
- **약하게 권유하는 주장:** "아시다시피 시나몬 트위스트 빵이 진짜 멕시코 음식은 아니지만요."

브록과 브래넌이 자료를 분석한 결과, "오늘 한정 특별 조리법으로 만든 시나몬 트위스트 빵은 어떠세요?"라는 말에 "아시다시피 시나몬 트위스트 빵은 멕시코 음식과 아주 잘 어울리죠"라고 덧붙일 때 빵의 판매 개수가 많아졌다. 하지만 시간제한 조건('오늘 한정')이 같아도 권유 메시지가 약할 때는 시나몬 트위스트 빵의 판매량이 줄었다. 시간제한이 강하지만 약하게 권유하는 이 조합에서 특별히 놀라운 점은, 시간제한이 약하면서('올해의 조리법') 약하게 권유하는 주장을 펼쳤을 때보다 더 판매량이 적었다는 점이다. 이를 통해 희소성은 분명 효과가 있지만, 대상이 희소하다는 메시지를 그냥 집어넣는다고 해서 항상 충분한 효과를 거둘 수 있는 건 아니라는 사실을 알 수 있다. 사실 오히려 역효과가 날 수도 있다. 희소한 제품의 가치를 최대한으로 나타내려면, 전체적으로 강력한 메시지를 전하거나 강력한 주장을 펼치는 것이 좋다.

메시지의 출처를 살펴라

희소성을 알리는 메시지의 출처도 아주 중요하다. 2020년에 팬데믹이 시작되면서 사람들은 특이한 행동을 많이 했다. 앞서 이야기했던 두루마리 휴지 사례도 그 가운데 하나다. 팬데믹 기간에 나타난 이런 특이한 행동을 설명하는 이론과 의견은 많지만, 그중의 핵심은 역시 희소성이다. 당시 언론에서는 두루마리 휴지 대란에 관한 기사를 계속 내보냈는데, 이는 도리어 사태를 악화시킨 원인이 되었다. 뉴스 보도를 신뢰한 사람들이 상점의 진열대가 바닥을 보이고 있다고 믿고 행동에 나섰기 때문이다.

희소성을 느끼면 대상의 가치를 재빠르게 계산하게 되는 것처럼, 희소성을 알리는 메시지의 출처에 따라 사람들은 의사결정 과정을 생략하기도 한다. 신뢰할 수 있는 출처를 통해 희소성 메시지를 내보내면 희소성의 영향력이 치솟는다. 보통 대상이 희소하다는 메시지에 설득당하는 건 희소성 메시지를 전하는 회사 혹은 개인을 좋아하거나 신뢰하기 때문이다. 결국, 전문가란 신뢰받는 사람을 말한다.

희소성을 알리는 메시지를 접하면, 사람들은 내가 아닌 다른 사람도 희소성의 영향을 받을 것이니, 즉시 행동에 나서는 게 현명하다고 믿는다. 그리고 희소한 상품이나 서비스가 무엇이든 누구보다 먼저 그것을 손에 넣으려 한다. 1-800플라워즈닷컴의 창립자인 짐 맥캔은 2021년 12월에 이 현상을 직접 겪었다고 말했다.

팬데믹이 전 세계를 강타하면서 모든 산업 부문이 공급 부족 사태의 영향을 받았다. 크리스마스를 앞두고 언론에서는 공급 부족 상황, 항만 문제, 기타 운송상의 어려움으로 제품 부족 사태가 벌어지고 있다고 계속 보도했다. 뉴스 보도에 숨겨진 메시지는 분명했다. '손에 넣을 수 있는 상품이 계속 줄어들 테니 선물을 사려면 빨리 사러 가는 게 좋을 것이다.' 1-800플라워즈닷컴의 직원들은 회사 창립 후 그 어느 해보다 고객이 크리스마스 선물을 빠르게 예약하는 것을 보고 놀랐다. 과거에도 1-800플라워즈닷컴에서는 고객에게 크리스마스는 생각보다 빨리 다가오니 마지막 순간까지 기다리지 말고 미리 주문을 넣으라고 권했다. 마케팅 전략이라기보다는 실제로 재고 수량과 주문 처리 능력에 한계가 있어 그렇게 알릴 수밖에 없는 상황이었다. 짐은 밸런타인데이를 예로 들어 설명했다. 1-800플라워즈닷컴에서는 고객에게 장미 혹은 다른 꽃을 사고 싶다면 선물용 꽃이 다 떨어지기 전에 빨리 주문하라는 메시지를 보냈다. 이러한 권유는 대부분 효과가 있었다. 하지만 여전히 마지막 순간까지 기다렸다가 주문하고는, 꽃이 왜 다 떨어졌는지 혹은 요청한 날짜까지 왜 배송되지 않는지 이해하지 못하는 고객이 많았다. 그런데 2021년 12월은 달랐다. 당시 고객에게 제품이 동날지 모른다고 경고한 건 1-800플라워즈닷컴이 아니라 언론이었다.

언론은 신뢰할 수 있는 출처다. 게다가 공급이 부족하다는 메시지도 회사에서 이익을 얻으려고 전한 게 아니었다. 그 결과 1-800플라워즈닷컴과 연관 브랜드 전체는 2021년 12월에 사상 처음으로 수요 곡선에 극적인 변화를 경험했다. 제품이 희소하다는 언론 보도가 동인이었다.

광고를 만들든, 누군가 말로 설명하든, 희소성을 알리는 메시지의 출처는 전하는 정보 외에 다른 정보도 제공한다. 사람들은 메시지의 내용도 고려하지만, 누가 그 내용을 전하는지, 즉 정보의 출처도 평가한다.

출처의 신뢰성 높이기

마케팅을 할 때 희소성이 주는 효과를 얻으려면 메시지의 출처가 신뢰할 만한 것이어야 한다. 출처가 기업이든, 마케팅 담당자나 영업 사원이든, 유명인이든, 아니면 그 누구든 사람들은 대상이 희소하다는 정보를 그 출처를 신뢰하는 만큼만 믿는다.

아마도 이 개념을 가장 잘 정의한 사람은 마케팅을 가르치는 세 명의 교수 팀일 것이다. 그들은 정보 출처의 신뢰성은 "출처가 논의되는 주제와 관련해 '전문성'을 지녔다고 인식되는 정도, 그리고 해당 주제에 관해 객관적인 의견을 제공할 것으로 '신용'받는 정도에 달려 있다"고 밝혔다.[12] 여기서 말하는 전문성이란 해당 주제에 관해 출처가 지닌 지식을 의미하며, 신용이란 출처의 믿음직함과 정직함을 말한다. 전문성과 신용이 신뢰성의 주요 요소이긴 하지만, 그 밖에 다른 요소도 존재한다. 바로 매력이다. 정보의 출처는 친숙하거나 호감이 가거나 아니면 매력적이어야 한다.

사실 우리는 전문가가 전달한 메시지를 접하면, 생각을 멈추고 의사결정 과정의 부담을 전문가에게 떠넘기곤 한다. 남의 얘기 같지 않게 들리는가? 다시 한번 이야기하지만, 스스로 생각하기를 멈추고, 전적으로 전문가에게 의지하는 것이 바로 사고의 지름 길이다. 믿기 어렵겠지만, 2009년에 실시한 한 신경학 연구에서 밝힌 내용이다.[13]

연구에 참여한 사람들은 재테크와 관련된 일련의 선택지를 받았다. 재테크 전문가의 조언이 같이 제공되는 선택지도 있었고, 제공되지 않는 선택지도 있었다. 전문가의 조언이 포함된 선택 사항을 연 실험 참가자들은 다른 선택지를 더는 고려하지 않고 전문가의 조언을 맹목적으로 따랐다. 전문가의 조언은 실험 참여자의 행동에 큰 영향을 주었다. 이들이 내려야 할 결정은 어디서 저녁을 먹을지와 같은 단순한 문제가 아니라(저녁 식사 장소를 고르는 것도 때로는 전혀 단순하지 않은 문제가 될 수도 있지만), 어느 정도 위험을 수반하는 투자 결정이었다. 그런데도 실험 참여자들은 이용 가능한 다른 선택지를 평가하기보다 전문가를 신뢰하며, 의사결정을 전문가에게 떠넘겼다.

실제 상황에 적용하자면, 기업이 희소성을 이용해 고객들에게 영향을 주려 한다면, 희소성을 알리는 메시지의 출처에 관해 고려해야 한다. 만약 해당 제품이나 서비스에 관해 해박한 지식을 지닌 이가 정보의 출처라면 어떨까? 예를 들어 당신이 균형 잡힌 식단의 중요성을 알리는 그럴듯한 메시지를 들었다고 해보자. 메시지를 전한 사람이 노벨상을 받은 생물학자라면 그 메시지는 믿을 만할 것이다. 그렇지 않은가? 어쩌면 메시지를 듣고 식습관까지 바꿀지도 모른다. 이제 메시지를 전한 출처가 노벨상을 받은 사람이 아니라 동네 패스트푸드 체인점의 요리사라고 해보자. 균형 잡힌 식단이 중요하다는 메시지에 설득력이 있는가? 아마 노벨상을 받은 생물학자가 이야기했을 때 설득될 가능성이 더 클 것이다.[14]

회사의 대변인이나 브랜드가 고객에게 메시지를 전할 때, 그 출처가 제품과 관련해 높은 수준의 전문성을 지니고 있다고 여겨지면, 소비자의 마음이 바뀔 가능성이 높아진다. 정보의 출처가 전문가라는 걸 '인식'하면 사람들이 해당 제품을 구매할 가능성이 더 크다. 여기서 '인식'이라는 말이 중요하다. 전문성이 있다고 인식하기만 해도 판매량은 늘어날 수 있다.

출처가 전문가처럼 보이지 않으면, 메시지의 설득력은 흐지부지되고 사라지고 만다.

회사에서 입을 양복을 새로 사려고 백화점에 갔다고 해보자. 미국의 고급 백화점 체인 노드스트롬Nordstrom의 한 매장에서 양복을 둘러보고 있는데, 판매원이 다가온다. 판매원은 사회적 지위가 높은 고객들은 대부분 수트서플라이의 제품을 사 가는데, 이 브랜드 제품은 재고가 몇 개 남지 않았다고 설명한다. 그 말을 듣기 전에는 수트서플라이라는 브랜드에 별 관심이 없었을지 모르지만, 판매원이 다른 고객들은 수트서플라이 제품을 사 간다고 연결 지어 설명하자 이제 진지하게 해당 브랜드를 고려하게 된다.

특히 재고 수량이 얼마 남지 않았다고 하니 더욱 그렇다. 여기서는 백화점 매장의 판매원이 정보의 출처인 셈이다. 우리는 무의식적으로(혹은 의식적으로) 판매원을 전문가로 여긴다.

'전문가 권력expert power'이라는 개념을 조사한 한 연구에서는 특정 대상과 전문가의 조합에 단 한 번이라도 노출되면, 해당 대상을 향한 우리의 긍정적인 태도가 오랫동안 이어질 뿐만 아니라,[15] 대상에 대한 기억에도 긍정적인 영향이 있다고 밝혔다. 연구진이 fMRI 스캔을 사용해 참가자들의 두뇌 활동을 확인한 결과, 전문가의 메시지를 접하면 실제로 두뇌 활동이 줄어들었다.

소매업종이 아니더라도, 영업 사원이 희소성을 효과적으로 활용한다면 얼마든지 자신의 전문성을 보여줄 수 있다. 예를 들어 부동산 중개인이 손님에게 자신은 고객 수를 일부러 제한해서 받고 있지만, 이번 건은 어쩌면 맡을 수도 있다고 말했다면 어떨까? 아마 그 말을 그대로 믿지 않고, 부동산 중개인이 어떤 사람인지 먼저 찾아볼 것이다. 그 사람이 정말 '전문가'인지 확인해보려고 인터넷에서 이름을 검색해보거나, 링크드인 프로필이 있다면 내용을 살펴볼 것이다. 그 사람이 링크드인에 정보성 글을 게시했든지, 아니면 권위가 느껴지는 유용한 내용의 블로그를 운영하고 있든지 간에, 그렇게 찾은 정보는 그의 전문성에 대한 우리의 인식을 반드시 강화할 것이다.

때로는 '나 같은 사람'의 범주에 속하는 또 다른 고객이 전문가 역할을 할 수도 있다. 즉, 인구학적 측면 혹은 관심사 등의 다른 특징적 측면에서 나와 비슷한 고객이 전문가가 되기도 한다. 그래서 많은 온라인 기업이 다른 고객이 '나와 같은 사람이라는 인식'과 희소성을 알리는 메시지를 결합해서 사용한다.

명품 패션 이커머스 플랫폼 네타포르테Net-a-Porter는 다른 고객이 구매하는 제품, 장바구니에 담고 있는 제품을 배너로 보여준다. 다른 나라 고객은 무슨 상품을 사는지 실시간으로 볼 수 있게 해줌으로써, 고객에게 신뢰감을 준다.

나는 대학에서 수업을 진행하던 중에 학생들에게 다음과 같은 간단한 질문을 던졌다. "인스타그램에서 광고를 보고 난 뒤 전에 몰랐던 브랜드의 제품을 구매한 적이 있나요?" 소셜미디어 마케팅의 힘과 소비자의 관심을 얻으려는 브랜드의 전략을 주제로 토론하려고 던진 질문이었다. 스테이시라는 학생이 즉각 손을 들었다. 스테이시는 인스타그램 피드에서 본 어느 광고에 대해 이야기했다. '귀여운 원피스'를 입은 여자 사진에 '반짝 세일: 오늘 한정 전 품목 20% 할인'이라는 문구가 적힌 광고를 보고, 사이트에 접속했다. 스테이시는 그 웹사이트를 알지 못했지만, 그래도 장바구니를 채우기 시작했다고 한다. 그랬더니 20% 할인을 받았는데도 장바구니에 담은 상품의 금액이 거의 100달러에 달했다. 대학생에게 100달러는 상당한 금액이다(대학생이 아니어도 100달러를 큰 돈으로 여길 것이다). 스테이시는 구매 과정의 모든 단계를 거치고 마지막 주문 완료 버튼을 막 누르려던 차에 지금 자신이 무슨 일을 하는 건지 생각하며 주문을 멈췄다. 스테이시는 잘 모르는 웹사이트가 있으면 보통 그 웹사이트를 운영하는 회사를 검색해보는데, 기간 한정 할인을 이용해야겠다는 충동에 이끌려 그만 그 단계를 건너뛰고 말았다. 웹 브라우저의 탭을 하나 더 열어 그 회사의 후기를 검색하기 시작했다. 놀랍게도 후기에는 거의 전부 부정적인 내용이 담겨 있었다. 구매자들은 옷의 품질이 좋지 않고, 사진과 전혀 다르며, 고객 서비스도 엉망진창이라고 불만을 털어놓았다. 심지어 웹사이트에 배송일이 명시되어 있는데 지켜지지 않았고, 믿을 수 없을 정도로 배송이 느렸다는 후기도 있었다. 그래서 스테이시는 엄청난 할인을 받을 수 있었지만, 결국 구매를 하지 않았다.

대상이 희소하면(그리고 그 메시지의 출처가 신뢰할 만하다면) 대상에 더 높은 가치를 부여하게 되고, 심층 정보 처리를 하지 않고 사고의 지름길을 택한다. 또한 나만 못 가질지도 모른다는 두려움 때문에 희소한 대상을 손에 넣는 일에 집착하게 될 수도 있다.

- 공급이 제한적이고 수요가 높을 때, 혹은 다른 이유로 손에 넣기 어려울 때 사람들은 사고의 지름길을 택한다.

- 희소성을 마주하면, 의사결정을 내리거나 대상의 가치를 평가하기까지 걸리는 시간이 줄어든다.

- 희소성을 느끼면, 그 대상을 가지고 싶은 마음과 '더불어' 대상의 인식 가치가 높아진다.

- 제품이 희소하면 원래 가격에 웃돈이 붙는다.

- 희소한 품목이 가치 있다는 메시지를 전달할 때, 전체적으로 강하게 주장해야 최대의 결과를 얻는다.

- 마케팅 메시지로 희소성의 효과를 내려면 메시지의 출처가 신뢰할 만해야 한다.

CHAPTER 4

포모증후군
: 얻는 기쁨보다 잃는 두려움이 더 크다

마이크는 인기 바비큐 맛집에 들어가려고 줄을 섰다. 이 식당은 카운터에서 주문하고 번호표를 받은 뒤 빈자리에 가서 앉는 식으로 간단하게 이용할 수 있는 곳이었다. 마이크가 방문했을 때는 평일 점심시간이라 식당이 사람들로 붐볐다. 다들 훈제된 고기에 크림을 곁들인 메뉴가 먹고 싶어 그 식당을 찾았을 터였다. 몇 분이 지났고, 마이크는 조금씩 앞으로 나아갔다. 마이크의 앞에 다섯 팀이 남았을 때, 뒤쪽 주방에서 직원이 나와 기다리고 있는 손님들에게 특별 메뉴가 몇 개 안 남았다고 알렸다. 마이크는 불안해지기 시작했다. 몇 개 안 남았다니 도대체 몇 개가 남았다는 걸까? 앞에 선 사람들이 전부 특별 메뉴를 시키면 어쩌지? 나도 특별 메뉴를 시킬 수 있을까? 주문을 받는 계산대가 가까워지자 마이크는 점점 더 불안해졌고, 결국 "특별 메뉴 주세요"라고 말하고 나서야 안도의 한숨을 쉬었다. 마지막 남은 특별 메뉴를 시켰기 때문이다. 마이크는 운이 좋았다며 미소를 짓고는 번호표를 받고 자리에 앉아서 주문한 메뉴가 나오기를 기다렸다. 그렇게 앉아 계산대 뒤에 붙은 커다란 메뉴판을 올려다보는데, 그제야 퍼뜩 생각이 났다. "앗, 바비큐 립을 먹으려고 했는데!"

때로는 손실에 대한 두려움이 잠재된 이익을 보지 못하게 가린다.

우리의 뇌와 손실 회피 성향

●

광고의 기본은 하나다. 바로 행복이다. 그렇다면 행복이 무엇인지 아는가? 행복은 새 차에서 나는 냄새다. 두려움으로부터의 자유다. 우리가 무슨 일을 하든 괜찮다고 안심시켜주는 도로변의 광고판이다.

— 돈 드레이퍼, 드라마 〈매드 맨Mad men〉 중에서

사람들이 공격적으로 쇼핑에 나서는 블랙 프라이데이에는 상점에 사람이 넘치기로 악명이 높다. 사람들은 사전에 할인 상품을

조사하고, 어느 매장부터 들를지 계획하고, 어떤 제품을 낚아챌지 결정한다. 타깃에서 TV를 사든, 베스트바이Best Buy에서 노트북을 사든, 기간 한정 할인을 놓치고 싶어 하는 사람은 없다. 그래서 매장 밖에서 길게 줄을 서서 기다리고, 할인 폭이 큰 상품을 손에 넣기 위해 다른 쇼핑객과 다투기도 한다. 그런데 왜 이런 일이 일어나는 걸까? 단순히 좋은 상품을 할인받아 사고 싶은 우리의 욕망 때문일까?

재산, 기회, 관계, 상품 등 그 대상이 무엇이든 우리는 그것을 얻기를 좋아한다. 그런데 대개 의사결정 과정에서 더 큰 영향을 미치는 요소는 그것을 잃을지도 모른다는 두려움이다. 사람들은 행동으로 옮기지 않은 일 때문에 후회하고 싶어 하지 않는다. 보험 회사에서 고객들에게 보험에 가입하지 않은 상태에서 예상하지 못한 일이 일어났을 때 발생하는 비용을 강조하는 주된 이유가 이것이다. 보험 회사의 이야기를 들으면, 그러한 손실을 피하고 싶어서 보험 상품에 가입하게 된다. 다음 사례에서도 비슷한 현상을 볼 수 있다.

- 우리는 가격 인하보다 가격 인상에 더 민감하다.[1]
- 선거 후보로 나선 정치인은 유권자들에게 상대 후보가 당선되면 나라가 국제 분쟁에 휘말릴 거라고 경고함으로써 표를 더 많이 얻는다.[2]

• 금연 광고에서는 사람들의 흡연을 막기 위해 후두암으로 죽어가는 사람의 모습을 집중 조명한다.[3]

이와 같은 상황에서 우리는 발생 가능한 부정적인 결과에 초점을 맞추게 된다. 심리학에서는 이런 '손실 회피 성향loss aversion effect'이 우리의 감정에 영향을 준다고 말한다. 다시 한번 말하지만, 사람들은 무언가를 얻을 때의 기쁨보다 잃을 때의 고통을 더 크게 느낀다. 치아 위생이나 안전 운전 같은 주제로 사람들을 설득할 때 공포를 유발하는 방식이 효과적인 이유가 여기에 있다. 물론 이를 너무 지나치게 사용하는 것은 좋지 않다. 공포를 유발하는 메시지가 너무 강력하면, 위협을 느낀 사람들이 방어적인 태세를 취하면서 메시지의 내용을 무시하는 경향이 있다.[4]

주어진 환경 속에서 변화를 포착하고 처리하며, 이에 맞춰 의사결정을 조정하려는 것은 인간의 근본적인 행동 양상이다. 사회적 맥락에서 생각해보라. 우리는 동료로부터 긍정적 혹은 부정적 피드백을 받으면 그에 따라 자신의 행동을 바꾸려고 한다.

손실 회피 성향은 우리의 의사결정에 영향을 미치며, 심리적 과정의 일부를 구성한다. 우리가 잠재적인 손실을 인식할 때면, 공포와 위협을 처리하는 뇌의 편도체 영역이 활성화된다. 우리 선조들이 자신의 행동을 적용시키고, 생존을 위해 잠재적 위협으로부터 도망친 것도 바로 이 영역이 작동했기 때문이다. 이런 부정적인 상황을 피하는 데 그들의 생존 여부가 달려 있었다. 고통을 피한다는 것은 생존 가능성이 훨씬 더 커짐을 의미했다. 하지만 선조들만 그런 것은 아니다. 우리도 손실을 인식하거나 두려워할 때 뇌가 활성화되고, 행동에 영향을 받는다. 의사결정에 영향을 끼치는 감정적 반응도 일어난다. 물론 할인 기간을 놓치거나 쿠폰이 내일 만료되는 상황은 송곳니를 드러낸 호랑이에게 쫓기는 처지와는 다르다. 선조들의 잠재적 손실은 우리보다 훨씬 더 치명적인 것이었다. 그러나 신경학 연구 결과에 따르면, 위험의 정도와 관계없이 손실 앞에서는 같은 뇌의 부위가 활성화된다.[5]

보통 희소한 제품을 선호하는 마음은 경쟁을 벌이지 않으면 그것을 놓칠지도 모른다는 '손실에 대한 두려움'에서 비롯된다. 우리는 무언가를 얻는 기쁨보다 그것을 잃을지도 모른다는 두려움을 훨씬 크게 느낀다. 예를 들어 당신이 누군가에게 복권 한 장을 받았다고 하자. 그런데 당첨 번호가 나오기 전에 다른 복권으로 바꿔달라는 말을 들었다. 그렇다면 복권을 바꿔줄 것인가? 수년간 진행된 수많은 연구의 결과에 따르면 대답은 '아니오'일 가능성이 크다.[6] 원래 받았던 복권이 당첨되고, 새로 바꿔준 복권은 당첨되지 않는 상황을 떠올리기가 쉽기 때문이다. 무언가를 잃는다는 건 뼈아픈 일이다.

여러 연구에서 반복적으로 확인했듯 복권을 바꿔주면 보상을 별도로 해준다는 말을 들어도 사람들은 원래 복권을 포기하는 걸 꺼린다.[7] 좀 이상해 보일지도 모른다. 당첨 확률은 통계학적으로 그다지 달라지지 않으니 말이다. 다소 비합리적이라 할 수 있는 이 행동을 설명하자면 이렇다. 우리는 잠재적 이익을 예측하는 것보다는 잃어서 후회할 수도 있다는 생각을 더 많이 한다. 복권을 바꿔주고 나서 그 복권이 당첨되었다는 걸 알았다고 해보자. 엄청난 횡재의 기회를 잃은 셈이다. 이후 몇 년 동안이나 자책하게 될 것이다. 나이가 한참 들어서도 여전히 단 한 번의 치명적인 실수를 하지 않았더라면 할 수 있었을 일에 대해 이야기할지도 모른다.

노벨상 수상자인 대니얼 카너먼은 관련 실험을 통해 100달러를 얻었을 때의 기쁨보다 100달러를 잃었을 때의 불쾌함이 훨씬 더 크다는 걸 발견했다. 그 차이는 어느 정도일까? 돈을 얻었을 때의 기쁨이 그 반대의 거의 절반 수준에 불과했다.[8] 미국의 위대한 테니스 선수인 지미 코너스가 손실 회피 성향을 잘 요약해서 말한 바 있다. 지미는 5년 이상 연속 세계 1위에 오른 테니스 선수였다. 사람들이 지미에게 그토록 특출한 실력이 유지되는 이유가 무엇인지 그의 동기에 대해 묻자 그는 심오한 대답을 내놓았다. "이기기를 좋아한다기보다 저는 지는 게 정말 싫거든요."[9] 소비자의 관점에서도 똑같이 이야기할 수 있지 않을까? 우리는 그 상품을 얻는 걸 좋아한다기보다 할인을 놓치는 걸 싫어한다.

학교에서도 이를 활용해 학생들에게 동기를 부여할 수 있다. 캘리포니아주립대학교 샌 마르코스의 두 명의 교수 바실리스 달라카스Vassilis Dalakas와 크리스틴 스튜어트Kristin Stewart는 보상을 지급하는 상황에서 잠재적 이득이 손실보다 더 큰 효과를 나타낼지 알아보기 위해 실험을 시행했다.[10] 보상은 쪽지 시험의 성적에 따라 기말고사를 면제받을 수 있는 선택권을 주는 것이었다.

첫 번째 반의 학생들에게는 쪽지 시험에서 높은 점수를 얻으면 기말고사를 치르지 않아도 된다고 전했다. 그리고 두 번째 반의 학생들에게는 기말고사에 응시하는 건 선택 사항이지만, 응시하지 않는 쪽을 선택하려면 학기 중에 치르는 쪽지 시험에서 그만큼 높은 점수를 받아야 하며, 그렇지 못할 때는 기말고사를 반드시 응시해야 한다고 알렸다. 그저 표현만 다르게 했을 뿐이지, 쪽지 시험에서 높은 점수를 얻었을 때 주는 보상의 내용은 같았다. 달라카스와 스튜어트는 이 실험을 통해 학생들이 보상을 받지 못할 수도 있다는 잠재적인 손실을 느낄 때, 더 강한 동기를 얻는다는 사실을 알아냈다.

넛지를 활용해 수익을 올리다

손실에 대한 두려움은 다른 소비자와의 경쟁을 불러일으키기도 한다. 우리는 희소한 제품이 있으면 다 팔리기 전에 사야 할 것 같은 다급함을 느낀다. 이러한 사실을 활용해 소비자가 표를 구매하도록 은근히 자극하는 영화 예매 사이트가 있다.

영화표 예매 사이트를 운영하는 이 회사는 몇 년 전 톡특한 어려움을 마주했다. 그들은 '두려움'을 바탕으로 하는 제품을 판매한다. 이게 무슨 말일까? 영화표가 매진될 수도 있다는 두려움을 이용해 표를 판매한 것이다. 그러나 실상 정말로 표가 매진되는 영화는 극히 드물다는 문제가 있었다.

이 회사의 사용자경험UX 담당 수석 디자이너에 따르면, 그들이 마주한 어려움은 영화표의 고객 생애 가치customer lifetime value (사용자 한 명이 서비스를 이용하는 동안 기업에 얼마나 이익을 가져다주는지 수치화한 것-옮긴이)가 평균적으로 겨우 1.2장 혹은 1.5장에 불과하다는 것이었다. 회사는 영화관을 찾는 관객이 계속해서 영화표를 미리 사도록 유도할 방법이 필요했다. 그런데 뜻밖에도 어느 직원이 우연히 구매한 마케팅 도구 덕분에 어려움을 극복했을 뿐 아니라, 이후 수년간 적용하게 될 사업 모델을 만들었다.

이 '마법' 같은 마케팅 도구에는 히트 맵heat map(방문자의 특정 정보 접속 수를 열 분포 형태로 보여주는 기능-옮긴이)과 고객 행동 추적 기능 등 고성능 기술도 포함되어 있었다. 이러한 기술의 도움으로 그들은 고객이 웹사이트에 접속해 어떻게 행동하는지 정확하게 파악할 수 있었다. UX 디자인 팀에서는 이 도구를 무기로 삼아, 다양한 수요 관련 희소성 메시지를 내보내, 고객이 '넛지nudge (사람들의 선택을 유도하는 부드러운 개입)'에 민감하게 반응하는지 테스트를 진행하기로 했다. 그 결과 그들은 고객이 희소성과 관련된 자극에 민감하게 반응하는 것은 물론, 메시지의 내용에 따라 효과가 달라진다는 것을 발견했다. 희소성을 너무 크게 강조하면, 사람들은 오히려 영화표를 사지 않았다. 극장이 복잡할까 봐 걱정했기 때문이다. 영화표의 희소성을 알리는 메시지가 효과를 내는 것은 메시지를 약하게 드러낼 때뿐이었다. 그런데 이러한 현상은 무엇을 의미하는 걸까? 이 질문에 답을 얻으려면 테스트 내용을 더 자세히 알아야 한다.

UX 디자인 팀에서는 테스트를 거치면서, 희소성 메시지가 효과를 나타내려면 두 가지 사항을 먼저 판단해야 한다는 사실을 발견했다. 첫째, 희소성을 알리는 메시지를 믿을 수 있는가? 둘째, 다른 선택지가 있는가(예를 들어 지역 내 다른 영화관이 있어 전환비용 switching cost이 낮은가)? 그들은 이 질문에 답하기 위해 지역 내 극장 수의 밀도와 각 극장의 크기를 파악했다.

회사는 위치 데이터를 활용해 관객이 어느 정도의 거리까지 기꺼이 운전해서 극장에 갈 의향이 있는지 조사했다. 예를 들어 덴버 도심 지역에 사는 사람들은 극장을 찾아 80km 이상 운전하겠지만, 뉴욕 시민이라면 단 몇 km만 넘어도 운전하지 않을 것이다. 영화표의 잠재적 판매 규모 또한 특정 수준으로 맞추어야 했다. 누구나 이미 좌석 개수를 알고 있는 상황에서 만일 너무 큰 규모로 영화표를 판매한다면, 작은 규모로 판매할 때보다 희소성 메시지의 효과가 떨어질 터였다. 이에 더해 영화 상영 요일, 상영 시간, 장르 등 다른 요소도 고려해야 했다. 예를 들어 토요일 밤에 공포 영화를 보러 가는 사람은 없다(공포 분위기가 꼭 로맨스를 만들어내는 건 아니다). 하지만 공포 영화는 분명 전환비용이 낮은 장르이므로 영화표 예매 회사에서 실험하기에는 이상적인 장르이기도 했다. 그래서 UX 디자인 팀에서는 전략적으로 공포 영화 예매 페이지에서 희소성을 알리는 메시지를 내보냈다. 수백 번의 테스트를 거친 후, 가장 적합한 메시지로 밝혀진 것은 "좋은 영화표는 빨리 매진됩니다"라는 문구였다. 그들은 주황색으로 채워진 작은 막대 상자에 문구를 넣어 노출시켰다.

회사는 이 데이터를 바탕으로 하여, 전국의 영화관을 대상으로 더 많은 영화에 희소성을 알리는 메시지를 내보내기 시작했다.

그에 따른 결과는 놀랍다는 말로 부족할 지경이었다.

몇 주 뒤 본사의 어느 임원이 토요일 오전에 상영하는 영화표의 판매량이 왜 그렇게 많이 늘어났는지 이유를 설명해달라며 찾아왔다. 토요일 오전 영화표 판매량은 33%나 늘어났고 매표소 창구당 매출은 10만 달러까지 치솟았다. 이 금액에 전국에 분포한 매표소 창구 개수를 곱해보면 증가한 매출액은 엄청났다. 회사 역사상 처음 있는 일이었다. 그저 희소성을 알리는 메시지를 바꿔, 극장 이름 옆에 "좋은 영화표는 빨리 매진됩니다"라는 문구를 추가했을 뿐인데, 이런 결과가 나타난 것이다.

희소성 메시지가 성공적인 효과를 거두게 된 바탕에는 몇 가지 요소가 있다. 메시지는 믿을 수 있어야 한다. 메시지의 내용이 너무 약하거나 강하면 안 된다. 메시지는 사람들의 눈길을 사로잡는 자리에 위치해야 한다. 이 모든 요소가 결합된 결과, 영화표 예매 회사의 매출은 크게 늘어났다.

손실에 대한 두려움을 활용한 판매 전략

고객이 다급함을 느끼게 만드는 것 또한 할인 판매의 효과를 높일 수 있는 방법이다.

할인 판매의 본래 목적은 소비자가 구매를 서두르거나 더 많은 양을 사게 하려는 것이다. 어떤 경우에는 소비자가 할인을 한다는 이유로 구매하는 브랜드를 완전히 바꾸기도 한다. 기업에서는 이러한 이점을 얻기 위해 대개 할인 판매 종료 일자를 강조한다. 그래서 우리가 광고에서 "단 이틀!"이라거나 "기간 한정 할인"이라는 문구를 흔히 보는 것이다. 어떤 경우에는 단순히 상품 그 자체를 손에 넣지 못할까 두려워하는 것이 아니라, 자랑할 권리를 잃을까 두려워하기도 한다. 자신이 최신 기술을 탑재한 상품을 처음으로 손에 넣는 사람이라는 것을 자랑스럽게 여기는 이들은 최신 아이폰을 사려고 애플 스토어 앞에 줄을 선다. 이런 경우라면 판매를 늘리는 데 할인이 꼭 필요한 건 아니다. 기업에서는 할인 대신 친구들 사이에서 최신 상품을 누구보다 먼저 손에 넣

얻었다는 뿌듯함을 느껴보라고 강조하는 방법을 쓸 수 있다.

특별 할인, 단기 할인, 재고 소진 임박 알림 등은 전부 기업이 소비자가 느끼는 손실에 대한 두려움을 활용하여 이익을 얻는 방법이다. 쿠폰도 같은 방식으로 작동한다. 기업에서는 쿠폰을 이용해 손실에 대한 두려움을 이끌어낸다. 소비자는 처음 쿠폰을 받으면 잠재적 이득(돈을 아낄 수 있음)을 얻었다고 인식하지만, 쿠폰을 사용하지 않은 채 시간이 흐를수록 그것을 잠재적 손실이라고 느낀다. 소비자는 쿠폰을 사용하지 않아 돈을 잃게 되는 상황을 두려워한다.

여러 증거에 따르면, 제조업체가 발행한 쿠폰의 경우 사용 만료일이 다가올수록 사용률이 더 높아진다.[11] 사람들은 처음 쿠폰을 받으면 마음속으로 잠재적 이득을 얻었다고 여긴다. 쿠폰을 사용함으로써 아끼게 될 총액을 생각해보라! 제조회사에서 발행하는 쿠폰은 유통업체에서 발행하는 쿠폰과 달리 보통 배포할 때부터 기한이 만료될 때까지 두세 달 정도 시간이 있다. 시간이 흐르면서 쿠폰에 대한 인식이 바뀐다. 더는 쿠폰을 잠재적 혜택이라 생각하지 않고, 잠재적 손실로 여긴다. 그 결과 쿠폰 사용이 크게 늘어나는 것이다.

제품을 항상 싸게 판매하는 것보다 가격을 일시 할인하는 방식이 매출을 늘리는 데 더 도움이 되는 이유도 손실에 대한 두려움 때문이다. 제품을 항상 저렴하게 판매하면, 늘 그 가격에 살 수 있다. 시간이라는 구성 요소가 빠진 것이다. 이번 주에 5달러라고 적힌 가격표를 봤다고 해서 다음 주에 가격이 5.5달러로 오르지 않을까 걱정하지 않는다. 한편, 쿠폰이나 기간 한정 가격 할인의 경우 이용 기간이 곧 '끝날 것'이며, 한동안 다시 할인을 하지 않을 거라는 인식을 심어준다.

이 모든 사실을 통해 손실에 대한 두려움을 활용한 전략이 왜 효과가 있는지, 또 기업에서 실제로 왜 이런 전략을 사용하는지 알 수 있다.

살 것인가 말 것인가?

●

뒤처지거나 소외되는 것에 대한 불안(포모증후군)은 우리의 잠재의식에 깊이 뿌리내리고 있으며, 의사결정에 영향을 준다. 포모증후군은 정신 상태와 감정 변화의 조합으로, 소비 등의 행동을 이끌어낸다.

멜린다 마리아 주얼리Melinda Maria Jewelry는 유명인들도 자주 착용하고, 대중에게 인기가 높은 브랜드이지만 제품 가격은 그렇게 비싸지 않다. 이 브랜드는 포모증후군이 어떻게 고객의 흥미를 끄는지 그리고 궁극적으로는 어떻게 판매량을 끌어올리는지 보여주는 훌륭한 사례다. 멜린다 마리아 주얼리는 도매 사업도 하지만, 매출의 약 95%가 소비자 직접 판매로 발생한다.

'제품 완판'의 매력을 알기 전까지, 그들은 각 제품별로 수요를 충당할 수 있을 만큼 재고를 충분히 확보하고 있어야 한다고 생각했다. 하지만 회사가 급성장하면서 제품이 완판되어 재고가 없어지는 것도 나쁜 일이 아니라는 점을 깨달았다.

이 회사의 창립자인 멜린다 스피겔Melinda Spigel과 이야기를 나누었을 때, 그녀는 내게 매진된 제품 혹은 재입고된 제품이 판매에 긍정적인 영향을 준다고 설명해주었다. 손실 회피 성향의 개념으로 다시 돌아가자면, 소비자는 제품을 구매할 기회를 놓치고 싶어 하지 않는다. 멜린다 마리아 주얼리의 고객에게도 손실 회피 성향이 나타났다. 재입고 제품, 선주문 제품, 매진 제품, 대기 명단에 이름을 올려야 하는 제품의 경우 오히려 수요가 커졌고, 결과적으로 판매도 늘어났다.

또한 그들은 A/B 테스트를 거쳐 이메일 제목에 '재입고'라는 단어를 넣으면 그렇지 않았을 때보다 고객이 이메일을 확인하는 비율이 훨씬 더 높다는 사실을 알게 되었다. 이제 회사는 한 달에 한 번 '재입고'라는 제목의 이메일을 고객에게 발송한다. 재입고란 회사에서 해당 제품을 웹사이트에서 내렸다가 판매 가능 수량을 재조정한 후 다시 게시했다는 뜻이다. 그런데 이 회사에서 시험해본 건 '재입고'뿐만이 아니었다.

멜린다 마리아 주얼리는 마케팅 활동을 펼칠 때 데이터를 다양하게 활용했다. 분석 결과, 제품의 인기를 고객에게 알리면, 해당 상품의 판매가 늘어났다. 예를 들어 '구매 대기 명단이 가장 긴 상품'이라고 소개하는 이메일을 발송하면 그 제품은 또다시 빠르게 완판되었다. 또한 그들은 판매 상품 게시 글에 '제품이 또 완판되기 전에 사두라'는 문구를 넣고 수천 개씩 달린 긍정적인 후기를 보여주는 것이 판매 촉진의 기폭제 역할을 한다고 밝혔다. 이는 우리가 3장에서 살펴봤던 '나 같은 사람'에 속하는 또 다른 전문가의 개념과 일치한다.

"완판 제품은 소비자가 물건을 구매하는 방식에 영향을 미치고, 매출을 더 빨리 증가시킵니다. 완판 제품이 수요를 만들고, 우리 회사의 브랜드를 강화하죠." 멜린다가 설명했다. 2020년 기준으로 멜린다 마리아 주얼리의 도·소매 사업 부문 웹사이트의 매출은 총 2,000만 달러였다.

물론 멜린다 마리아 주얼리가 성공한 데에는 회사 설립자의 카리스마와 창의성, 좋은 품질, 뛰어난 고객 서비스를 비롯해 다른 요인도 많다. 그래도 완판 제품이라는 매력 요인도 여전히 무시할 수 없다. 여러 연구에서 말하듯 우리는 행동한 것보다 '행동하지 않았던 것'을 더욱 후회한다. 그것처럼 사람들은 멜린다 마리아 주얼리에서 '충동구매'를 했을 때의 후회보다 이 회사의 제품을 살 기회를 놓쳤을 때의 후회를 더 크게 느꼈을 것이다.

크루즈 여행객을 대상으로 한 어느 연구에서는 사람들이 느끼는 이러한 후회의 심정을 더 자세히 설명하고 있다.[12] 연구진은 남아프리카공화국에서 크루즈에 승선한 여행객들에게 여행 중 산 물건에 대한 만족도를 조사하겠다며 여행을 시작할 때 수첩을 하나씩 나눠주었다. 하지만 연구진이 실제로 조사했던 건 만족도가 아니라 후회하는 정도였다. 그들은 여행객들에게 그날 산 제품 혹은 사려 했지만 사지 않았던 제품 전부를 적어달라고 요청했고, 이에 더해 각 물건에 대한 만족도, 행복감, 후회의 마음을 7점 만점을 기준으로 점수를 매겨달라고 했다.

여행이 끝나고 석 달 뒤 연구에 참여했던 여행객들에게 여행하는 동안 샀던 제품에 관한 후속 설문 조사지를 보냈다. 그리고 전과 같은 방법으로 각 제품에 점수를 다시 매겨달라고 부탁했다. 두 번의 설문조사 결과를 비교했더니, 처음에 실험 참가자들은 제품을 산 것보다 사지 않았던 것을 후회했다. 하지만 구매하지 않겠다는 결정을 내리고 석 달이 지난 뒤 진행한 두 번째 설문조사에서는 전과 같은 수준의 후회를 보이지 않았다. 연구진은 이어 두 번의 연구를 추가로 시행한 뒤에도 비슷한 결론을 얻었다. 기간 한정 구매 기회를 얻은 직후에 해당 제품을 사지 않기로 했던 사람은 산 사람보다 더 많이 후회했다. 하지만 장기적으로는 후회하는 마음이 줄어들었다. 즉, 구매 기회가 매우 한정적인 상황에 놓였을 때, 즉각 해당 제품을 '사지 않으면' 단기적으로는 후회할 가능성이 크지만, 시간이 흐른 뒤에는 그만큼 신경 쓰지 않는다.

물건을 사서 되파는 리셀러들의 사업이 그토록 번창하는 이유를 이 개념으로 설명할 수 있을 것이다.

한정된 구매 기회

플로리다에 있는 월트 디즈니 월드의 매직 킹덤 파크에는 매년 2,000만 명이 넘는 방문객이 찾아온다.[13] 그러니 그만큼의 값진 기념품을 팔아야 할 것이다. 하지만 방문객들은 놀이공원에서 내내 걸어 다니며 줄을 서느라 기념품을 고를 시간과 힘이 별로 없다. 그리고 막상 기념품을 봤다 해도 이걸 사야 하나 말아야 하나 고민되는 경우가 많다. 자, 만약 당신이 놀이공원에서 기념품을 사지 않고 돌아왔다고 해보자. 그런데 기념품으로 봤던 머그잔을 샀어야 했다는 생각이 들어서 인터넷으로 찾아보았다. 이베이에 있기는 한데 놀이공원의 기념품점에서 봤던 것보다 90%나 더 비싸다. 그래도 어쨌든 그 컵을 사려할 것이다. 계속 후회하고 싶은 사람은 없을 테니까 말이다.

영리한 온라인 리셀러는 바로 이러한 유형의 사람, 즉 놀러 왔다가 마음에 드는 기념품을 사지 않은 채 집으로 돌아가는 사람을 위한 시장이 있다는 걸 안다. 그래서 일부 리셀러들은 이러한 잠재적 후회를 바탕으로 하는 사업체를 세우고, 실제 가격보다 비싸게 팔아 이윤을 남길 생각으로 놀이공원에 가서 기념품을 대량 구매한다.

공연 분야에서도 같은 개념이 적용된다. 밴드의 굿즈를 공연장에서만 단독 판매한다는 말을 들었다면, 굿즈를 사지 않기로 했을 때 그 결정을 후회할 확률이 높다.

많은 기업가와 마케팅 담당자들은 손실 회피 성향과 희소성이 우리에게 강력한 영향을 미친다는 것을 알고 있다. 상품을 살 수 있는 기간이 한정적이라면, 그 기간에 구매하지 않으면 나중에 살 걸 그랬다고 자책하게 될 확률이 높다. 사람들의 손실 회피 성향을 생각하면, 기업에서는 고객에게 즉시 50달러를 할인해주기보다 다음 번 구매 시 50달러를 할인해주는 판촉 방식을 생각해 볼 수 있다. 그러면 다음에도 물건을 사야겠다는 의욕이 더 커질 것이다. 콜스Kohl's, 틸리스Tillys, 핫토픽Hot Topic, 이케아 등과 같은 소매 유통업체가 이러한 판촉 방식을 많이 사용한다.

한정된 구매 기간

손실에 대한 두려움을 효과적으로 이용하는 기업은 구매 시나리오를 정확하게 구성하는 일이 얼마나 중요한지 알고 있다. 블랙프라이데이 광고를 떠올려보면 알 수 있을 것이다. 대형 유통 체인점 타깃에서는 할인 행사 광고에 오전 6시부터 11시 사이라는 제한 시간을 명시한다. 구매자들에게 할인 시간에 상품을 사지 않으면 기회를 놓칠 거라는 신호를 보내는 것이다.

소비자에게 손실에 대한 두려움과 구매하지 않은 것에 대해 후회를 일으키는 또 다른 방법은 상품의 재고가 줄어드는 상황을 실시간으로 보여주는 것이다. 아마존은 항상 이 방법을 쓴다. 아마존에서 손을 씻을 때 사용할 핸드워시 용기를 산다고 해보자. 상품을 검색하면 수백, 수천 개의 결과가 나온다. 어느 상품에 눈길이 가는가? 상품 목록 아래에 빨간 글씨로 다음과 같은 문구가 적힌 상품이 있다. '남은 수량 단 6개-빠른 주문 필요.' 빨리 사지 않으면 구매할 기회를 놓칠 수도 있다는 메시지다.

아마존 외의 다른 온라인 사이트에서도 이러한 기법을 사용한다. 여행 상품 예약 사이트인 부킹닷컴에 접속해본 적 있는가? 이 사이트에서 샌디에이고의 호텔을 찾아보면, 여러 호텔의 목록이 나오는데 호텔마다 남아 있는 방의 개수도 함께 표시된다.

알아차리기 어려운 방식으로(혹은 그다지 어렵지 않은 방식으로) 아마존과 부킹닷컴에서는 고객에게 지금 구매(예약)하지 않으면 기회를 놓칠 수 있다고 말한다. 고민하는 사이 '최상'의 선택지는 사라져 버리고 말 것이다.

의도적으로 물건을 숨기는 게 전략?

TJ맥스TJ Maxx에 발을 들인 적이 있다면 알아차리지 못하는 새에 포모증후군이 작동하는 걸 경험해보았을 것이다. 미국의 할인 전문 소매 유통업체인 TJ맥스는 고객이 '보물찾기'를 하는 듯한 마음으로 쇼핑을 하도록 일부러 판매하는 상품군을 자주 바꾼다. 고객은 보물을 찾듯 매장 안을 훑고, 내일이면 그 제품이 없을지도 모르니 살 수 있는 제품을 살 수 있을 때 사려고 한다. 보물은 찾을 수도 있지만, 놓칠 수도 있다. 이런 이유로 어떤 고객은 매장에서 상품을 쟁여두거나 한곳에 숨겨놓기도 한다.

　매장에서 물건을 쟁여두고 숨긴다는 게 무슨 의미일까? 패스트 패션 기업을 몇 군데 살펴보면 이해가 될 것이다. 패스트 패션 업계에서는 의도적으로 제품의 판매 수량과 공급량을 제한하고, 상품 교체 주기를 짧게 유지한다. 자라와 H&M, 두 기업 모두 이러한 전략을 사용하는 것으로 알려져 있다.[14]

　패스트 패션 업체들은 대부분 2주 안에 재고 상품을 전부 판매한다는 계획을 세운다. 일단 쌓아둔 재고 물량이 소진되면 더는 판매하지 않는다. 그걸로 끝이다. 그러니 쇼핑객들은 지금 이 옷을 사지 않으면 다시 왔을 때는 없을 거라고 생각하게 된다. 심지어 매장 내 다른 상품을 보러 갔다가 몇 분 뒤에 다시 오더라도 지금 보고 있는 상품이 더는 없을 수도 있다고 생각할 정도다. 그래서 쇼핑객들은 사고 싶은 건지 아닌지 모르더라도 일단 매장 안의 다른 제품을 살피는 동안 그 옷을 들고 다닌다. 즉, 매장 안에서 물건을 쟁여두는 것이다. 물건을 쟁이는 것은 제품 부족이라는 위험에 대응하는 방법이자 두려움을 줄이는 방법이다.

　매장 안에서 물건을 숨기는 행위 또한 손실에 대한 두려움이나 제품을 이용할 수 없을 거라는 위험을 인식했을 때 나타난다.

의도적으로 상품을 숨기는 행동은 다른 쇼핑객이 그 물건을 보지 못하게 해, 자신이 그 물건을 사려고 마음먹었을 때 다시 돌아가서 살 수 있게 하려는 것이다. 상품을 숨겨두면 마음에 드는 제품을 놓치지 않고 살 확률이 높아진다. 이는 손실에 대한 두려움과 구매하지 못하게 되었을 때 겪을 후회를 이겨내기 위한 전략이다.

✦ ✦ ✦

지금까지 살펴본 것처럼 상품이 희소할 때 포모증후군은 큰 역할을 한다. 잠재적 이득에서 오는 기쁨보다 잠재적 손실에서 오는 두려움이 더 크기 때문이다. 두려움은 잠시뿐일지라도 구매 행위를 포함한 우리의 의사결정에 영향을 준다. 기업은 상품의 희소성과 사람들의 포모증후군을 판매에 활용할 수 있다. 그러나 그런 시도가 소비자에게 명백하게 보이거나, 회사의 판매 전략으로 인식되면 완전히 실패하게 된다. 다음 장에서 이 내용을 살펴보기로 한다.

◆ 우리는 무언가를 얻는 기쁨보다 그것을 잃을지도 모른다는
　두려움을 훨씬 크게 느낀다.

◆ 항상 저렴한 가격으로 판매하는 것보다 가격을 일시 할인하는
　것이 더 좋은 효과를 내는 경향이 있다.

◆ 충동구매했다는 후회보다 살 걸 그랬다는 후회가 더 크다.

◆ 바로 구매하지 않았던 걸 즉시 후회하게 될 가능성은 크다.

◆ 소비자가 느끼는 손실에 대한 두려움을 효과적으로 이용하는
　기업은 구매 시나리오를 정확하게 구성하는 일이 얼마나
　중요한지 알고 있다.

◆ 소비자에게 손실에 대한 두려움과 구매하지 않은 것에 대해
　후회를 일으키는 또 다른 방법은 상품의 재고가 줄어드는
　상황을 실시간으로 보여주는 것이다.

CHAPTER 5

희소성이
작용하지 않을 때

2020년 남아프리카공화국의 신문《프리토리아 뉴스Pretoria News》에는 "불공정한 계약을 맺도록 조종당한 미용 병원의 고객, 격분하다"라는 제목의 기사가 하나 실렸다.[1] 기사에 따르면 라니아(가명)라는 32세의 여성은 지역 미용 병원에서 경험했던 일을 소비자 단체 컨슈머 워치독Consumer Watchdog에 털어놓았다.

라니아에게는 척추 측만증이 있었다. 척추 측만증 환자의 등을 측면에서 보면 척추가 활 모양으로 휜 것처럼 보인다. 라니아는 스스로 증상을 인식하여 미용상 수술을 받았지만, 수술로 인해 몸에 남은 움푹 팬 자국이 마음에 들지 않았다. 라니아는 필러를 맞아보기로 했고, 집 근처 미용 병원의 한 의사를 찾았다. 의사는 병원 웹사이트와 소셜미디어, 양쪽에서 모두 평이 좋았다. 라니아는 의사에게 온라인 상담을 받았다. 라니아의 말에 따르면, 온라인 상담 중에 진찰 관련 내용이나 심지어 몸무게 및 신체 치수와 같은 구체적인 정보를 묻는 질문조차 없었다고 한다. 그런데도 의사는 라니아에게 10cc짜리 필러 18개를 맞아야 한다고 조언하며, 자신이 이런 시술을 항상 해왔는데 시술에 따르는 위험은 멍이 드는 것뿐이라고 말했다. 라니아가 필러 시술의 부작용에 관해 질문하자 의사는 안전하다고 장담했다. 또한 의사는 이 병원은 매우 인기가 높아, 12월 연말 휴가에 맞춰 예약하려면 당장 필러 비용을 결제해야 한다고 말했다.

라니아는 이 병원에서 시술을 받아야 할 것 같은 압박감을 느끼고, 바로 필러 비용을 지불했다. 하지만 결제 완료 후에도 예약은 확정되지 않았다. 라니아는 곧 자신이 너무 서둘러 돈을 보냈다는 사실을 깨닫게 되었고, 구글에서 자신이 구매한 필러를 시술했을 때 나타날 수 있는 위험에 대해 검색했다. 그러자 감염이나 기타 합병증 같은 무서운 부작용 관련 정보가 나왔다. 게다가 현재 앓고 있는 자가면역 질환 때문에 필러 시술이 위험할 수 있다는 점도 알게 되었다. 이 모든 이유로 라니아는 필러 시술 예약을 취소하려 했지만, 환불은 불가하다는 대답만 돌아올 뿐이었다. 그러다 결국 병원에서는 다른 환자가 해당 필러를 구매하면 환불해주겠다고 전했다.

《프리토리아 뉴스》에서 문제의 미용 병원에 연락했을 때 의사는 라니아가 급하게 시술을 결정한 게 아니며, 필러 시술에 위험이 따른다는 점을 이야기해주었다고 답했다. 의사의 말이 사실이든 아니든, 혹은 그 중간 어디쯤이든, 라니아가 필러를 맞아야 한다는 긴박감을 느낀 것은 사실이었다. 라니아는 필러의 수요가 많아질 것이라고 예상했다. 라니아가 찾아간 미용 병원은 인기 있는 곳이었고, 연말 휴가 시기에 때맞춰 예약하지 못할 수도 있었다. 문제의 근원에 희소성이 있었다. 광고에서든 대화에서든, 소비자가 희소성이 판매 전략으로 사용되었음을 깨닫게 된다면, 해당 제품이나 기업에 대한 부정적인 인식이 형성된다.

앞서 살펴본 바와 같이 희소성은 우리의 의사결정에 영향을 주는 중요한 요인이다. 기업과 마케팅 담당자는 소비자를 다급하게 만들어 판매량을 늘리려고 종종 일부러 제품의 공급량이나 상품 판매 기간을 제한하는데, 이는 오히려 역효과를 불러일으킬 수 있다. 이번 장에서는 이와 같은 상황을 중심으로 '희소성이 제대로 작용하지 않는 경우'에 대해 살펴보기로 한다.

희소성을 인위적으로 만들어낼 때 생기는 문제

●

우선 희소성을 인위적으로 만들어낸 경우를 더 깊이 살펴보자. 희소성을 인위적으로 만들어낸다는 것은 제품의 수요를 맞출 만큼 충분한 수량이 있더라도 공급량을 의도적으로 제한하거나, 그런 상황인 것처럼 암시하는 상황을 뜻한다. 제품이나 서비스의 희소성을 강조하는 건 좋다. 하지만 그 정보는 정직하고, 소비자에게 도움이 되어야 한다. 그럼 기업이나 영업 사원이 희소성을 인위적으로 만들어낸다면 어떻게 될까? 1990년대 주식회사 타이TY에서 판매한 비니 베이비즈 인형과 그 외 다른 기업의 사례를 살펴보면 이 질문에 답을 얻을 수 있다.

미국의 인형 제조업체인 타이에서 만든 비니 베이비즈는 폴리비닐 소재에 안이 콩으로 채워져 있는 동물 인형이다. 1990년 대에 이 인형이 큰 인기를 끌자, 사람들은 인형을 장난감으로 수집했을 뿐 아니라, 재테크 투자 수단으로 삼기까지 했다. 어느 매장에서는 비니 베이비즈의 예비 구매자 명단에 1만 명 이상의 고객이 등록했으며, 맥도날드에서 진행한 티니 비니 베이비즈 행사에서는 애초 5주간 진행하기로 했던 행사가 준비한 베이비즈 인형 8,100만 개가 매진되면서 단 1주 만에 종료되기도 했다.[2] 비니 베이비즈 인형에 열광한 사람들과 직접 인터뷰한 내용을 수록한 책까지 출판되었는데, 그중에는 이 인형 하나 때문에 동료 직원을 살해한 사람, 그리고 타이가 생산한 상품 4만 개를 집에 수집해둔 사람도 있었다.[3]

비니 베이비즈 인형은 인위적으로 희소성을 만들어낸 전형적인 사례다. 타이는 주기적으로 오래된 인형 캐릭터는 판매를 중단하고 새로운 캐릭터로 대체함으로써 비니 베이비즈 시리즈에 대한 소비자의 관심을 계속 끌었다. 이러한 판매 방식 때문에 비니 베이비즈 인형을 재판매하는 시장이 열렸고, 온라인 판매 사이트에서는 더는 구할 수 없는 과거의 비니 베이비즈 캐릭터 인형을 웃돈을 붙여 거래했다. 한때 이베이 전체 매출의 10%가 비니 베이비즈 인형에서 나온 적이 있었는데, 당시 이 인형의 평균 판매 가격은 30달러로 일반 판매가보다 6배나 비쌌다.[4] 이보다 더 귀를 의심하게 만드는 이야기를 하자면, 매우 희귀한 비니 베이비즈 인형 중에는 가격이 몇억 원에 달하는 것도 있었다.

비니 베이비즈 인형 열풍은 계속될 것 같았지만, 인형이 처음 출시된 후 거의 6년이 지난 1999년 가을, 타이는 회사 웹사이트에 다음과 같은 공고를 냈다. "1999년 12월 31일 중부표준시 기준 11시 59분 이후로 부로 모든 비니 베니비즈 인형의 판매를 중단합니다." 당시는 비니 베이비즈 인형 열풍이 진정되는 국면으로 접어들던 때였다.[5] 회사는 판매 중단 발표 뒤 아무런 말이 없었고, 이유를 알 수 없는 회사의 발표 때문에 소문이 일파만파로 퍼져 나갔다. 회사에서 비니 베이비즈 인형 판매가 중단될 예정이라고 발표한 후 비니 베이비즈 인형의 매장 판매량은 다시 치솟았고, 수집품 거래 웹사이트에서도 인형의 입찰량이 늘어났다. 개점을 기다리는 고객이 가게 밖에 줄을 섰으며, 단 하루 만에

인형이 약 1,000개나 팔린 매장도 있었다.[6]

타이는 인위적으로 희소성을 만들어 효과를 보았지만, 그렇다고 모든 회사에서 이 방법으로 효과를 볼 수 있는 것은 아니다.

예를 들면, 패션 회사 H&M은 재고가 쌓이는 걸 피하고, 궁극적으로는 가격을 유지하려는 목적으로, 판매되지 않은 새 옷을 폐기 처분해 비난을 받은 적이 있다. 뉴욕시립대학교의 한 학생이 H&M 맨해튼 매장에서 폐기 처분한 새 옷이 든 봉지를 발견한 것이 논란의 시작이었다. H&M의 대변인은 판매되지 않은 새 옷을 폐기 처분하는 건 회사의 일반적인 운영 방식이 아니며, 해당 제품은 폐기 처분될 것이 아니라 자선 단체에 기부되었어야 했다고 발표했다. 이 이야기는《뉴욕타임스》를 포함한 여러 언론에도 보도되었다.[7] H&M은 이 사건으로 소비자의 신뢰를 잃었다. 인위적으로 희소성을 만들어내려다 오히려 회사가 손해를 볼 수 있다는 점을 잘 보여주는 사례다.

소비자가 상술에 속지 않는 이유: 설득 지식 모델

●

소비자 심리학계에서는 소비자를 설득하려는 기업과 마케팅 담당자의 노력에 관해 이야기할 때 설득 지식 모델persuasion knowledge model, PKM이라는 개념을 사용한다. 이 개념은 소비자를 설득하려는 기업의 시도에 사람들이 어떻게 반응하는지 설명해주는 이론이다. 독일의 한 연구 팀이 진행했던 실험을 통해 설득 지식 모델이 작동하는 원리를 알아보자.[8]

연구 팀은 '굿 넛'이라는 이름의 가짜 초콜릿 바 광고를 하나 만들었다. 광고에 사용된 이미지는 카카오 열매와 헤이즐넛으로 둘러싸인 초콜릿 바 사진으로, 먹음직스러워 보였다. 여기에는 네 개의 광고 문구가 적혀 있었다.

"코코아 재배 농부들을 돕는 좋은 일을 하세요!"
"자기 자신을 위한 좋은 일을 하세요."
"초콜릿 맛."
"견과의 비율이 매우 높습니다."

광고 아랫부분에는 공정 무역 로고도 넣었다.

연구 팀은 실험 참여자들을 두 그룹으로 나누어 광고를 보여주고, 설문조사를 진행했다. 실험 그룹에 속한 참여자들에게는 광고 외에 다음과 같은 메모도 보여주었다. "전략: 초콜릿 바 마케팅 담당자는 제품에 붙인 공정 무역 로고를 이용해 매출을 늘리고, 그에 따라 자신의 이익을 높일 생각입니다. 공정 무역 로고를 사용하는 주된 목적은 카카오 농부를 지원하려는 게 아닙니다."

연구 팀은 400명 이상의 실험 참여자가 응답한 내용을 분석한 결과, 소비자 설득 전략을 불공정하고 부적절하게 사용하면 소비자가 제품, 브랜드, 광고주를 향해 그다지 호의적이지 않은 인식을 가지게 된다고 결론 내렸다. 반면 소비자가 기업의 설득 전략이 적절하고, 공정하며, 효과적이라고 인식하면 광고주가 이익을 최대화할 수 있다고도 밝혔다.

그런데 마케팅 메시지가 소비자의 눈에 적절하고, 공정하며, 효과적이라고 비치는지 아닌지 기업이나 마케팅 담당자가 어떻게 알 수 있을까? 마케팅 메시지에 정확하고 현실적인 내용, 소비자의 믿음을 지지한다는 내용을 확실하게 담으면 된다.

설득의 의도를 인지하고 이해하는 능력은 만 8세 때부터 싹트기 시작하며, 세월이 흐름에 따라 계속해서 발달한다. 유치원부터 초등학교 1학년 정도의 나이에는 최신 장난감 광고에서 본 내용, 그리고 장난감이 아주 인기 있다는 말을 진심으로 믿는다. 세상의 다른 어떤 장난감보다 이 장난감이 더 좋은 것이라고 말하는 내용까지도 말이다. 그래서 바로 부모님에게 달려가 지금 당장 장난감을 사러 가자고 조른다. 하지만 만 8세 즈음이 되면 광고 내용을 보다 회의적으로 바라보기 시작한다. 중학생쯤 되면 회사가 소비자를 설득하려는 의도를 눈치채기 시작하고, 이에 대한 이해와 지식을 계속 늘려가면서, 광고에서 주장하는 내용과 상품 판매 전략을 어느 정도 불신하게 된다.[9]

설득하려는 의도를 알아차린다면

설득 지식 모델에 따르면, 소비자는 시간이 흐르면서 설득 지식(마케터가 시도하는 전략에 대한 지식)을 더 많이 습득하고, 소비자를 설득하려는 기업의 시도에 그 지식을 활용해 '대처'한다. 설득 지식은 기업의 마케팅 노력에 소비자가 어떻게 반응할지를 결정하는 중요한 요소로, 우리에게 다양한 방식으로 도움을 준다. 누군가 우리를 설득하려고 시도할 때, 설득 지식이 있으면 어디에 주의를 기울여야 할지 알게 되고, 더 정확하게 추론하고 예측할 수 있다. 좀 더 넓은 관점에서 보면, 설득 지식은 우리를 조종하려는 상대방의 의도를 재빨리 알아차리고, 그에 대처하는 데 도움을 준다고 할 수 있다.

자선 행사 모임 때 입을 정장을 사러 갔다고 해보자. 백화점에 가서 처음으로 고른 옷을 입어본다. 판매 직원은 옷이 정말 잘 어울린다고 이야기한다. 판매 직원의 말을 어떻게 생각하는가? 옷을 팔려는 생각으로 하는 말일까, 진심으로 잘 어울린다고 생각해서 하는 말일까? 다음으로 온라인 쇼핑을 하고 있다고 생각해보자. 그런데 위에 떠 있는 추천 상품이 가격이 가장 높은 제품이다. 그렇다면 추천 상품을 고르겠는가, 아니면 다른 제품을 찾아 더 둘러보겠는가?

이 질문의 답은 설득 지식을 사용했는지 여부에 따라, 그리고 그 지식을 어느 정도로 사용했는지에 따라 달라진다.[10] 옷이 잘 어울린다는 판매 직원의 칭찬이나 온라인 쇼핑 사이트의 상품 추천에서 우리는 숨은 동기를 추론할 수 있다. 그런 판매 전략이 부적절하거나 소비자의 선택을 조종하려는 의도에서 나왔다고 본다면, 판매 직원이 한 칭찬의 말을 흘려듣고, 웹사이트에 설정된 추천 상품을 사지 않을 가능성이 크다. 대부분의 설득 지식에 관한 연구에서는 설득 지식과 회의론이 함께 나타난다는 결론을 내렸다. 즉, 설득 지식과 회의론이 합쳐져, 소비자가 기업이나 판매 직원에게 그다지 우호적이지 않은 평가를 매긴다는 의미다.

◆ ◆ ◆

설득 지식을 좀 더 이해하기 위해 다른 사례를 살펴보자.

내게 네이슨이라는 고객이 있다. 네이슨은 3년째 컨설팅 회사를 운영하고 있었는데, 사업을 시작할 때는 고객의 수가 한 손에 꼽을 정도였지만, 이후 고객사를 거의 15개로 늘릴 정도로 성장했다. 사업을 시작하고 첫 3년 동안은 회사 규모가 작고 직원이 두 명밖에 없어서 네이슨이 직접 회사 재무 관리도 해왔다. 하지만 회사가 커지면서 재무 관리 일이 많아지자 사업 운영 및 성장과 관련된 일에는 손을 댈 수가 없었다. 그래서 그는 재무 관리 업무를 맡아 줄 회계사를 찾기로 마음먹었다.

네이슨은 회계사를 찾겠다고 생각하기 몇 달 전, 링크드인에서 그렉이라는 사람과 일촌을 맺었다. 그렉과 개인적으로 아는 사이는 아니었지만, 공통 일촌이 정말 많아서 그렉이 일촌 신청을 했을 때 금방 수락했다. 네이슨은 회계사를 찾기 시작했을 때, 지인들에게 도움을 줄 만한 회계사를 아는지 물어보는 것은 물론, 링크드인 일촌도 살펴보았다. 그러던 중 그렉의 이름을 발견하고, 시간을 들여 프로필을 검토하고 인터넷에서 그렉을 검색해보았다. 네이슨은 그렉이 적절한 경력을 갖춘 사람인지 내심 궁금했는데 만족스러운 답을 찾았고, 연락해보기로 마음먹었다.

네이슨은 링크드인을 통해 그렉에게 연락해 자신이 원하는 바를 간략히 설명했다. 두 사람은 바로 그 주에 줌으로 화상 회의를 하기로 했다. 네이슨은 질문 목록을 준비했고, 그렉이 자신에게 잘 맞는 회계사이기를 바랐다. 그렇게 회의 날이 다가왔다. 첫 시작은 좋았다. 네이슨은 자기 사업에 관해 설명하면서 어떤 회계사를 찾고 있는지 아주 자세하게 전했고, 그렉은 네이슨을 어떻게 도울 수 있을지 살펴보았다. 처음에는 모든 게 아주 순조로웠다.

회의가 끝나갈 무렵, 그렉은 비용 이야기를 꺼냈다. 월 수임료 가격을 이야기하면서, 만약 네이슨이 의뢰를 확정하고 그날 바로 계약서를 작성한다면 특별히 25%를 할인해주겠다고 했다. 그날 바로 계약을 확정하지 않는다면, 수임료는 원래 제시한 금액 그대로였다. 그런데 그렉의 말에 네이슨은 정말 깜짝 놀랐다. 그렇게 바로 의뢰를 확정할 준비가 되지 않았기 때문이었다. 네이슨은 생각할 시간이 더 필요하고 당장 계약을 확정할 수는 없다고 정중하게 말했다. 그랬더니 그렉은 수임료 할인이 가능한 계약 확정 기한을 24시간으로 늘려주겠다고 답했다.

회의가 끝난 뒤, 네이슨은 그렉에 대해 좋지 않은 인상을 받았다. 시간이 더 필요하다고 분명하게 말했는데, 그렉은 왜 네이슨에게 부담을 준 걸까? 다음 날 네이슨은 그렉에게 이메일을 보내 계약을 의뢰하지 않겠다는 뜻을 전했다. 그런데 그렉은 또다시 수임료 할인 가능 기간을 더 늘려주겠다고 답했다. 그래도 네이슨은 계약에 응하지 않았다. 그때 이미 네이슨은 그렉에 대한 감정이 좋지 않았고, 자신을 고용하라고 강하게 압박하는 그의 영업 방식을 좋아하지 않았다.

설득 지식 모델에 따르면, 우리는 누군가가 자신을 설득한다고 인식하면 그 사람의 설득 방식이 적절한지 생각한다. 그렉과 네이슨의 이야기에서 네이슨은 의식적으로든 무의식적으로든 그렉을 회계사로 고용하기에는 그의 영업 방식이 부적절하다고 결론지은 것이다. 해당 주제에 관한 지식(예를 들면, 회계사와 일해본 과거의 경험)을 활용해 내린 판단이었다.

우리는 기업이나 영업 사원, 마케팅 담당자 등 설득 메시지를 전달하는 '행위자'의 특성과 목표, 전문 지식에 관해 어떠한 믿음을 가지고 있다.[11] 마케팅 담당자나 브랜드, 영업 사원에 대한 일반적인 인상도 여기에 해당된다. 예를 들어 사람들은 영업 사원이라면 특정한 방식으로 행동하거나 움직일 것이라는 고정관념을 가지고 있다. 유명한 브랜드일수록 제품도 더 좋다고 믿는 등 브랜드와 관련된 고정관념도 있다. 특정한 사람을 신뢰하는 경우도 있다. 이를테면 매번 같은 영업 사원에게서 가전제품을 구매하는 것이다. 이 경우에는 전에 그 영업 사원으로부터 제품을 산 경험을 통해 신뢰와 믿음이 쌓였고, 그가 지닌 전문 지식이 어떤지 알고 있다. 이 모든 요소가 설득 지식을 쌓는 데 도움이 된다.

다시 가전제품 이야기로 돌아가서, 세탁기를 새로 사려는 사람이 있다고 하자. 그 사람은 이미 브랜드 신뢰도에 근거해 다양한 브랜드에 대한 생각을 가지고 있으며, 세탁기의 여러 기능과 특징도 알고 있다. 그러므로 가전제품 판매장에 들어가 새 세탁기를 살 때, 그는 해당 주제에 관한 지식(신뢰하는 브랜드와 원하는 제품 특징)을 바탕으로 선택할 것이다.

소비자의 신뢰가 핵심이다

대부분의 상황에서 우리는 설득 지식을 활용하긴 하지만, 실제로 '앗, 설득 지식을 사용해야겠어!'라고 생각하지는 않는다. 그냥 자연스럽게 일어나는 현상이다. 하지만 기업의 시각에서 보면, 설득 지식이 사람들에게 큰 영향을 준다는 사실을 아는 것만으로도 도움이 된다. 기업은 어떤 도움을 얻게 될까?

첫째, 소비자들이 설득 지식을 사용한다는 걸 알면 기업은 고객을 등 돌리게 하는 노골적이고 부적절한 영업 방식을 피할 수 있다. 둘째, 고객과의 신뢰를 쌓는 데 시간을 더 들여야 할지 말지 결정할 수 있다(예를 들어, 영업 사원이나 브랜드에 대한 인식을 바꾸는 시간 등). 셋째, 입에 발린 소리, 답이 정해진 질문, TV 프로그램에 노골적으로 노출한 협찬 상품, 편향된 상품 정보의 출처, 비싼 기본 선택 사항, 부정적인 방식으로 비교하는 광고 등이 전부 소비자의 설득 지식을 자극해 그들이 상품을 의심스러운 눈초리로 보게 만든다는 것을 알게 된다.[12] 기업이 설득 지식에 관해 알지 못하고 이런 방식으로 소비자에게 다가가는 경우, 소비자의 구매 가능성이 낮아지고, 심지어 소비자가 소셜미디어에 부정적인 게시물을 쓰거나 나쁜 후기를 남기는 식으로 행위자를 '처벌'할 방법을 찾기도 한다.

그럼에도 한 가지 염두에 두어야 할 것은 소비자들이 기업의 설득 시도를 항상 부정적인 시각으로 바라보는 건 아니라는 점이다. 사실 기업의 설득이 도움이 된다고 여기는 때도 있다. 우리는 영업 사원이나 마케팅 담당자의 진정성에 의문을 품기는 하지만, 의사결정 시에 여전히 그 사람의 능력과 조언을 고려한다. 이야기를 나누는 동안 전문적인 정보를 얻고, 정보의 출처가 되는 사람이 신뢰할 만하고 아는 게 많은 사람이라고 느끼면, 상대가 내게 상품이나 서비스를 판매하려고 한다는 사실을 안다 해도, 그 제품을 사거나 서비스를 신청한다.

기업이 보내는 메시지가 자신을 설득하려는 시도라는 걸 소비자가 인지했다 해도, 기업이 소비자와 신뢰를 쌓았다면 소비자와 기업, 양측에 모두 이로운 결과를 낼 수 있다는 점을 기억하라. 기업의 마케팅 및 영업 활동으로 소비자와 기업, 모두를 만족시키는 '교환'이 일어나면 된다. 소비자 측에서는 원하는 바를 얻고 기업으로부터 정당한 대접을 받았다고 느끼며, 동시에 기업 측에서도 합리적인 가격으로 판매에 성공하는 것이다. 기업이 장기적인 관점에서 소비자와 관계를 형성하고, 고객 경험을 향상시키며, 고객과의 약속을 지키는 것 또한 기업의 설득 시도가 효과를 낼 수 있게 하는 방법이다.

뻔한 판매 전략 vs 진정성 있는 메시지

●

8월이 얼마 남지 않았던 어느 날, 오전 11시 즈음 댈러스의 기온은 벌써 30도가 넘었다. 더운 날씨에도 나의 동료인 폴은 그의 아들 마크와 약속을 지키려고 차를 사러 갔다. 마크는 아직 15살이었다. 16살 생일이 되려면 반년이나 기다려야 했지만, 폴과 아내는 아들이 그때까지 스스로 1,000달러를 모은다면, 16살이 되었을 때 차를 살 수 있게 도와주기로 약속했다. 폴과 마크는 자동차 매장에 도착해 차에서 내렸다. 바로 뜨거운 열기가 느껴졌고, 두 사람 모두 금방 땀을 흘리기 시작했지만 차를 살펴보겠다는 목표는 잃지 않았다.

두 사람은 자동차 전시장에 들어섰다. 그런데 전시장은 겨우 절반만 차 있었고, 새 차보다 중고차가 더 많았다. 폴과 마크가 어느 자동차를 살펴보려고 하자 영업 사원 잭이 다가왔다. 폴은 잭에게 차를 사는 건 6개월 뒤가 될 테니, 잭의 시간을 허비하고 싶지 않다고 말했다. 그저 나중에 차를 살 때 어떤 모델로 할지한 번 둘러보고 결정하기 위해 온 것뿐이라고 덧붙였다. 그날 아침 이미 두 대를 팔아 할당량을 채운 잭은 어깨를 으쓱하고 그래도 괜찮다고 했다. 잭은 질문이 있으면 기쁜 마음으로 대답해주겠다고 말했고, 정말 그렇게 했다. 잭이 특정 차종에 관해 묻는 여러 가지 질문에 답하고 나자 폴은 드디어 마음속에 품고 있던 중요한 질문을 던졌다. "전시장에 자동차 재고가 왜 이렇게 없나요? 새 차는 전부 어디로 갔나요?"

잭은 일본에 있는 자동차용 반도체 공급업체의 공장에 불이나서 세계 각지에서 자동차 생산이 중단되었다고 설명해주었다. 이 화재 소식은 BBC, 《월스트리트 저널》부터 CNBC에 이르기까지 다양한 매체에서 보도되었다. 불이 난 반도체 공장은 자동차 부품인 마이크로컨트롤러의 전 세계 생산량 중 약 30%를 담당하는 곳이었다.[13] 이미 화재가 발생하기 전부터 반도체 공급 부족으로 자동차 생산이 지연되고 있었는데, 화재로 생산 문제가 더 악화되었다. 회사는 자동차용 반도체 생산이 정상화되려면 적어도 100일은 걸릴 것으로 내다보았다. 그동안 주문받은 자동차는 출하되지 않을 터였다.

폴은 자동차 공급량이 매우 적다는 이야기를 듣고 난 후, 잭이 이렇게 공급이 부족하니 차를 사고 싶다면 지금 당장 사야 한다고 구매를 은근히 강요할 것이라고 예상했다. 다급한 이 상황을 활용해 그날 안에 계약을 성사시키려 할 것이라고 생각했지만, 잭은 그렇게 하지 않았다. 대신 폴과 마크에게 급하게 차량을 구매할 필요가 없으니 좀 더 기다려도 된다고 솔직하게 조언해주었다. 자동차 생산 공장이 이제 막 가동하기 시작한 상태라 곧 다시 재고가 충분해질 예정이었다.

폴은 잭의 솔직함에 감명받아 이 사람이라면 믿어도 되겠다고 생각했다. 폴은 잭의 명함을 받았고, 시간 내어 설명해주어서 고맙다고 인사했다. 6개월 뒤 폴과 마크는 다시 한번 차를 둘러보기 위해 방문 예약 후 잭을 찾았다. 잭이 예상했던 대로 그새 자동차 재고는 확보되어 있었다. 폴과 마크는 원하던 차를 선택했고, 잭도 결국 계약을 성사시켰다. 당연히 계약 수수료도 받았다.

이야기를 살짝 다른 방향으로 틀어보자. 만약 잭이 폴과 마크에게 지금 당장 차를 사야 한다고 압박했다면 어땠을까? 잭이 생산 공장이 재가동했다는 사실을 말하지 않고 구매하도록 압박했다면, 고객과의 신뢰는 깨졌을 것이다. 폴과 마크는 잭이 그런 정보를 숨긴 동기에 의문을 품었을 테고, 잭이 하는 말을 구매를 설득하려는 영업 전략으로 여겼을 것이다. 그랬다면 잭이 자동차를 판매할 수 있었을까? 그랬을지도 모르지만, 그건 폴과 마크가 잭의 말을 어떻게 해석하는지에 달려 있다.

소비자가 희소성을 기업이 내건 영업 전략으로 여기면 오히려 역효과가 난다. 소비자는 영업 사원이나 브랜드 등을 신뢰하고 싶어 한다. 그러나 신뢰가 깨지면 해당 기업을 향한 부정적인 인식이 오랫동안 이어진다. 상품이 희소하다는 사실을 제대로 증명하지 못하거나, 기업 평판이 의심스럽거나, 희소성을 과도하게 주장하는 등 이 모든 일을 마주할 때 소비자는 희소성 메시지를 영업 전략이라고 여기게 된다.

메시지가 일관적이지 않을 때

기업이 전하는 메시지에는 반드시 일관성이 있어야 한다. 기간 한정 할인을 한다면 구체적인 할인 시간이나 날짜 혹은 주간이 정해져 있어야 하고, 제품의 수량이 한정되어 있다고 광고했다면 재고가 실제로 한정되어 있어야 한다.

내가 가르치는 학생인 에리카는 화장품 판매 웹사이트에서 경험한 것을 내게 이야기해주었다. 에리카는 인스타그램에서 광고를 본 뒤 계속 눈여겨보고 있던 한정판 화장품을 구매했다. 에리카가 화장품을 샀던 그날 밤, 판매 사이트에는 해당 제품 아래에 '남은 수량 단 한 개'라는 문구가 밝은 빨간색으로 적혀 있었다. 이 기회를 놓칠 수 없었던 에리카는 제품을 구매했다. 그러고 나서 호기심에 제품 설명 페이지를 새로 고침 해보았다. '품절'이라는 문구가 나오기를 기대했지만, 그 대신 '남은 수량 세 개'라는 문구가 나왔다. 방금 마지막 남은 제품을 샀는데 어떻게 남은 수량이 또 있는 걸까? 웹사이트에 오류가 있거나 전에 샀던 사람이 반품한 걸까? 에리카는 해당 기업의 트위터 계정을 찾아 한정판 화장품이 품절되었다는 글이 올라왔는지 확인하다가 회사 측에서는 매번 사람들이 제품의 재고 수량에 관해 물으면 몇 개 남지 않았다고 대답한다는 걸 알게 되었다. 그 답글이 2주가 넘도록 게시된 것을 확인한 에리카는 한정판 화장품의 수량이 별로 남지 않았다는 회사의 주장이 거짓이라고 생각하게 되었고, 다시는 그 회사의 제품을 사지 않겠다고 결심했다. 에리카의 경험을 전문 용어로는 '희소성 불일치scarcity disconfirmation'라고 부른다.

기업이 주장하는 희소성의 내용이 우리가 얻은 정보와 맞지 않을 때 희소성 불일치가 일어나는데, 이는 기업에 극히 불리한 상황이다. 앞선 예시에서 온라인 화장품 판매 회사는 그 제품을 '한정 수량'이라고 광고했지만, 그 주장은 소비자가 웹사이트에서 확인할 수 있는 내용과 달랐다. 어느 매장에서 특정 상품의 재고가 별로 없다고 말했는데 진열대가 꽉 차 있다면, 희소성 주장이 사실과 일치하지 않는다. 아무나 가입할 수 없는 특별한 회원권에 가입하라고 홍보했는데, 사실은 누구나 가입할 수 있는 회원권이었던 경우도 마찬가지다. 이런 상황에서 해당 기업의 평판은 땅에 떨어질 것이다. 때로는 영원히 평판을 회복하지 못할 수도 있다. 왜 그럴까? 소비자인 우리는 어느 기업을 불신하게 되면 그런 생각을 다른 사람들에게 전하며, 결과적으로 기업에 잠재적으로 상당한(그러면서도 부정적인) 영향을 준다.

에리카의 사례에서는 화장품 판매 사이트에 적혀 있던 희소성의 주장이 에리카가 브라우저를 새로 고침 한 뒤 본 내용과 소셜미디어에서 본 내용, 어느 것과도 일치하지 않았다. 에리카는 무슨 일이 일어나고 있는지 알아차리자마자 온라인 소셜 토론 웹사이트인 레딧에 자신이 이 회사에 얼마나 실망하게 되었는지 글을 올렸다. 에리카가 올린 게시 글은 엄청난 화제가 되었고, 다른 고객들도 댓글을 남겼다. 에리카가 남긴 게시 글을 보고 그 회사의 제품을 구매하지 않기로 마음먹은 고객이 얼마나 되는지 알 수는 없지만, 어느 정도 회사의 평판에 부정적인 영향을 주었으리라 예상할 수 있다.

브랜드 평판

고객이 기업과 관련해 경험한 모든 것들은 그 기업에 대한 인식에 영향을 준다. 만일 어느 기업에 속았다거나 조종당했다는 기분이 들면, 사람들은 해당 기업의 제품을 구매하지 않을 뿐 아니라,

다른 고객에게도 그 제품을 사면 안 된다고 경고한다. 고객이 어떤 식으로든 속았다고 생각하게 되면, 기업으로서는 매출이 줄어드는 것은 물론, 신뢰도 잃고, 평판에도 타격을 입는다.

내 친구 스콧은 온라인 광고를 보고 혜택을 얻으려 했다가 해당 기업을 완전히 불신하게 된 이야기를 해주었다. 스콧은 구글에 검색해서 찾아낸 웹사이트에서 백팩을 사려고 했다. 그 웹사이트를 많이 이용해본 건 아니었지만, 가격을 25% 할인해준다는 문구에 마음이 끌렸다. 스콧은 거의 20분을 들여 웹사이트의 백팩 상품을 꼼꼼하게 살펴본 뒤, 자신에게 가장 필요해 보이는 가방을 하나 골라 결제를 하려고 했다. 할인 코드를 입력하는 칸이 나왔고, 스콧은 25% 할인 코드를 입력하고 '적용' 버튼을 눌렀다. 그런데 놀랍게도, 해당 할인 코드가 본 상품에는 적용되지 않는다는 빨간색 에러 메시지가 나타났다. 스콧은 할인 코드 안내 화면을 다시 찾아, 아래 상세 설명란을 자세히 읽었다. 그랬더니 할인을 적용받을 수 없는 브랜드 목록이 엄청나게 길었고, 그중에는 스콧이 골랐던 백팩의 브랜드도 포함되어 있었다. 스콧은 속았다는 기분이 들었고, 골랐던 제품을 사지 않기로 했다. 결국 스콧은 할인 프로모션이 있지만 제외 브랜드 목록이 길지 않은 다른 웹사이트를 찾아 백팩을 구매했다. 다시는 그 웹사이트를 이용하지 않겠다던 스콧의 말에서 그 회사에 대한 상당한 거부감이 느껴졌다.

일반적으로 광고 속 희소성 메시지를 신뢰할 것인가 하는 문제는 브랜드 평판과 연관되어 있다. 평판이 좋지 못한 회사라면 그 회사가 광고하는 상품이나 서비스가 정말로 희소한지 아닌지는 중요한 문제가 아니다. 어느 쪽이든 사람들은 그 회사의 말을 믿지 않을 것이기 때문이다. 마찬가지로 어느 회사가 제품이나 서비스가 희소한 것이라며 동일한 주장을 자주 반복하면, 사람들은 그 말을 믿지 않을 뿐 아니라 회사가 소비자의 구매 선택을 조종하려 한다고 여길 것이다.

할인의 역효과

어쩌면 뻔하다고 느껴질 수 있는, 그렇기에 주의를 기울여 아주 드물게 사용해야 할 또 하나의 전략이 바로 '할인의 빈도'다.

남부 캘리포니아에 거주하는 미아라는 소녀는 17살에 불과하지만, 누가 봐도 의젓하고 야무진 청소년이다. 학교가 끝나면 아르바이트를 했고, 성적도 좋았다. 심지어 대학교에 가서 쓸 돈을 모으려고 저축까지 하고 있었다. 7월의 어느 날 오후, 미아는 친구들과 라구나 비치로 향했다. 두어 시간 해변에 앉아 놀다가 점심도 먹고 주변을 걸어 다니려고 근처 상점가로 향했다. 미아는 그곳에서 즐거운 깜짝 세일 소식을 발견했다. 새로 생긴 옷 가게에서 전 상품을 50% 할인한다는 것이다. 광고 문구에서는 할인이 '기간 한정'이라고 했지만, 구체적인 시작 날짜나 종료 날짜는 적혀 있지 않았다.

미아는 이에 개의치 않고, 할인 기간에 옷을 몇 개 사야겠다는 다급함을 느꼈다. 사실은 많이 사고 싶었다. 결국 두 시간 만에 일주일 치 아르바이트 급여를 전부 다 쓰고 말았다. 죄책감이 약간 들었지만, '기간 한정' 할인이니까 어쩔 수 없다며 구매를 합리화했다.

그다음 주에 미아는 친구들과 오전에 다시 라구나 비치에서 놀고 나서 근처 상점가를 둘러보았다. 놀랍게도 옷가게에서는 아직 할인을 계속하고 있었다. 미아는 지난주와 마찬가지로 구매 충동을 느꼈고, 또다시 옷을 사야겠다는 다급한 마음이 들었다. 이번에는 대학에 갈 때 쓰려고 저축해둔 돈을 조금 꺼내 사용할 수밖에 없었다. 그리고 미아는 '기간 한정' 할인이니까 어쩔 수 없다며 또다시 구매 결정을 합리화했다. 하지만 그로부터 2주가 더 지난 뒤에도 그 가게에서는 같은 할인을 계속하고 있었다. 그 사실을 알고 나서야 미아는 뼈아픈 교훈을 얻었다. 그 옷가게의 '할인'이라는 건 사실 그저 옷 가격을 올렸다가 원래 가격으로 되돌리는 속임수에 불과하다는 것을 말이다. 미아는 그런 영업 방식에 속아 넘어간 자신에게 실망했고, 다시는 그 옷가게를 찾지 않았다. 주변 모든 사람에게 이 가게의 '조작' 사실을 알린 것은 물론이었다. 옷가게는 잠재적인 매출과 장기 고객을 잃었다. 희소성을 남용하다 결국 역효과를 내는 모습을 분명하게 보여주는 사례다.

기간 한정 할인이든, 한정 수량 할인이든, 한정판 할인이든 어떤 종류의 제한을 강조하는 기업의 광고에 자주 노출되면 사람들은 기업이 이야기하는 희소성이 진짜가 아니라는 걸 인식한다. 특히 같은 광고가 몇 년씩 반복될 때는 더욱 그렇다. 예를 들어, 미국의 레스토랑 체인 블랙 앵거스 스테이크하우스는 '두 사람을 위한 저녁 식사'라는 할인 행사를 하는 것으로 알려져 있다. 이 저녁 식사 쿠폰에도 다른 쿠폰과 마찬가지로 항상 사용 기한 만료일이 있다. 하지만 블랙 앵거스 스테이크하우스에서 같은 할인 행사를 매우 오랫동안 계속해왔던 탓에 고객들은 기한을 놓쳐도 별로 아쉬워하지 않고 다음 쿠폰이 나오기를 기다린다. 쿠폰의 희소성, 즉 한정된 기간이 고객들에게 더는 특별하게 느껴지지 않는 것이다. 이처럼 할인 행사를 너무 자주 하면 의도하지 않은 결과가 나타난다.

할인 빈도와 희소성 문제를 연구한 결과에 의하면, 할인을 자주 하는 회사의 상품은 대개 준거 가격reference price이 더 낮다.[14] 블랙 앵거스 스테이크하우스의 문제 역시 '두 사람을 위한 저녁 식사'라는 비슷한 할인 행사가 계속되자 고객이 할인된 가격이 마땅히 지불해야 하는 준거 가격이라고 생각하게 된 것이다. 즉, 고객은 잠재적으로 저녁 식사의 가치를 정상가인 66달러가 아닌 할인가인 49.98달러라고 여겼다. 소비자를 대상으로 심층 인터뷰를 진행한 어느 연구 팀은 사람들이 가격 할인과 그 장기적인 패턴 등을 통해 판매자의 행동을 추론하며, 이러한 추론의 결과가

고객의 브랜드 인식과 기대에 영향을 준다고 밝혔다.[15]

너무 자주 할인해도 위험이 따르지만, 할인 폭이 너무 커도 매출에 타격을 줄 수 있다. 어느 연구에서는 소비자들이 가격 할인의 패턴을 보고 브랜드나 상품에 관한 정보를 추론한다는 점을 알아냈다.[16] 이 연구의 결과를 보면 소비자는 가격이 비싸고 변함이 없을수록 제품의 품질이 좋다고 믿는 반면, 가격 할인의 폭이 클수록 해당 브랜드나 제품에 뭔가 문제가 있다고 여긴다는 것을 알 수 있다. 그러므로 가격 할인으로 희소성을 만들어 매출 증대의 효과를 얻을 수는 있지만, 너무 자주 사용하거나 지나치게 가격을 할인하는 건 장기적으로 기업에 좋지 않은 영향을 가져올 수 있으므로 피하는 게 좋다.

또 하나 고려해야 할 문제가 있다. 희소성이 모든 사람에게 똑같이 작동하는가 하는 점이다. 앞으로 이어질 여러 장을 통해 희소성의 유형과 희소성을 적용할 대상을 깊이 있게 논의할 것이다. 하지만 그러한 요소를 고려하기 전에, 소비자 그리고 소비자의 희소성 민감도와 관련된 또 다른 요소를 먼저 이야기해야 한다. 바로 고객의 연령이다.

연령에 따라 반응이 달라진다

●

희소성이 구매 의사결정과 행위에 어떤 식으로 영향을 주는지 지금까지 자세히 살펴보기는 했지만, 모든 사람에게 같은 정도로 영향을 미치는 건 아니다. 소비자의 연령에 따라 희소성의 신호에 반응하는 방식이 달라진다. 그렇기에 기업은 희소성을 활용하기 전에 반드시 주 고객 그룹의 나이대를 조사해야 한다. 그리고 그중에서도 특히 연령마다 다른 삶의 목표와 의사결정 방식에 주목해야 한다.

나이가 들수록 인생의 남은 시간을 더 생각하게 된다. 결과적으로 연령대가 높은 소비자(65세 이상)는 그보다 젊은 성인 소비자에 비해 미래를 그다지 신경 쓰지 않으며, 경쟁적인 목표에 초점을 맞추지도 않는다.[17] 대신 가까운 관계를 더욱 돈독히 하거나 현재를 소중히 여기고, 긍정적인 인생 경험을 추구하는 등 정서적으로 의미 있는 목표에 관심을 갖는다. 나이가 들어가면서 삶의 목표만 변하는 게 아니다. 정보를 처리하고 의사를 결정하는 방식 또한 바뀐다.[18]

일반적으로 나이가 들면 온종일 일을 하거나 직장 동료들과 교류하는 것과 같은 젊은 시절의 사회적 환경에서 벗어나 사회 활동 범위가 줄어든다. 또한 대중 매체를 선택하는 패턴도 달라진다. 엔터테인먼트 위주로 매체를 선택하기보다 정보의 가치에

중점을 둔다. 의사를 결정할 때 신중해지고, 젊은 소비자보다 정보를 처리하는 데 더 많은 시간을 들이려고 한다. 하지만 몇몇 실험 결과에 따르면 정보를 처리하는 데 시간을 더 들이고 싶어 하기보다는 '그럴 수밖에 없다'고 한다.[19] 나이가 들면 정보를 처리하는 속도가 더 느려지기 때문이다. 여전히 정보를 해석하고 의사결정을 내릴 수 있지만, 젊었을 때와 속도가 같을 수는 없다. 나이든 소비자들은 정보를 처리하는 데 어려움을 느끼므로 자신의 경험을 활용한다. 그러므로 연령층이 높을수록 특정 브랜드에 충성도가 더욱 높아지고, 어떤 상품에 희소성이 있다고 광고해도 그런 이유만으로 흔들리지 않는다. 상품이 만족스러우면 나이 든 소비자는 앞으로도 계속 같은 상품을 다시 구매할 것이다.[20]

이 사실에 힘을 실어주는 또 다른 조사 결과가 있다. 2021년에 실시된 어느 설문조사에서는 세대별로 브랜드 충성도와 신상품 구매 가능성이 얼마나 되는지 조사했다. Z세대 응답자 가운데 마음에 드는 상품을 찾으면 같은 상품을 반복적으로 구매한다고 답한 사람은 전체의 49%였는데, 이 수치는 윗세대로 갈수록 상당히 커졌다. 밀레니얼 세대는 전체의 59%, X세대는 67%, 베이비붐 세대는 75%가 같은 상품을 계속해서 살 것이라고 응답했다.[21]

연령대가 높은 소비자들이 구매를 결정할 때 경험 외에 활용하는 또 다른 전략이 있다.[22] 그들은 한정된 인지 자원cognitive resources과 정보 부하량information load에 대처하려고 여러 가지 전략을 사용하는데, 그중 하나가 정보의 과부하 상태를 완화하기 위해 가능한 한 많은 대안을 재빨리 제거하는 것이다.[23] 상품에 관해 바람직하지 못한 이야기를 들으면(예를 들어 희소한 제품이라는 이야기) 그건 해당 제품을 더는 고려하지 않고 선택지에서 제거할 이유가 된다.[24] 마케팅 관점에서 보면 높은 연령대의 소비자는 희소성이 의사결정에 직접적인 영향을 주는 게 아니라면, 상품의 희소성을 알리는 메시지에 쉽게 흔들리지 않는다는 것을 알 수 있다.

이런 소비자는 다른 유형의 보상보다는 정서적인 보상을 약속하는 광고 문구를 기억할 가능성이 크다. 어느 연구에서는 연령대가 높은 성인일수록 똑같은 카메라 광고 속에서 '이제껏 누구도 탐험하지 않은 세상을 포착하세요'라는 문구보다 '특별한 그 순간을 포착하세요'라는 문구를 더 선호한다는 점을 확인했다.[25] 그러므로 만일 3주간의 유럽 크루즈 여행처럼 연령대가 높은 소비자층을 대상으로 하는 상품이라면 객실 예약이 빨리 이루어지고 있다거나 아무나 예약할 수 없는 특별한 선박이라거나 하는 희소성 메시지는 강조하지 않는 편이 좋다. 대신 배에 타서 할 수 있는 경험과 마음속에 남을 추억을 강조하는 게 낫다. 연령대가 높은 소비자는 희소성을 전혀 신경 쓰지 않을 가능성이 크다. 공공연하게 희소성을 강조해 영향을 주려고 시도한다면 이들은 등을 돌리고 말 것이다.

◆ ◆ ◆

이번 장에서 살펴본 여러 연구 결과와 다른 회사들이 얻은 교훈으로부터 알 수 있듯 희소성을 꾸며내거나 뻔한 영업 전략으로 사용하면 고객으로부터 외면당한다. 기업이 희소성을 활용하는 방식은 반드시 신뢰성 있고 일관적이어야 한다. 그렇지 않으면 매출을 잃을 뿐 아니라 기업의 평판을 해칠 위험도 있다.

다음 장에서는 희소성을 알리는 메시지의 구체적인 유형과 이를 효과적이고 윤리적으로 활용할 방법을 살펴볼 것이다.

- 인위적으로 만들어낸 희소성은 제품의 수요를 맞출 만큼
  충분한 수량이 있더라도 공급량을 의도적으로 제한하거나,
  그런 상황임을 암시할 때 나타난다.
- 소비자가 희소성을 기업이 내건 영업 전략으로 여기면 오히려
  역효과가 나타난다. 소비자는 영업 사원이나 브랜드 등을
  신뢰할 만하다고 여기고 싶어 한다.
- 우리가 받은 정보와 기업이 주장하는 희소성의 내용이 다를
  때 희소성 불일치가 일어나는데, 이는 기업에 극히 불리한
  일이다.
- 제품이나 서비스 등의 희소성을 강조하는 건 좋지만, 그 정보는
  정직하고, 소비자에게 도움이 되는 것이어야 한다.
- 소비자의 연령은 그들이 희소성의 신호에 반응하는 방식에 큰
  영향을 미치므로, 희소성을 마케팅 메시지로 활용하기 전에
  반드시 소비자의 나이를 고려해야 한다.

PART 2

희소성을

활용하는 법

CHAPTER 6

지금 당장 사야 해!
: 시간의 희소성

"무엇이 돌아왔는지 보라! 초록빛 새봄이 왔음을 알리는 음료, 맥도날드 샴록 셰이크가 돌아왔다." 2021년 맥도날드에서 배포한 언론 홍보 자료의 제목이다.[1] 매년 봄마다 맥도날드에서는 기간 한정으로 '봄의 초록빛'을 상징하는 이 초록색 밀크셰이크를 판매한다. 음료 출시를 기다리는 고객의 기대감은 점점 높아져, 팬층이 형성되기까지 했다. 샴록 셰이크는 1967년 코네티컷주의 맥도날드 매장 소유주이자 운영자였던 할 로젠이 성 패트릭의 날을 기념하려고 생각해낸 메뉴였다. 그런데 이후 세계에서 선풍적인 인기를 얻게 되었으며, 1974년 최초의 로날드 맥도날드 하우스를 짓기 위한 자금을 모으는 데 일부 활용되기도 했다.

샴록 셰이크는 어떻게 탄생한 지 거의 50년이 지났는데도 계속 인기가 있는 걸까? 물론 음료가 맛있고, 마케팅을 잘해서이기도 하지만, 그것만으로 이 음료가 전설의 반열에 오를 수 있었던 건 아니다. 그 이면에는 시간과 관련된 희소성이 있었다.

맥도날드 글로벌 마케팅 수석 부사장을 역임했던 딘 바렛과 대화를 나눈 적이 있다. 맥도날드에서 41년간 근무했던 딘은 맥도날드가 기간 한정 상품을 활용해 어떻게 브랜드 친밀도와 고객 충성도를 높이고, 고객과의 상호작용을 늘리는지 설명해주었다.

맥도날드는 60년의 역사 동안 재미있고 신나는 일을 펼치고, 사람들의 삶의 방식과 주위에서 일어나는 일을 연결 지어 유행을 만들어왔다. 그건 음식일 때도 있었고(예를 들어 샴록 셰이크처럼) 아니면 스포츠 경기나 전 세계 주요 영화의 개봉 일정에 맞추어 진행하는 기간 한정 행사일 때도 있었다. 고객을 대상으로 기간 한정 판매 행사를 벌이는 건 맥도날드 브랜드 문화의 일부가 되었다. 맥도날드는 고객에게 놀라움과 기쁨을 선사하기 위해 기간 한정 상품을 잘 활용했다. "기간 한정 판매를 한 덕분에 고객의 충성도가 높아졌고, 재방문도 늘어났다고 생각합니다. 또한 이것은 장기적으로 고객과의 관계를 더욱더 깊고 탄탄하게 만든 비결이기도 합니다." 딘이 설명했다.

맥도날드는 기간 한정 판매를 '얼마나 팔 수 있을까?' 하는 순간적인 문제로 생각하는 게 아니라, '브랜드를 어떻게 고객과 연결하고, 어떻게 고객 문화의 일부가 되게 할까?' 같은 장기적인 관점으로 접근한다. 이러한 접근법은 브랜드 친밀도를 지속하고, 고객의 삶과 브랜드 사이의 연결성을 오래 이어준다. 덕분에 맥도날드는 문화적으로 고객과 의미 있는 순간들을 만들어낼 수 있었다.

맥도날드는 현재 고객이 무엇을 원하는지 혹은 과거에 고객이 무엇을 원했는지를 바탕으로 행사 계획을 세운다. 예전에 진행했던 기간 한정 판매 행사 가운데 큰 인기를 끌었던 상품이 있으면 다시 같은 행사를 진행할 것인지 고려한다. 그리고 많은 경우에 인기 있는 행사는 몇 번이고 되풀이한다. 하지만 고객을 지속적으로 놀라게 하고 즐겁게 하기 위해서 일정 기간 행사를 진행하고 일부러 상품을 내리기도 한다(1장에서 살펴본 맥립 버거의 팬들을 기억하는가?) 팬들은 가끔 한 번씩 시장에 나오는 상품을 보물찾기 놀이를 하듯 구매한다.

딘은 다음과 같이 말했다. "맥도날드는 시간의 흐름에 따라 상품을 내놓았다 거둬들였다 하죠. 장기적인 브랜드 친밀도와 경쟁력이 바로 여기서 생겨난다고 생각합니다." 게다가 이 전략은 고객들에게 추측하는 재미도 선사해준다. 고객은 자신이 가장 좋아하는 맛의 치킨 맥너겟이나 맥립, 샴록 셰이크 같은 한정 상품이 언제 나올지 계속 추측하고, 심지어 출시해달라고 요구한다.

맥도날드만큼 마케팅 예산이 많지 않은 회사라 해도 동일한 원칙을 자사의 상품과 서비스에 적용할 수 있다. 제품이나 서비스를 묶어 연중 특정 기간에만 판매하는 기간 한정 상품으로 만드는 방법도 있다.

시간을 제한할 때 발생하는 희소성

●

우리 집 근처 체육관 주차장에서 한 직원이 이런 문구가 적힌 광고판을 들고 서 있었다. "지금 1달러에 등록하세요. 행사가 곧 종료됩니다!" 이는 시간의 압박이 어떻게 판매로 이어질 수 있는지 보여주는 완벽한 예다.

수량이 제한되어 있을 때와 마찬가지로, 시간이 제한되어 있을 때도 희소성이 발생할 수 있다. 아마존은 '라이트닝 딜'이라는 시간제한 전략을 활용한다. 라이트닝 딜 할인 상품 페이지에는 다른 쇼핑객이 이미 장바구니에 담은 상품의 개수가 표시될 뿐 아니라, 카운트다운 타이머가 있어 할인이 끝나기까지 남은 시간을 알 수 있다.

시간제한으로 희소성을 일으키는 전략은 비과시적 상품을 판매할 때 적용하는 게 제일 좋다. 비과시적 상품이란 유용하거나 어떤 혜택을 주는 상품이면서, 사회적 지위나 부를 보여주기 위해 소비하는 대상은 아닌 것으로, 쿠킹 포일, 전자레인지, 치약 등이 여기에 속한다. 시간제한 희소성이 있으면, 우리 뇌는 이러한 일 상용품을 대상으로도 활성화된다.

여러 연구에서 밝힌 내용에 따르면, 결정을 내려야 한다는 부담이 생길 때 우리가 처리할 수 있는 정보의 양이 줄어드는데, 그 결과로 우리는 힘들이지 않고 빠르게 평가할 수 있는 특징에만 집중하게 된다.[2] 사람들은 어떤 일을 완료할 시간이 부족하다고 느끼면, 스트레스를 받는다. 프로젝트를 어서 마무리해야 한다는 압박을 느꼈던 때를 떠올려보라. 아니면 학창 시절, 제출 직전까지 숙제를 미뤘을 때의 기분을 떠올려보라. 스트레스를 받았을 것이다. 그런데 놀랍게도 할인 기간이 제한된 상품을 볼 때도 같은 감정을 느낀다.

시간이 부족하다고 느낄 때 받는 스트레스는 우리의 의사결정에 영향을 준다. 어느 연구에서는 소비자는 할인 종료 기간에 민감하고, 시간제한의 압박이 있을 때 할인 상품이나 서비스를 구매해야겠다는 생각을 더 많이 한다고 밝혔다.[3] 특히 상품의 가격이 오를 거라는 생각이 들 때는 더욱 그렇다. 가격 인상이 예상되면 사람들은 지금 당장 물건을 구매한다. 반면, 가격 인하가 예상되면 사람들은 할인 판매를 기다린다.[4] 내 친구 라이언이 데오드란트를 잔뜩 산 것도 같은 맥락이다. 라이언은 슈퍼마켓에 갔다가 데오드란트를 10개나 사 왔다. 아내는 당연히 데오드란트를 왜 그렇게 많이 샀는지 물어보았고, 라이언은 간단히 설명했다. "데

오드란트가 20% 할인하고 있더라고. 언제 다시 할인할지 알 수가 있어야지. 그래서 10개를 사기로 한 거야."

우리는 기간 한정 할인을 마주하면 일반적으로 구매를 결정하기까지 밟는 단계를 생략한다. 앞서 이야기했던 사고의 지름길을 기억하는가? 시간적인 압박을 받는 상황에서는 이 사고의 지름길이 나타난다. 시간에 쫓기는 사람은 무언가를 사야 할지 말아야 할지 결정하는 데 도움이 될 추가 정보를 더 이상 찾지 않는다. 찾아보지 않으니, 경쟁 상품이나 다른 할인 정보가 귀에 들어오지 않고,[5] 결국에는 하는 수 없이 그 제품을 구매하게 된다. 기업으로서는 아주 좋은 일이다. 하지만 소비자로서는 구매를 서두르게 되었을 뿐 아니라, 다른 경쟁 상품과 할인 정보를 제한하고 특정 회사나 상품에만 집중할 수밖에 없었다. 물론 마케팅 담당자에겐 누이 좋고 매부 좋은 상황이다.

경쟁이 필요한 건 아니다

●

수요가 많아서 발생하는 희소성과 달리, 시간제한 희소성은 소비자들이 서로 눈치를 보게 하는 것으로는 효과를 볼 수 없다. 소비자가 희소한 상품이 다 팔리기 전에 손에 넣으려고 경쟁하는 게 아니기 때문이다. 또한 공급 부족으로 나타나는 희소성과도 다르다. 공급이 부족할 때는 고객이 희소한 상품을 하나씩 살 때마다 남아 있는 구매 가능 수량이 줄어든다. 하지만 시간이 제한된 상황에서 고객이 상품을 '손에 넣으려면' 판매 기한이 끝나기 전에 사기만 하면 된다.[6] 본질상 다른 사람과 경쟁을 벌이는 게 아니라 시간과 경쟁하는 것이다. 이런 이유에서 '매진 임박'처럼 다른 사람의 눈치를 살펴야 하는 내용이 들어간 마케팅 메시지는 효과적이지 않다. 그러므로 기업에서는 이런 메세지 대신 할인 판매 종료일과 할인 판매가 끝난 뒤의 정상가를 단순하고 분명하게 표시하는 게 좋다.[7]

시간제한 희소성을 활용하는 법

●

시간제한 희소성은 기간 한정 할인, 반짝 세일, 카운트다운 타이머 표시, 쿠폰 등 여러 가지 형태로 나타난다. 올바르게 사용하기만 하면 모든 기법이 효과가 있다. 각 기법을 하나씩 알아보기로 하자.

기간 한정 할인

다음에 소개할 사례는 요식업계 할인에 관한 내용이지만, 당연히 할인을 제공하는 주체가 꼭 레스토랑이어야 할 필요는 없다.

비제이스 레스토랑BJ's Restaurants은 미국 전역에 거의 200여 개의 점포를 둔 상장회사로, 판매를 늘리기 위해 기간 한정 메뉴와 할인을 자주 활용하는 것으로 유명하다. 다음은 그들이 프라임 립 특별 메뉴를 소개할 때 광고에 사용한 문구다. "기간 한정. 할인 코드 없음. 한정 수량."[8] 이러한 희소성 메시지가 효과를 나타내려면, 심리학 연구에 근거한 몇 가지 사항을 반드시 고려해야 한다.

특별 할인 메뉴가 성공을 거두기 위해서는 특정한 지침을 따르는 것이 가장 중요하다. 비제이스의 프라임 립 메뉴 사례를 통해 더 자세히 알아보자.

첫째, 기간 한정 할인은 최근 실시한 프로모션과 내용이 같아서는 안 된다. 프라임 립 메뉴를 두고 중복된 프로모션을 진행하면 안 된다는 뜻이다.

둘째, 할인 행사에 관한 명확한 지침이 있어야 하며, 지침은 반드시 지켜져야 한다. 비제이스는 광고 메시지에서 금요일, 토요일 오후 4시 이후와 일요일에만 할인이 적용된다는 조건 등 할인 행사 정보를 자세히 알렸다.

셋째, 소비자는 희소성을 알리는 메시지에 반드시 여러 번 노출되어야 한다. 비제이스는 프라임 립 특별 할인 행사 안내문을 회사 홈페이지와 소셜미디어 프로필, 그리고 레스토랑 내부에도 게시했다.

이런 비제이스 레스토랑의 기간 한정 할인 행사가 성공을 거두었을까? 비제이스 레스토랑의 주가와 매출을 확인해보면, 확실히 효과가 있었던 것 같다. 매년 매출액 규모가 커지고 있으니 말이다.

스타벅스 펌킨 스파이스 라테: 계절 음료의 왕

스타벅스는 종종 판매량을 늘리기 위해 시간제한 희소성 전략을 사용한다. 펌킨 스파이스 라테를 떠올려보라. 매년 이 음료가 나오기만을 목놓아 기다리는 팬층이 있을 정도다(심지어 스타벅스는 '펌킨 스파이스 라테PSL'의 상표를 등록하기도 했다!). 펌킨 스파이스 라테는 스타벅스에서 가장 인기 있는 음료이자 전형적인 계절 한정 판매 상품이다. 스타벅스가 지역의 작은 체인점이었던 시절부터 20년간 스타벅스에서 일했던 팀 컨에 따르면 원래 펌킨 스파이스 라테는 메뉴에 오르지 못할 뻔했다고 한다. "펌킨 스파이스 라테는 커피 맛 보다는 다른 풍미가 더 크게 느껴지는 음료라서 스타벅스의 커피를 가장 빛나게 하는 메뉴는 아니라고 생각하는 직원들이 많았습니다." 팀이 설명했다.[9]

그럼 펌킨 스파이스 라테는 어떻게 메뉴에 오른 걸까? 그 시절로 돌아가 살펴보자.

당시 스타벅스 메뉴 선정 팀에서는 브레인스토밍 과정을 거쳐 10가지 아이디어를 냈다. 그러고 나서 고객들에게 새로운 음료를 시음하게 했는데, 펌킨 음료는 중간 정도의 순위였다. 당시만 해도 호박을 사용한 음료는 없었다. 스타벅스 팀은 호박을 활용하는 아이디어를 살리기로 하고 '음료 실험실'을 열었다. 가을 느낌을 내려고 호박파이를 비롯한 추수감사절과 관련된 주제로 실험을 했다. 당시 때는 1월 중순이었다.[10] 가을과 관련된 다양한 풍미를 실험한 후, 그들은 실제로는 안에 호박이 전혀 들어 있지 않은 레시피를 사용하기로 결정했다(분명히 해두지만 스타벅스의 펌킨 스파이스 라테에는 호박이 들어가지 않는다). 그런데도 스타벅스는 음료의 이름을 '펌킨 스파이스 라테'로 정했다.

2002년, 밴쿠버와 워싱턴DC에서 펌킨 스파이스 라테를 시험 판매하기 시작했다. 그런데 일주일도 채 안 되어 매출이 당초 예상치를 뛰어넘을 만큼 급증했다.[11] 스타벅스는 재고 유지와 재료 공급에 어려움을 겪었다. 시장에 출시된 이후 10년 동안 이 음료는 거의 2억 잔 가까이 판매되었다.[12] 2019년 자료에 의하면, 전 세계에서 팔린 펌킨 스파이스 라테는 약 4억 2,400만 잔이었다.[13]

시장에 나오지도 못할 뻔했던 음료가 기간 한정 계절 음료의 왕이 되었고, 펌킨 스파이스의 유행을 불러왔다. 사람들이 이 음료에 열광하는 모습은 기간 한정 판매가 어떻게 희소성으로 인식되는지 보여주는 대표적인 예다. 펌킨 스파이스 라테는 매년 정해진 기간에만 판매된다. 고객들은 판매기간이 끝나기 전에 사 마셔야 한다는 걸 알고 있다. 여기에는 편승 효과 bandwagon effect도 나타난다(편승 효과는 9장에서 더 자세히 살펴보기로 한다). 즉,

펌킨 스파이스 라테의 인기가 높아지자 다른 사람들의 구매 행위를 따라 하는 이들이 늘었고, 유행으로 번지게 된 것이다.

펌킨 스파이스 라테가 특이한 케이스는 아니다. 스타벅스는 심지어 음료 외의 상품도 기간 한정판으로 출시하거나 한정된 기간에만 판매하는데, 상품이 날개 돋친 듯 팔린다. 스타벅스에서 매년 출시하는 연말 기념 다회용 컵을 생각해보라. 11월이 되면 예쁜 연말용 컵을 사려는 사람들이 많다. 미국의 방송사 ABC7에서는 "빨간 컵 팬이라면 주목! 스타벅스 다회용 컵을 무료로 받는 방법을 소개합니다"라는 제목의 보도를 내보내기도 했다. 스타벅스에서는 보통 연말 한정 판매 음료를 구매하면 다회용 컵을 무료로 준다. 2021년 발행된 이 보도에서는 스타벅스에서 컵을 무료로 주기는 하지만, 그건 단 하루만 진행하는 행사라는 점에 주의해야 한다고 전했다. 이는 한정판과 기간 한정 판매를 같이 활용한 전략이다.[14]

반짝 세일

2021년 9월 1일, 뉴스 및 정보 제공 웹사이트인 애드굴리Adgully에 이런 게시 글이 올라왔다. "야스섬에서 보내는 휴가. 휴가비를

60%까지 아낄 수 있는 반짝 세일. 단 5일간 진행."[15] 야스섬(아랍 에미레이트 아부다비에 있는 섬) 가까운 곳에 사는 주민을 대상으로, 섬에서 휴가를 보내려는 사람들에게 반짝 세일의 형태로 기간 한정 할인 상품을 출시한 것이다. 전체 가격을 최대 60%까지 할인해주는 것은 물론, 놀이공원과 클라이밍 테마파크 일일 이용권도 최대 50%까지 할인해주는 패키지 상품이었다.

반짝 세일이란 매우 짧은 시간 동안 특정 상품을 할인 판매하는 것을 의미한다. 이런 반짝 세일은 여행업계를 비롯해 여러 기업에서 매출을 빠르게 높이기 위해 흔히 사용하는 방법이다. 호텔 매니저 46인을 인터뷰한 어느 연구에서는 호텔의 매출 사정이 어려울 때 반짝 세일을 가장 자주 활용한다고 밝혔다.[16] 반짝 세일 상품을 판매했던 호텔 매니저들은 하나같이 매출이 저조할 때 이 마케팅 전략을 가장 많이 사용한다고 응답했다. 그들은 반짝 세일을 비어 있는 방을 채우기 위한 수단으로 사용했다. 결과적으로, 객실의 공실 문제를 해결할 목적으로 일시적인 가격 할인 방안을 활용한 것이다. 그런데 반짝 세일에는 재고 및 매출 관리를 넘어서는 또 다른 이점도 있다.

반짝 세일을 실시하면 브랜드 마케팅을 강화하고 고객 관계를 개선할 수 있다. 사실, 인터뷰에 응답한 대부분의 호텔 매니저는 반짝 세일 덕분에 소비자에게 호텔을 더 많이 노출함으로써 광고 효과를 얻을 수 있었고, 할인 판매를 통해 도리어 이익을 얻었다고 말했다. 예를 들어 반짝 세일을 알리는 이메일을 대량으로 전송한다고 하자. 잠재고객 수천 명의 받은 메일함에 호텔 정보가 노출되어 브랜드 인지도가 높아질 것이다. 인터뷰 응답자 가운데 플로리다주 새러소타에 있는 한 고급 호텔 총지배인은 반짝 세일의 브랜드 홍보 효과를 이렇게 설명해주었다. "반짝 세일을 알리는 과정에서 호텔이 대형 시장에 노출된다는 것은 이미 입증된 사실입니다. 다시 말해 호텔이 수많은 사람에게 노출된다는 뜻이죠. (⋯⋯) 메일을 받은 사람들이 예약은 하지 않더라도 이메일을 통해 호텔의 이름과 위치를 알게 됩니다. 그리고 분명 새러소타는 알지만, 여기에 어떤 호텔이 있는지 모르는 사람들을 위해서 저희 호텔 이름이 이메일에 들어 있는 겁니다. 그들이 앞으로 호텔을 이용하려 할 때 찾아볼 수 있도록 말이죠."[17]

항공사에서도 비슷한 전략을 펼친다. 2011년, 폭스뉴스에서는 익명의 항공사 수익 담당 매니저를 인터뷰한 내용을 보도했다. 각 항공사에는 비행경로, 비행 시기, 항공 수요와 공급 및 기타 변수를 바탕으로 종일 항공권 가격을 조정해 수익을 최대화하는 업무를 맡은 수익 담당 매니저가 여럿 있다. 항공권 가격을 조정할 때 항상 반짝 세일이라고 광고하는 건 아니지만, 가격이 조정되는 방식에는 분명 반짝 세일 전략과 일치하는 부분이 있다. 항공사는 컴퓨터 시스템과 알고리즘을 이용해 항공권 가격을 얼마로 설정할지, 어느 정도 수량과 간격으로 제시할지 결정한다. 폭스뉴스의 인터뷰에 응한 수익 담당 매니저는 다음과 같이 설명했다.

컴퓨터는 알고 있습니다. 좌석 5개에 매우 낮은 가격을 설정하고, 10개는 그보다 조금 더 높은 가격을, 그리고 20개 좌석에는 그보다 조금 더 높은 가격을 설정하면 좌석이 만석이 되어 가면서 수익이 최대로 커진다는 걸 말이죠. 만석이 된 후에는 더는 엄청나게 싼 항공권을 판매하지 않습니다. 수요와 공급의 법칙에 따라 판매하는 거니까요. 컴퓨터는 항공편 출발 시각까지 계속 가격을 조정합니다. 하지만 수익 담당 매니저로서 저도 개입할 수 있습니다. 컴퓨터가 알지 못하는 정보를 바탕으로 가격 설정 조건을 조정하는 거죠. 예를 들어 도착지에서 어떤 행사가 열린다거나, 출발 공항에서 항공사가 희망하는 수준 이상으로 빈 좌석이 나올지도 모를 날씨와 같은 특정한 변수가 있는가 하는 정보입니다.[18]

호텔 매니저와 비슷하게 항공사의 수익 담당 매니저도 빈 좌석의 판매를 늘릴 방법으로 일시적인 가격 할인 전략을 활용한다. 하지만 호텔과 항공사만 반짝 할인으로 이익을 얻는 건 아니다. 의류회사 제이크루J.Crew에서는 특정 할인 코드를 입력하면 60% 할인을 해주는 등 하루 동안 반짝 세일을 실시했으며,[19] 백화점 업체 콜스는 회원 한정으로 주기적으로 '추가 20% 할인, 당일 한정'과 같은 할인 행사를 연다. 전자제품 판매점 베스트바이는 이메일 구독자에게 '반짝' 할인을 제공하며, 아마존은 정기적으로 '라이트닝 딜'을 실시한다. 가구 소매업체 피어원 임포츠Pier1 Imports는 '금요 반짝 세일' 안내 이메일을 보내 임시 할인 행사를 알린다.

하루에 하나만! 24시간 오늘의 할인

반짝 세일은 2004년 온라인 소매업체 우트Woot를 통해 유통 업계에 등장했다. 우트는 웹사이트에서 오늘의 할인 상품을 집중적으로 판매했는데, 이런 형태의 온라인 판매 모델을 처음 개척했다고 알려져 있다.[20] 판매 모델은 단순하다. 매일 새로운 할인 상품을 소개하지만, 구매 가능 기한은 24시간으로 제한한다. 할인 상품의 범위는 소비재에서부터 가전제품에 이르기까지 다양하다. 최전성기에는 매월 웹사이트를 방문한 사람이 500만 명이나 되었다.[21] 2008년 미국이 금융 위기에 빠졌을 때, 반짝 세일과 오늘의 할인 상품 덕분에 여러 오프라인 유통업체가 파산을 면했다. 우트를 포함해 오늘의 할인 상품을 판매하는 여러 웹사이트가 여전히 있고 (우트는 2010년 1억 1,000만 달러에 아마존에 매각되었다), 온라인과 오프라인 양쪽에서 많은 기업이 이 판매 방식을 채택해왔다.

반짝 세일을 진행할 때 명심해야 할 사항이 있다. 일반적으로 고객이 할인 기간을 제대로 알지 못해 기분 상하는 일이 없으면서 구매가 다급하다는 생각을 하게 하려면, 반짝 세일은 24시간에서 72시간 동안 진행하는 게 이상적이다. 만일 온라인에서 행사를 진행한다면 하루 중 접속자가 가장 많은 시간에 실시해야 한다. 예를 들어 웹사이트 트래픽이 저녁 시간에 가장 많다면, 그때 세일을 시행해야 한다. 그리고 행사 내용이 복잡하면 안 된다. 지나치게 많은 선택 사항이나 후보군이 주어지면 고객은 혼란을 느낀다(예를 들어 100달러를 구매하면 10% 할인, 200달러를 구매하면 20% 할인, 300달러를 구매하면 30% 할인 등).

트레이더조Trader Joe's는 반짝 세일을 진행하지는 않지만, 선택지를 줄이는 데 탁월한 솜씨를 보인다. 쇼핑 경험을 단순화하고 할인 행사를 기획할 때 참고하면 좋을 예다. 트레이더조는 진열하는 상품의 숫자를 의도적으로 제한한다. 뉴스 웹사이트《비즈니스 인사이더》의 기자 잭 휴스턴은 트레이더조의 재고와 근처 다른 마트의 재고를 비교하는 기사를 썼다.[22] 동네 마트의 선반에는 파스타 소스 144개, 올리브유 44개, 시리얼 172개가 진열되어 있었다. 하지만 근처 트레이더조의 선반에는 파스타 소스 14개, 올리브유 14개, 시리얼 39개밖에 진열되어 있지 않았다. 선택지를 줄이는 것이 바로 트레이더조의 성공 비결이었다. 트레이더조는 고객 선호도 순위에서 계속 1위를 차지하고 있으며, 면적당 매출을 계산하면 경쟁업체를 능가하는 실적을 낸다.

요약하자면, 지금까지 살펴본 것처럼 여러 업계에서 반짝 세일을 활용해 혜택을 볼 수 있다. 특정 상품을 처분하거나 특정 서비스에 관한 대중의 관심을 높이고 싶다면, 아주 짧은 기간 동안 할인 행사를 진행해 광고할 수 있다. 호텔 매니저의 사례에서 이야기했듯이, 기업에서 이러한 할인 행사를 진행하면, 행사를 알리려고 소통하는 과정에서 브랜드 인지도가 높아지고, 고객 관계도 강화된다.

카운트다운 타이머 표시

어느 날 밤 제임스는 침대에 누워 아무 생각 없이 온라인 쇼핑을 하고 있었다. 장바구니에 상품 몇 개를 담았는데, 갑자기 화면에 카운트다운 타이머가 나타나, 상품이 정해진 시간만큼만 장바구니에 남아 있을 거라고 알려주었다. 남은 시간이 줄어들자 맥박이 빨리 뛰기 시작했고, 자기가 어떤 상품을 사려 했는지도 잊었다. 제임스는 공황 상태에 빠져, 생각나는 물건을 전부 닥치는 대로 장바구니에 담기 시작했다. 타이머에 아직 15분이 남아 있었는데, 제임스는 말 그대로 시계와 경주를 벌이는 기분이었다.

카운트다운 타이머는 고객에게 지금 진행 중인 할인, 무료 배송, 혹은 판매 상품의 혜택을 누릴 시간이 정해져 있다는 사실을 상기시키려고 많은 전자상거래 웹사이트에서 활용하는 장치다. 째깍째깍 줄어드는 시계를 보면 마음이 다급해지고, 빨리 행동에 나서지 않으면 후회하게 될 거라는 생각이 든다. 카운트다운 타이머는 웹사이트 배너나 세일, 할인 상품, 무료 배송을 안내하는 이메일에 표시된다.

여기서 한발 더 나아가, 포모증후군을 유발하기 위해 타이머가 종료된 후 고객에게 할인 판매나 행사 상품 구매 기한이 만료되었음을 알려주는 회사도 많다. 사람들이 얻을지 모를 기쁨보다 잃을지 모를 두려움을 더 크게 느낀다는 점을 떠올려보라. 만약 그들이 다음번에 타이머를 보면, 지난 할인 판매 행사를 놓쳤을 때 느꼈던 상실감이 기억날 것이다. 그리고 다시는 기회를 놓치지 않기 위해 이번에는 행동에 나설 것이다.

전자상거래 회사를 운영한다면 시험 삼아 카운트다운 타이머를 활용해보면 어떨까? 손쉽게 소비자들에게 구매의 다급함을 유발할 수 있는 방법이다.

쿠폰

쿠폰은 오래된 마케팅 수단이다. 기업에서는 수 세기 동안 쿠폰을 발행해왔다. 19세기 후반, 코카콜라의 창업자 아사 캔들러는 시럽을 공급하는 약국 근처의 주민들에게 음료 한 잔을 무료로 제공하겠다는 쿠폰을 손으로 써서 보냈다.[23] 쿠폰은 그때나 지금이나 소비자의 마음을 끄는 효과적인 마케팅 수단이다.

다음 몇 가지 증거를 봐도 알 수 있다.

2020년 한 해 동안 쿠폰즈닷컴Coupons.com에 접속한 순방문자 수는 월평균 330만 명이었다.[24] 정말 많은 사람이 쿠폰을 찾고 있다! 같은 해 미국에서만 3,282개의 회사에서 약 1,890억 달러에 해당하는 쿠폰을 발행했다.[25] 그렇다면 실제로 쿠폰을 사용한 사람은 몇 명이나 될까? 모바일 쿠폰을 사용한 미국인은 5,200만 명으로 추산되는데, 이는 종이 쿠폰 이용자는 포함조차 하지 않은 숫자다![26] 더욱 놀라운 점은 온라인 쿠폰 사용자들은 일반 쇼핑객보다 평균 24% 더 소비하며, 소비자의 74%가 쿠폰을 받으려고 브랜드의 소셜미디어 계정을 팔로우한다는 것이다.[27]

사람들은 쿠폰을 좋아한다. 인기 TV 리얼리티 쇼 〈익스트림 쿠포닝Extreme Couponing〉을 떠올려보라. 매회 쿠폰을 활용해 몇백 달러, 몇천 달러를 아끼는 쇼핑객이 등장한다. 어느 회차에서는 메릴랜드주 베데스다에 사는 제이미 컬루라는 여성이 출연해, 장바구니에 겨자 소스를 62병 담고서는 이렇게 말한다. "저는 겨자 소스를 먹지도 않아요."[28] 떠먹는 요구르트 100개, 통조림 수프 35캔, 시리얼 40박스, 햄과 살라미 90개까지, 제이미의 장바구니 제품을 전부 계산하니, 금액이 무려 1,902.63달러나 되었다. 하지만 쿠폰을 제시하고 나니 계산해야 할 총액이 103.72달러로 줄었다. 제이미의 사례는 '극단적'이지만, 사람들이 쿠폰에 끌리는 심리적인 이유를 설명해준다.

쿠폰은 우리를 행복하게 해준다. 적어도 어느 신경경제학 교수 팀에서 시행한 연구의 결론은 그렇다. 연구 팀은 온라인 마트에서 장을 보는 사람들에게 10달러 쿠폰을 지급했을 때 그들이 어떤 영향을 받는지 분석했다.[29] 실험 참가자의 절반에게는 10달러 쿠폰을 지급했고, 나머지 절반에게는 지급하지 않았다. 그 후 쿠폰이 미치는 영향을 혈중 호르몬 농도, 심장의 움직임, 기분, 호흡, 땀 등 다양한 기준으로 측정했다. 쿠폰을 받으면 사랑이나 행복과 관련된 호르몬인 옥시토신 분비량이 크게 많아지는 것으로 드러났다. 여기서 훨씬 더 흥미로운 점은 우리가 키스하거나 껴안거나 심지어 선물을 받을 때보다 쿠폰을 얻었을 때 옥시토신이 더 많이 분비된다는 사실이다! 쿠폰을 받으면 스트레스도 줄어든다. 기본적으로 쿠폰을 받으면 마음이 행복하고 편안해지는 것이다. 연구 팀을 이끌었던 잭 교수는 다음과 같이 설명했다. "이번 연구의 결과와 다른 연구들을 통해 드러난 사실을 종합해보면, 쿠폰은 우리의 행복에 직접 영향을 주고, 건강을 증진하며, 스트레스받는 상황에 대처할 힘을 준다는 것을 알 수 있습니다."[30]

지난 수십 년 동안 마케팅 담당자들이 신규 고객을 유치하고 신상품을 홍보하기 위해 쿠폰을 사용해왔다는 사실이 전혀 놀랍지 않다. 쿠폰은 시간제한 희소성 전략 가운데 가장 흔한 유형이다. 쿠폰을 처음 받으면 행복해지고, 스트레스가 줄어든다. 쿠폰이 잠재 이득을 나타내기 때문이다. 하지만 4장에서 살펴보았던

것처럼 쿠폰은 손실에 대한 두려움을 불러일으킨다.[31]

쿠폰의 유효 기간은 할인의 효과에 영향을 준다. 예를 들어 쿠폰을 사용할 것으로 예상되는 잠재고객의 수가 많다면, 쿠폰 사용 기간을 짧게 했을 때 이익이 더 커진다.[32] 상품 할인 혹은 쿠폰 이용 기간이 길면, 어서 구매해야겠다는 다급한 마음이 줄어든다. 하지만 유효 기간을 설정하는 문제에는 서로 상충하는 조건이 있다. 쿠폰을 사용할 수 있는 기한이 길면 고객이 쿠폰 행사에 관한 정보를 듣게 될 시간이 더 많지만, 상품 할인 행사를 잊어버리거나 구매 결정을 미룰 위험도 생긴다.[33] 반대로 유효 기간이 짧으면 고객들이 어서 구매에 나서야겠다는 다급한 마음이 들지만, 기간이 짧아 이용이 불편하다고 느낄 수 있다.[34] 그렇다면 마케팅 담당자들은 쿠폰의 적절한 유효 기간을 얼마로 정해야 할까? 어느 연구에서는 쿠폰을 발행해 최대의 성공을 거두려면 사용 기한을 2주 미만으로 정하는 게 좋다는 결론을 내렸다.[35] 쿠폰의 사용 기한은 마케팅 담당자가 반드시 확인해야 할 문제다.

상품 제조업체가 발행한 쿠폰과 유통업체가 발행한 쿠폰 간의 차이도 알아두면 좋다. 제조업체가 발행한 쿠폰은 사용 기한이 긴 경향이 있고, 보통 쿠폰 만료일 직전에 사용률이 급격히 올라간다. 반면 유통업체에서 발행하는 쿠폰은 사용 기한이 훨씬 짧아 쇼핑객들이 여유 있게 기다렸다가 상품을 사거나 쿠폰을 쓰지는 못한다. 이런 상황에서는 당장 사야 한다는 생각이 강하게 들 것이다. 우리는 보통 쿠폰을 쓸 수 있다면 쿠폰이 없을 때보다 더 많이 구매한다.

개인 맞춤형 쿠폰

지난 수년간 증가 추세를 보이던 디지털 쿠폰 사용이 2020년 시작된 팬데믹으로 더욱 가속화되었다. 종이 쿠폰을 잘라가야 할 필요가 없다는 것과 다음번 쇼핑 때 잘라 둔 쿠폰이 있다는 걸 기억해낼 필요가 없다는 점도 물론 장점이지만, 디지털 쿠폰의 가장 큰 장점은 개인 맞춤형으로 발행할 수 있다는 것이다. 디지털 쿠폰을 발행할 때는 고객의 구매 이력과 '더불어' 할인을 제공할 카테고리 정보를 바탕으로 대상 고객을 선정할 수 있다.

콜스는 미국 49개 주에 1,100개 이상의 점포를 운명하는 옴니채널 유통업체로, 고객 개인에게 맞춤화된 홍보 전략을 실행한다. 지난 몇 년간 콜스는 고객 자료를 활용해 매출을 올릴 방법을 찾았다. 콜스 디지털 지갑, 신용 카드 사용 이력, 회원 프로그램에서 얻은 정보를 바탕으로 콜스는 디지털과 광고 우편물 양쪽으로 고객 맞춤형 할인을 제공했다. "회원 프로그램은 매우 중요합니다. 하지만 장기에 걸친, 개인 맞춤형 서비스가 아마 더욱 중요할 겁니다. 개인 맞춤형 서비스는 마케팅의 유효성에 큰 영향을 주고, 더 많은 고객이 매장을 찾도록 만들기 때문입니다." 케빈 맨셀 콜스 최고경영자가 설명했다.

개인 맞춤형 마케팅을 시행한 첫해에 콜스의 목표는 500만 건의 고객 맞춤형 서비스를 제공하는 것이었다.[36] 이후에는 매장 내 와이파이를 이용해 맞춤형 서비스 제공 범위를 확대했다. 쇼핑객들이 매장 내 와이파이 시스템에 접속하면 콜스에서는 그들의 구매 패턴 정보를 모을 수 있다.[37] 또한 콜스는 이 정보를 활용해 개인 쇼핑 습관을 바탕으로 한 맞춤형 할인을 제공할지 말지 실시간으로 결정한다.

자칭 '세계를 선도하는 제과 및 커피 체인'인 던킨도너츠 또한 고객의 재방문을 유도하기 위해 디지털 쿠폰을 활용한다.[38] 던킨도너츠는 애플리케이션을 받은 고객에게 할인 쿠폰을 제공하며, 이 앱을 통해 고객이 매장에 재방문하는지 등과 같은 고객의 활동을 관찰한다.[39] 그리고 이를 바탕으로 고객이 제품을 구매하도록 더 많은 할인 기회를 제공한다. 고객은 매장을 재방문해 포인트를 쌓으면 무료 음료까지 받을 수 있다.

인공 지능, 특히 챗봇 기술 덕분에 기업은 고객에게 한층 더 잘 맞는 할인을 제공할 수 있게 되었다. 챗봇은 고객과 실시간으로 소통하고, 고객의 온라인 활동을 관찰할 수 있다. 인공 지능 기술 덕분에 고객의 의도, 온라인에서의 활동과 관심사를 확인해 매장과 온라인 양쪽에서 사용 가능한 고객 맞춤형 쿠폰을 개발할 수 있게 되었다.[40]

시간제한 희소성 전략을 활용해 쿠폰을 발행할 때 기업에서

명심해야 할 몇 가지 사항이 있다. 무엇보다 가장 중요한 건 고객에게 전하는 메시지가 분명해야 한다는 점이다(예를 들어 '전체 주문의 20% 할인'). 둘째, 다급한 마음이 들도록 시간제한을 두어야 한다(예를 들어 '전체 주문의 20% 할인…1월 31일까지). 셋째, 웹사이트에서 디지털 쿠폰으로 발행하거나 소셜미디어를 통해 공유하거나 이메일로 전송하는 등 쿠폰이 반드시 고객에게 전해져야 한다. 쿠폰을 고객에게 우편물로 보내거나 신문 사이에 넣어 보내는 방법도 있다. 마지막으로 같은 쿠폰을 반복해서 발행하는 일은 피해야 한다. 그렇게 하면 상품이나 브랜드 가치가 떨어진다.

바바라라는 어느 고객은 내게 자기가 사는 지역의 레스토랑과 그곳에서 발행하는 스테이크 할인 쿠폰에 관해 이야기해주었다. 그 레스토랑은 저녁 식사로 세 가지 음식이 순서대로 나오는 스테이크 코스 쿠폰을 정기적으로 발행한다고 한다. "쿠폰이 없다면 전 그 레스토랑에 가지 않을 거예요. 제가 왜 정상 가격을 내겠어요? 쿠폰을 적용한 가격이 그 식사의 원래 값어치라고 생각해요."

세계 최대 소셜커머스 기업 '그루폰Groupon'은 쿠폰을 통한 시간제한 희소성을 가장 잘 활용하는 기업이다. 쿠폰계의 거물과 같은 이 회사는 기본적으로는 고객과 지역 기업을 중개하는 역할을 하며, 오프라인 상점에서 진행되는 특별 할인 행사를 온라인 사이트에 광고해준다. 그루폰에 올라오는 할인 상품의 상품 설명란에는 할인 종료일이 쓰여 있다. 이에 더해 그루폰은 사이트에 적힌 가격에서 20% 추가 할인을 제공하는 등 구매자가 할인을 더 많이 받을 수 있는 다른 프로그램도 운영한다. 그루폰은 푸시 알림, 이메일, 애플리케이션 내 메시지 등을 활용해 고객에게 이러한 정보를 전달한다. 그 밖에도 쿠폰을 효과적으로 활용하고 있는 다른 기업이 많다. 다음 예시를 살펴보며, 각각의 쿠폰에는 쿠폰 코드와 사용 기한 만료일이 포함되어 있다는 점을 기억하자.

- 트루십TrueShip: '기간 한정 할인: 신규 고객이 쿠폰 코드 'RS-SAVE-5' 사용 시 배송 소프트웨어 첫 달 이용 요금 50% 할인'[41]
- 닛산 빅토리아 지점: '에어컨 정비 서비스 30달러 할인'[42]
- 블루호스트BlueHost: '딱 한 달만 3.95달러. 신청 기간 한정'[43]
- 델: 'XPS, 에일리언웨어, 인스피론 노트북 150달러 할인'[44]
- 조앤스토어Jo-Ann Stores: '째깍째깍…내일 할인 종료!'[45]
- 제이크루: '기간 한정. 회원 구매 시 포인트 두 배 증정(배송은 항상 무료)!'[46]

시간의 희소성이 매출을 늘리고 고객을 끌어모으는 데 효과적인 것은 증명된 사실이다. 그렇지만 남들과는 다른 고급스러움에 가치를 두는 고객을 타깃으로 삼는다면, 다른 종류의 희소성을 활용하는 게 더 유익할 것이다. 다음 장에서는 공급의 희소성을 활용해, 남들과 다르기를 원하고 눈에 띄고 싶어 하는 고객의 마음을 끄는 법을 살펴본다.

- 시간제한을 통해 얻는 희소성은 비과시적 상품을 판매할 때 적용하는 게 제일 좋다. 비과시적 상품이란 사회적 지위나 부를 보여주기 위해 소비하는 대상은 아니지만, 유용하거나 어떤 혜택을 주는 상품을 말한다.

- 시간이 부족하다고 느낄 때 받는 스트레스가 의사결정에 영향을 준다.

- 시간제한 희소성에서 소비자들이 서로 눈치를 보게 하는 것은 별로 효과적이지 않다. 소비자가 희소한 상품이 다 팔리기 전에 손에 넣으려고 경쟁하는 게 아니기 때문이다.

- 시간이 제한된 상황에서 고객이 상품을 '손에 넣으려면' 판매 기한이 끝나기 전에 사기만 하면 된다. 본질상 다른 사람과 경쟁을 벌이는 게 아니라 시간과 경쟁하는 것이다.

- 광고 메시지에 할인 판매 종료일과 할인 판매가 끝난 뒤의 정상 가격을 표시하되, 단순하고 분명하게 표현해야 한다.

- 시간제한 희소성은 기간 한정 할인, 반짝 세일, 카운트다운 타이머, 쿠폰 등 여러 가지 형태로 나타난다.

CHAPTER 7

넌 특별해
: 공급의 희소성

런던 최고의 레스토랑으로 선정된 한 식당이 있었다. 어느 주말에는 '예약 방문'만 가능한 이 레스토랑에 손님들이 예약하려고 앞다투어 전화를 걸어서, 식당에서 다 답하지 못한 부재중 통화만 116건이나 되었다. 여행 플랫폼 트립어드바이저에서는 단 하루만에 조회 수 8만 9,000회를 기록하기도 했다.[1] 후기 내용도 끝내줬다. 사람들은 예약의 어려움을 토로했지만, 음식은 극찬했다. 기다릴 가치가 아주 충분했다고 말하는 후기도 있었다. 예약 고객만 방문할 수 있는 이 레스토랑이 남다르다는 점에는 의문의 여지가 없었다. 하지만 문제가 하나 있었다. 바로 이 레스토랑이 존재하지 않는 곳이라는 점이다.

모든 일은 "가짜 레스토랑이 트립어드바이저에서 최고의 평점을 받는 레스토랑이 될 수 있을까요?"라는 질문에서 시작되었다. 우바 버틀러는 이 질문에 답하기 위해 한 가지 실험을 진행했다. 그의 말에 따르면, "가짜 후기들이 도와준 덕분에 말도 안 되는 일이 신비스럽게" 일어났다. 그러니까 질문에 답하자면, 그건 가능한 일이다. '더 쉐드 앳 덜위치The Shed at Dulwich'가 바로 이를 증명한 레스토랑이다.[2]

버틀러의 집은 사우스 런던 지역에 있는 진짜 오두막shed이었다(자기 집 주소를 레스토랑의 주소로 사용해 레스토랑의 이름이 '더 쉐드 앳 덜위치'가 되었다). 버틀러는 13달러짜리 대포 폰을 샀고, 집 주소의 도로명까지만 레스토랑의 주소로 공개했다. 버틀러는 트립어드바이저에 레스토랑을 등록했고, 웹사이트도 개발해 나갔다. 사람들의 뇌리에 남을 만한 메뉴를 만들려고, 모든 메뉴 이름을 욕망, 사랑, 공감, 관조, 위로, 행복 등 감정의 이름을 따서 지었다. 그러고 나니 메뉴 이름과 함께 게시할 음식 사진이 필요했다. 버틀러는 알약 형태로 된 표백제, 스펀지와 면도 크림 등의 소품을 이용해 먹음직스러운 요리처럼 꾸며 사진을 찍었다. 이 모든 정보를 게시하자 트립어드바이저에서 식당 소개 글 게시 요청이 승인되었다는 공식 이메일이 왔다.

처음에 런던 시내 레스토랑 중 더 쉐드 앳 덜위치의 순위는 1만 8,149위였다. 버틀러는 레스토랑의 순위를 높이기 위해서는 방문객의 후기가 필요하다는 걸 알았지만, 트립어드바이저에는 스팸 게시 글을 방지하는 기술이 있었다. 그래서 스팸 감지 기능을 피하고자, 컴퓨터 여러 대로 진짜 사람(그의 친구와 지인들)이 후기를 쓰도록 했다. 2주가 채 되지 않아 버틀러의 레스토랑 순위는 1만 위까지 올라갔다. 그러고 나니 이상한 일이 벌어졌다. 버틀러가 샀던 대포 폰을 기억하는가? 여기로 전화가 걸려오기 시작했다. 깜짝 놀란 버틀러가 전화를 받았다. 전화를 건 사람은 예약을 어떻게 해야 하는지 물었다. 버틀러는 당황한 나머지 다음 6주간 예약이 꽉 차 있다고 답하고 전화를 끊었다. 그런데 그 이후로도 레스토랑을 예약하려는 사람들이 연락을 해 전화기가 쉴 새 없이 울렸다. 4개월 뒤에 9명이 예약할 수 있는지 문의한 사람도 있었다. 전화뿐 아니라 이메일에도 예약 요청이 넘쳐나기 시작했다. 이제 더 쉐드 앳 덜위치의 순위는 1,456위로 뛰어올랐다. 고객들은 계속해서 전화와 메시지를 보내며 예약 경쟁을 펼쳤다.

그 후 버틀러는 레스토랑을 두고 서로 경쟁하는 여러 기업으로부터 무료 샘플이 든 우편물을 받기 시작했다(이들은 레스토랑 위치를 추정해야 했다). 버틀러의 고급 레스토랑 소식이 퍼지면서 방송 제작사, 홍보 담당자, 심지어 정부 자문 위원회까지 모두 버틀러와 연락하려고 애썼다. 마침내 더 쉐드 앳 덜위치 레스토랑은 런던 내 레스토랑 순위 30위로 올라섰다. 이것도 모자라, 믿을 수 없겠지만 버틀러는 가짜 레스토랑을 대중에게 공개하기로 했다.

그건 쉬운 일이 아니었다. 버틀러는 자신의 오두막과 정원을 레스토랑처럼 꾸며야 했고, 손님에게 제공할 음식을 마련해야 했다. 그래서 식당 공개일 밤에 친구 한 명을 요리를 맡아줄 요리사로 섭외했고, 1달러짜리 냉동식품으로 메뉴를 만들어냈다. 버틀러는 다른 친구들에게는 진짜 손님들이 식사하는 동안 레스토랑의 단골인 척 연기해달라고 부탁했다. 심지어 손님을 맞이할 종업원까지 데려왔다.

첫 손님 두 명이 도착했다. 런던에서 열리는 포켓몬 대회에 참석하려고 캘리포니아에서 온 커플이었다. 두 사람은 예쁘게 장식해 담은 마카로니 앤드 치즈 메뉴를 주문했다. 여성은 음식 사진을 찍으려고 휴대전화를 꺼냈지만, 카메라를 이리저리 들여다보더니 사진을 찍지 않고 휴대전화를 집어넣었다. 40분 뒤 커플은 레스토랑을 떠났고, 남성은 화가 난 듯 보였다. 가짜 레스토랑에서 1달러짜리 냉동 음식을 받은 것에 충격을 받아서가 아니라, 레스토랑 안 다른 손님이 예상치 못한 반응을 보였기 때문인 듯했다.

그날 저녁 내내 진짜 손님이 여러 테이블 다녀갔는데, 이런 일도 있었다. 진짜 손님 넷이 식당을 나가려고 자리에서 일어서는 것을 본 버틀러가 그 손님들을 레스토랑 밖으로 데리고 나가, 새로운 메뉴라 실수가 있었다는 등 여러 이유를 대며 사과했다. 그런데 버틀러가 사과하는 동안 네 명 중 하나가 끼어들더니, 우리가 이 레스토랑에 한 번 방문했으니 이제 앞으로는 예약이 좀 수월해지는 거냐고 물었다. 그들은 버틀러의 레스토랑을 다시 방문하고 싶어 했다. 버틀러는 그걸 알고 순간 말문이 막혔다. 그는 오두막으로 돌아와 친구들에게 이 소식을 전했다. 그러자 종업원 역할을 맡았던 친구도 고객이 전반적으로 훌륭한 평가를 내렸다고 전해주었다.

다소 충격적이고 우스운 이야기이긴 하지만, 벌어진 일 자체만 보면 그리 놀랍지 않다. 버틀러가 실험에 나선 이유는 가짜 레스토랑으로 트립어드바이저에서 최고의 레스토랑이 될 수 있는지 알아보려는 것이었지만, 그가 실험에 성공할 수 있었던 이유는 희소성의 원칙을 적용한 덕분이었다. 레스토랑을 고급화하고 방문하기 어렵게 만듦으로써, 고객들은 어서 방문해야 한다는 다급함을 느꼈고, 계속 끈질기게 예약을 시도하게 되었다. '예약 고객 전용'이라는 영업 모델과 예약하기가 어렵다는 후기 내용 덕분에 고객의 마음속에서 레스토랑의 가치는 더 높아졌다. 하지만 모든 고객에게 통했던 건 아니라는 점을 기억하라. 캘리포니아에서 왔던 커플은 음식의 '질'이 인상적인 수준이라고 생각하지 않았다. 그러나 레스토랑에 재방문할 수 있을지 확인하고 싶어 했던 고객도 분명 있었다.

타인의 선망과 존경, 그리고 남들과는 다른 독특함을 추구하는 사람들은 한정된 공급으로 발생하는 희소성에서 매력을 느낀다. 경제학, 사회학, 심리학에서는 희소한 대상을 소유함으로써 생겨나는 감정을 연구하는 데 몰두해왔다. 예를 들어 희소한 대상을 소유하는 것은 지위나 권력의 원천이 될 수도 있고, 자아상을 개선할 수도 있다.[3] 사람들은 보통 소유물을 통해 자신을 표현하려 하고, 타인에게 부러움과 존경을 받고 싶어 한다. 일부만 살 수 있는 전용 상품, 패스트 패션, 혹은 제한된 인원만 참석할 수 있는 행사에 많은 이들의 마음이 끌리는 이유가 이것이다. 우리는 남들과 발맞추고 싶어 하지만, 한편으로는 차별화되고 싶어 한다. 심리학계에서 이 개념은 사회 비교 이론의 범주에 속한다. 사회 비교 이론에 따르면 우리는 다른 사람과 자신을 비교함으로써 자기 가치를 규정한다. 우리는 우리가 만나는 사람의 특성을 자신의 특성과 결부시키려 한다.[4] 그래서 물질적 부와 외모를 두고 자신과 가상의 이웃을 끊임없이 비교할 때가 많다.[5] 크리스마스 시기에 누가 가장 멋지게 집을 꾸몄는지 '실제 이웃'끼리 경쟁했다는 이야기가 나오는 것도 이 때문이다.[6]

명품업체는 배타성을 잘 활용한다. 고객들에게 만약 당신이 흔하지 않은 특별한 무언가를 가진다면, 당신 또한 흔하지 않은 특별한 사람이 될 거라는 인식을 심어준다. 그 외에도 여러 기업에서 일부 대상에게 특전을 주거나, 최상위 고객만을 대상으로 하는 행사를 연다. 신용카드 회사 아메리칸 익스프레스는 최상위 고객에게만 공항 라운지 이용 서비스를 제공하고, 명품업체 구찌는 최상위 고객만 칸 영화제에 초대한다.[7] 노드스트롬 백화점도 최상위 회원 고객만 참여할 수 있는 행사를 열어 배타성의 힘을 활용한다. 이상의 모든 사례는 희소성 덕분에 가능한 일이다. 손가락 하나로 무엇이든 구할 수 있는 요즘 같은 시대에도 사람들은 여전히 자신이 다른 누구도 가지지 못한 무언가를 가졌다는 느낌을 받고 싶어 한다.

독특성 욕구에 대응하기

●

당신은 커피에 까다로운 사람인가? 카페인이 필요해서, 그리고 맛있어서 커피를 마시는 사람이 많지만, 남들과는 구별되는 커피 전문가로 보이고 싶은 마음에 일부러 흔치 않은 블렌딩 커피를 선택하는 사람들도 있다. 와인이나 수제 맥주를 고를 때도 마찬가지다. 우리는 자신이 남들과는 다른 독특한 존재라고 여기고 싶어 한다. 이런 사람이라면 공급이 제한된 상품에 특히 마음이 끌릴 것이다. 수량이 적을수록 갖고 싶은 욕망은 커진다.

지금까지 살펴본 것처럼, 한정된 공급은 상품의 형태는 물론, 소수만 접근 가능한 초대권이나 특전, 행사 혹은 서비스의 형태로 나타날 수 있다. 공급을 제한하는 방식이 왜 효과적일까? 다른 누구와도 다른 특별한 사람이 되고 싶은 이 마음을 '독특성 욕구'라고 한다. 사회심리학 이론에서는 우리가 욕망하고, 유지하고 자 하는 핵심 요소 중 하나로 이 독특성을 꼽는다.[8] 커피에 까다 로운 사람을 예로 들었던 것처럼 우리는 사회적으로 인정받기 위 해 독특성을 추구한다. 사람들이 에르메스가 한정 공급하는 버킨 백을 4만 달러에서 50만 달러를 주고서라도 기꺼이 사려 하는 것 도 이 때문이다.

독특성 욕구가 유달리 더 강한 사람도 있지만, 남들과는 차 별화되고 싶은 욕망이 사회 전반에 깔려 있는 서구에서는 특히 더 이 욕구가 강하게 나타나는 편이다. 독특성 욕구가 강한 사람 들이 고객이라면, 제한된 시간 안에 가격을 할인하는 방식보다는 특별 초대, 특별 행사, 특별 판매 방식을 활용하는 게 더 효과적일 것이다. 또한 이런 고객은 상품을 손에 넣을 수 없을 때, 그 대신 다른 인기 상품을 선택할 가능성이 적다. 독특성 욕구가 강한 고 객인지 아닌지 파악하는 게 항상 쉬운 일은 아니지만, 수많은 연 구에 따르면 과시적 소비와 관련된 상품이라면, 그게 무엇이든 희 소성을 적용했을 때 효과가 크다고 한다. 과시적 소비와 관련된 상품과 서비스는 명품, 자동차, 고급 전자제품과 서비스 등 부나 지위를 드러내기 위해 소비하는 대상이다. 가족, 친구, 지인들에 게 내가 사용하는 모습을 보여줄 수 있다는 게 이런 제품이나 서 비스의 특징이다. 할인을 하고 있다는 이유로 매장에서 매진된 기 타를 사는 건 독특성 욕구를 충족할 수 없지만, 손으로 직접 만들어 매년 한정 수량만 판매하는 기타를 사는 건 독특성 욕구를 충족할 수 있다.

대상이 꼭 과시적 소비를 위한 상품일 필요는 없다. 어느 연구에서는 사탕류를 이용해 제한된 공급으로 나타나는 희소성 효과를 확인하기도 했다. 연구 참가자들에게 사탕 수량이 제한적이라는 말을 하자, 그들은 사탕을 더 많이 먹었고, 더 사고 싶어 했다. 이런 결과가 특별히 놀라운 건 아니었지만, 참가자들이 사탕을 살 수 있다면 기꺼이 돈을 더 내겠다고 말한 건 놀라운 일이었다.[9] 우리는 이를 통해 기업이 상품 공급에 한계가 있을 때 가격을 할인해야 한다는 부담을 느끼지 않아도 된다는 걸 알 수 있다. 사실 그럴 때는 오히려 가격을 올려야 한다. 그러면 결국 기업은 판매하는 상품이 무엇이든, 더 적은 수량으로 더 많은 돈을 벌 수 있을 것이다.

제한된 공급이나 배타성에 의한 희소성을 알릴 때는 고객이 그 상품이 특별하다고 느끼게 하고, 차별성을 인지하도록 메시지를 설계한다. 그러나 이때 주의해야 할 것이 있다. 이용 가능 수량이 적은 게 높은 수요 때문이 아니라, 공급이 제한되어 있기 때문임을 명시해야 한다. 수요가 높다는 건 '배타성을 지닌 고급' 제품이 아니라 대중에게 '인기 있는' 제품이라는 뜻이다. 인기 있는 제품을 소유하는 것으로는 독특성 욕구를 충족할 수 없다. 다른 사람이 더 많이 가지고 있는 상품일수록 가치를 낮게 평가할 테니

오히려 그 반대가 될 것이다.[10]

제한된 공급은 커뮤니티를 형성하기도 한다. 성공적으로 커뮤니티를 만들어온 해리 앤드 데이비드를 예로 들어보자. 해리 앤드 데이비드는 신선한 과일과 손수 만든 선물을 판매하는 회사로 거의 100년에 가까운 역사를 지녔다. 처음에는 맛있는 배를 판매하는 것으로 유명해졌지만, 이후로는 상품군이 크게 다양해졌다. 그럼에도 이 회사의 공동체 의식은 변함이 없으며, 독특한 과일(더할 나위 없이 맛있는 포도에서부터 달콤한 복숭아까지)과 기타 미식 재료 선물을 계속 판매하고 있다. 그런데 최근에는 제품의 배타성과 제한된 공급이라는 특성 때문에, 해리 앤드 데이비드 고객 사이에서 하위 커뮤니티가 인기를 끌고 있다.

1-800플라워즈닷컴의 창업자이자 해리 앤드 데이비드의 소유자인 짐 맥캔을 처음 인터뷰했을 때, 그가 해준 이야기는 내가 희소성에 관해 깨닫게 된 바와 긴밀하게 연결되어 있었다. 배타적인 접근성을 지녔거나 제한적으로 공급되는 상품은 사람들의 관심을 끌고 욕망을 자극한다. 해리 앤드 데이비드에서 일어난 일이 바로 그랬다.

해리 앤드 데이비드는 '아티잔 셀렉트Artisan Select'라고 부르는 전국 최고의 생산업자에게서 상품을 공급받는다. 고객들도 이 점을 잘 알고 있으며 매우 좋아한다. 하지만 그중에서도 '최고 중의 최고' 품질의 상품은 이용할 수 있는 수량이 극히 제한적이었다. 유통할 만한 충분한 물량이 없다 보니, 찾는 사람이 아주 많은 회사 웹사이트에 상품 정보를 게시할 수는 없었다. 그래서 커뮤니티를 활용하자는 아이디어가 나오게 되었다. 해리 앤드 데이비드는 제과제빵류든 독특한 농산물이든 특정 상품군에 관심을 기울이고 제품을 열성적으로 구매하는 고객 커뮤니티가 여럿 있다는 사실을 알고 있었다. 회사는 이 고객 커뮤니티에 특별한 상품을 알리는 과감한 행동에 나섰다. 다음에 나오는 버터 이야기를 보면 무슨 말인지 알 수 있을 것이다.

해리 앤드 데이비드는 고객에게 이메일과 문자 알림 신청을 받아, 특별한 상품을 찾으면 연락을 취하고 관련 정보를 알려준다. 약 750만 명이나 되는 고객이 이 주간 뉴스레터를 수신하고 있으며, 고객은 여기서 관심 있는 특별 상품 목록이나 커뮤니티에 관한 정보를 얻는다. 그들은 각 커뮤니티에 가입할 수 있는 회원 수에 제한이 있다는 점도 분명히 밝힌다. 예를 들어, 이메일을 통해 특정 관심 상품에 관한 커뮤니티가 있는데, 회원 수는 최대 25명이며, 현재 11명이 가입되어 있다고 알리는 식이다. 그러고 나서 회사는 고객의 관심사를 충족하는 상품을 찾으면 이 커뮤니티에 알린다. 그중 한 커뮤니티의 고객이 구하기 힘든 버터에 관한 소식을 듣게 된 것도 이런 과정을 통해서였다.

국내 최고의 레스토랑 10곳에 납품하는 버터를 생산하는 어느 여성이 있었다. 원래는 만들 수 있는 버터의 양이 제한되어 있어서 소비자에게 직접 판매하지는 않는데, 해리 앤드 데이비드의 구매 담당자가 그녀를 설득해 품질이 특출난 이 버터를 45개 확보할 수 있었다. 해리 앤드 데이비드는 이 우수한 상품을 특별 용기에 담아 고객에게 직접 배송했다. 하지만 그들은 거기서 멈추지 않았다. 공급이 제한된 버터를 단순히 팔기만 한 게 아니라, 만든 사람의 이야기를 들려줌으로써, 고객에게 그 과정을 완전한 경험으로 만들어 선사했다. 버터를 만든 여성이 어떻게 이런 천직을 갖게 되었는지 과거 이야기부터, 국내 최고의 레스토랑 단 10곳만을 위해 버터를 만들어 가족과 근사한 삶을 사는 현재 모습까지, 버터를 만드는 곳을 담은 그림과 함께 생산자의 스토리를 알렸다. 그 결과, 고객들은 흥미와 호기심을 보였다. 버터를 살 기회를 놓친 고객도 버터를 만드는 여성의 이야기를 읽고, 다음번 한정 판매 때 버터를 살 수 있도록 대기 명단에 이름을 올려달라고 요청했다.

이처럼 같은 관심사를 가진 고객들이 모인 덕분에 해리 앤드 데이비드 고객들은 소속감을 느끼고 커뮤니티를 형성할 수 있었고, 결과적으로 고객들이 경험을 공유하면서 창조성을 발휘할 수 있었다.

수익성 관점에서는 기업의 이런 활동이 무조건 좋은 것이라고 볼 수는 없겠지만, 짐과 해리 앤드 데이비드 팀은 꼭 돈이 되지 않더라도 고객 커뮤니티와 관계를 강화하고, 구매 담당자나 고객과 함께 즐거운 일을 진행할 수 있다는 점에서 기뻐했다.

공급 제한 희소성을 활용하는 법

●

지금까지 제한된 공급이라는 특성을 활용한 몇 가지 사례를 살펴보았다. 공급 제한 희소성을 잘 이해하고 우리가 하는 일에 적용할 수 있도록 각 활용법을 좀 더 자세히 살펴보자.

초대받은 사람만 이용 가능

2020년에는 새로운 소셜미디어 클럽하우스가 등장해 화제의 중심에 섰다. 클럽하우스에 접속한 사람은 여러 방에 들어가 토론 내용을 듣거나, 직접 토론에 참여할 수 있다. 오프라 윈프리, 드레이크, 일론 머스크를 비롯해 클럽하우스에 가입한 일류 유명인들도 많았다. 클럽하우스는 무엇 때문에 그렇게 큰 인기를 끌었을까? 아무나 가입할 수 없다는 사실 때문이었다. 실제로 클럽하우스에 가입하려면 이미 회원인 누군가로부터 초대를 받아야만 했다. 문제는 회원이라고 해도 다른 사람을 무한정 초대할 수는 없다는 것이었다. 그러니 정말 그냥 아무나 초대할 수는 없었다. 클럽하우스는 이전에도 꾸준히 성장하고 있었지만, 클럽하우스에서 일론 머스크와 로빈후드 CEO 블라드 테네브Vlad Tenev가 설전을 벌인 것이 화제가 되면서 초대를 받고자 하는 수요가 늘어났다. 하지만 1인당 초대 가능한 인원수에 제한이 있었으므로 결국 이베이, 크레이그리스트, 알리바바와 같은 온라인 상거래 사이트에서 회원 초대권을 거래하는 일이 벌어졌다. 클럽하우스는 애플리케이션 출시 후 약 1년 뒤 40억 달러의 기업 가치를 인정받았다.[11]

'초대받은 사람만 가입 가능'이라는 접근법을 활용해 소비자의 관심을 끈 기업은 클럽하우스 외에도 많다. 소니는 플레이스테이션 5의 가격도 발표하기 전에 고객에게 선주문을 할 수 있는 초대장을 받으려면 미리 등록하라며 신청을 진행했다. 사람들은 아직 가격을 모르는데도 어찌 됐든 한정된 기회에 몰려들었다. 아마존에서도 스마트 반지 에코 루프, 스마트 안경 에코 프레임과 같은 제품과 명품 판매 플랫폼 럭셔리 스토어 등 초대받은 회원만 이용할 수 있는 다양한 상품과 서비스를 제공한다. 심지어 브랜딩 에이전시 중에도 이러한 접근법을 택한 곳이 있다. 이 회사의 고객이 되어 이야기를 나누려면 반드시 초대를 받아야 한다. 회사의 웹사이트도 초대받은 행운아만 접속 가능하다.

'초대받은 사람만 이용 가능하다'는 건 어떤 대상의 공급이 제한적이고 배타적이라는 뜻이다. 우리가 이미 아는 내용을 바탕으로 생각해보면, 초대장의 가치는 결과적으로 골든 티켓처럼 높아질 게 분명하다. 기업에서는 이런 방식을 다양하게 활용할 수 있다. 몇 가지만 예로 들면 초대받은 사람만 신상품 혹은 특별 상품을 이용하게 한다거나, 그들을 대상으로 제품을 조기 출시하거나, 브랜드 커뮤니티를 만들어주거나, 구매 대기 명단에 올리는 등의 방법이 있다.

회원을 가려 받는 배타적 모임

기업은 수량이 한정된 재화가 없더라도, 초대 가능한 수를 제한하는 것과 비슷하게, 회원을 가려 받는 배타적 모임을 만들어 제한된 공급이 지닌 영향력을 이용할 수 있다. 배타적인 모임은 참석자 수를 제한하는 행사 혹은 엄격한 회원 가입 기준을 따라야 하는 인맥 모임 등의 형태로 이루어진다. 이러한 접근법은 독특성(남다름)을 원하는 고객의 마음에 들 것이다. 일라이언시즈Eliances를 예로 살펴보자.

일라이언시즈는 고위 사업가와 기업인으로 구성된 세계적인 조직으로, 2013년 창립 이후 영향력이 매우 커졌다. 일라이언시즈는 '사업가 연합' 커뮤니티를 제공하는 유일한 조직이며, 회원들에게 여러 경험을 선사한다. 매주 '하이브리드(온라인과 오프라인 동시 진행)' 방식으로 열리는 행사가 그 예다. 이 행사의 참석자는 각자 주어진 시간 60초 동안 일라이언시즈 3G 방법론 'Got, Give and Get'을 활용해 자신을 알린다. 이렇게 정해진 형식에 따라 회원들은 서로 연결되고 이어진다. 초대받은 사람만 참여할 수 있는 이 행사는 매주 만석이다. 이번 주 행사에 참석한 사람이 다음 주 행사에도 초대장을 받을 수 있다는 보장은 없다. 누가 다시 참여해도 될지는 커뮤니티에서 결정하기 때문이다.

일라이언시즈가 기하급수적으로 성장한 건 우연이 아니었다. 일라이언시즈의 창립자 데이비드 코건은 이런 '엘리트 커뮤니티'를 시작하기 전, 하버드를 포함한 아이비리그 대학의 모델을 자세히 연구했다고 설명했다. 그러고 나서 데이비드는 누구나 가고 싶어 하는 이런 학교의 명성이 부분적으로는 배타성에서 기인한다는 점을 깨달았다. 예를 들어 하버드대학교는 아무나 입학할 수 없는 곳이며(배타성), 이곳에서 입학 허가(초대)를 받았을 때는 빨리 참석 여부를 회신하는 게 좋다.

데이비드는 이런 모델을 일라이언시즈에 적용했다. 일라이언시즈에서 주최하는 행사에 참여하려면 다른 회원으로부터 초대를 받아야 한다. 회원이 되기 위해서는 가입 초대장을 받아야 하고, 초대장은 커뮤니티 피드백을 거치고, 자문 위원회가 모여 승인한 뒤에야 발행된다. 하버드대학교와 마찬가지로, 일라이언시즈에서 가입 초대장을 받은 후에는 정해진 기한까지 가입 여부를 답해야 한다. 응답 기한을 놓치면 다시는 가입 기회가 주어지지 않는다. 데이비드에 따르면 가입 초대장을 받고 가입할 것인지 말 것인지 생각할 시간이 더 필요한 사람이라면 일라이언시즈와 맞지 않는다고 한다. 데이비드는 이렇게 가입 초대장을 보내는 방식이 일라이언시즈 커뮤니티의 문화에서 나온 것이라고 본다. 일라이언시즈가 주최하는 행사마다 매번 사람들은 어느 정도 흥분하며 기대한다. 행사에 참여하고 싶어서 그런 것도 있지만, 사람들은 자신에게 아무나 가질 수 없는 회원권이 있다는 사실 자체 때문에 그리고 백만장자, 억만장자, 유명인, 사업가, 정치인, 운동선수, 창립자, CEO, 인플루언서, 발명가, 작가, 투자자, 강연가 등을 만날 기회를 얻었다는 점 때문에 더욱 기대한다.

행사 장소에 최대 수용 인원이 정해져 있으니, 매주 열리는 행사에 참석자 수 제한이 있는 건 당연한 일이다. 물리적으로 자리의 수가 제한되어 있는 데다가, 참석자들에게 각 60초씩 발표 시간이 주어지니, 두 시간 동안 함께 회의를 할 사람의 수도 한정된다. 자연스럽게 희소성이 나타나는 것이다. 참석자 수를 제한하는 건 속임수나 마케팅 전략이 아니다. 데이비드는 지금까지 500회 이상의 행사가 진행되었는데, 일라이언시즈 커뮤니티의 인기 덕분에 전부 만석을 이루었다고 말했다.

초대받은 참석자들은 행사 전 좌석 예약하는 법을 비롯한 행사의 세부 사항을 알려주는 일련의 이메일을 받는다. 이메일마다 제목란에는 '초대받은 참석자 전용' 행사라고 쓰여 있으며, 지금 좌석을 예약하라는 안내 메시지가 들어 있다. 행사일이 다가오면 이용 가능한 좌석의 종류(온라인 전용인지 아니면 대면인지)를 분명하게 알려준다. 이러한 이메일은 초대받은 참석자들에게 다가올 모임의 내용을 알려주기 위한 것이지만, 동시에 다급한 마음도 들게 한다. 각 행사에는 초대받은 사람만 참석할 수 있는데, 좌석이 금방 동나기 때문에 빨리 움직여야 한다. 참석자들은 그렇지 않으면 기회를 놓칠 것임을 알고 있다.

그렇다고 일라이언시즈가 인위적으로 희소성을 인식하게 하려고 이메일을 활용하는 건 아니다. 데이비드는 이메일을 보내는 의도는 고객을 교육하려는 것이라고 설명했다. "우리가 고객에게 제한 사항을 가르쳐주지 않으면 그들은 우리가 제공하는 것을 가질 수 없습니다. 그러면 기분이 상하겠지요." 일라이언시즈가 초대받은 사람들에게 행사에 제한이 있다고 알리려는 이유는 진짜로 참석자가 놀랄 일을 미리 막기 위함이었다. 이렇게 알린 결과, 참석자들은 기회를 놓치지 않으려고 한참 전에 다음 행사의 좌석을 예약했다. 또한 좌석 수가 제한되어 있다 보니 가장 비싼 좌석이 가장 먼저 다 팔린다고 한다.

이러한 배타성이 일라이언시즈 커뮤니티를 성장시켰다. 그러나 기본적으로 커뮤니티가 지속될 수 있었던 건 그들이 회원에게 제공한 가치 때문이다.

제한된 공급

브랜드는 공급을 제한하면 많은 사람이 같은 물건을 가질 확률이 낮아지고, 그에 따라 희소한 물건을 손에 넣은 고객이 특별해진

200

느낌을 받는다(그리고 돈을 더 내고도 사려 한다)는 점을 알고 있다.

슈프림은 1994년 시작된 스트리트 패션 브랜드로, 스케이트보드 티셔츠와 모자, 스웨트셔츠 및 기타 의류를 판매한다. 이 회사는 공급의 희소성을 활용해 브랜드 팬층의 독특성 욕구에 부응함으로써 성공을 거두었다. 슈프림은 한 번에 출시하는 상품의 수량을 제한해, 아무나 입지 못하는 멋진 옷이라는 이미지를 만들 수 있었다. 슈프림은 '주류' 브랜드를 원하지 않는 10~20대 사이에서 큰 인기를 얻었다.

일부 브랜드에서는 상품의 이용 가능성을 제한하기 위해 유통 경로를 의도적으로 한정하기도 한다. 1990년대에 크리스챤 디올은 자사의 상품을 판매한다는 이유로 여러 슈퍼마켓을 고소했다. 크리스챤 디올의 상품을 누구나 구할 수 있게 되면, 회사에 해가 될 가능성이 있다고 여겼기 때문이다.[12] 당시 재판이 진행되는 동안 지방시의 대표이사 피터 노먼이 슈퍼마켓에서 고급 향수를 파는 게 왜 문제가 되는지 설명했다. "향수 쇼핑은 동경의 대상이 되는 기분 좋은 일이어야 합니다. 저희 상품을 채소 사이에 진열하고 가격을 후려쳐 팔면 상품에 대한 만족도가 떨어집니다."[13] 달걀, 우유, 채소가 든 장바구니에 크리스챤 디올 향수를 같이 담는 건 배타성과는 거리가 멀다. 고급 브랜드 회사는 상품의 이용 가능성을 통제하려는 싸움을 계속하고 있다.

몇몇 기업의 경우, 의도적으로 공급을 제한하는 이러한 고급 브랜드 전략을 따르는 것이 효과적일 수 있다. 슈프림처럼 한 번에 소량만 생산하거나 크리스챤 디올처럼 유통 경로를 제한할 수도 있다. 이런 방식으로 소비자 직접 판매direct-to-consumer, D2C에 집중함으로써 공급과 유통 경로를 제한하는 환경을 조성하는 것도 가능하다.

온라인에서 유통 경로를 통제하려는 싸움

아무나 범접할 수 없는 고급스럽고 희귀한 브랜드라는 인상을 주려고 애쓰는 회사라면 어느 곳이든 과거와는 다른 방식으로 공급을 제한하려는 싸움을 벌이고 있다. 인터넷의 발달 때문이다.

온라인 시장 덕분에 우리는 그게 무엇이든 원하는 물건을, 원하는 때에 살 수 있게 되었다. 하지만 이렇게 소비자 접근성이 커지자, 동시에 공급망 내에서 비공인 리셀러나 비공식 유통업체가 물건을 판매하는 회색시장에서의 거래도 증가했다. 회색시장에서의 거래 때문에 브랜드가 지닌 범접할 수 없는 분위기가 손상될 수 있으므로, 이에 맞서기 위해 소비자 직접 판매를 활성화하는 데 더욱 집중적인 노력을 기울이는 기업이 많다. 예를 들어 주방 가전 브랜드인 키친에이드나 화장품 브랜드 어반디케이, MAC은 전부 소비자 직접 거래를 늘리고, 고객이 원하는 상품을 본사로부터 직접 받을 수 있도록 회사 웹사이트를 통한 판매에 상당한 노력을 쏟는다.

또 다른 좋은 사례로 가전제품 제조업체 다이슨을 꼽을 수 있다. 다이슨은 제품의 유통을 통제해, 고객이 다이슨 웹사이트를 통해 제품을 직접 구매하도록 관심을 끈다. 다이슨 웹사이트에서는 가격 비교 매칭과 후불 결제 서비스를 비롯해 소비자가 관심을 가질 만한 기타 서비스를 제공한다.[14] 또한 여러 기업에서 비공인 판매자와 유통업체를 식별하기 위해 인공 지능이나 자동화와 같은 현대 기술에 투자하고 있다. 이런 기술을 활용하면 상품 사진, 제품 설명, 광고 내에서 일관성이 떨어지는 부분을 포착할 수 있다.[15] 기업은 유통 경로를 통제함으로써 상품의 이용 가능성, 그리고 인식된 희소성, 즉 자사 제품의 배타성을 통제할 수 있다.

서비스 부문에도 비슷한 방식을 적용할 수 있다. 내 친구 그레이스의 이야기는 고객 수를 줄이는 것이 어떻게 효과적인 사업 모델이 되는지 알려주는 좋은 예다. 그레이스는 디지털 마케팅 업계에서 다양한 회사에 몸담으며 수년간 일했다. 그러다 회사를 그만두고 직접 소셜미디어 마케팅 사업을 시작하기로 마음먹었는데, 신규 고객을 어떻게 유치해야 할지 걱정이 앞섰다. 그레이스는 사업을 크게 확장할 생각은 없었다. 그보다는 아주 소수의 고객만 관리하는 1인 기업가로 남고 싶었다.

그레이스는 몇 주 동안 지역 내 사업체 커뮤니티에서 인맥을 관리했고, 차츰 고객이 생기기 시작했다. 그렇게 얻은 고객에게 좋은 결과를 가져다주자, 마침내 그레이스의 일솜씨는 입소문을 탔고, 점점 그레이스를 추천하는 사람이 늘었다. 그때 그레이스의 서비스를 받으려는 수요를 매우 증가시킨 일이 발생했다.

그레이스는 누군가의 추천으로 그녀에게 일을 의뢰하려는 잠재고객과 회의를 하고 있었는데, 회의 중에 자신은 컨설턴트이 며, 큰 회사에서 일하는 게 아니라서 한 번에 의뢰받을 수 있는 고 객의 수가 적다고 이야기했다. 그레이스는 자기도 모르는 사이에 의도치 않게 공급(상품이 아니라 시간)에 제한이 있다는 점을 유리 한 방향으로 활용했다. 그러려던 것은 아니었지만, 그레이스는 희 소성을 전달함으로써 우연히 그녀가 '작업하고 싶었던' 프로젝트 의 계약을 따내는 데 도움이 되는 전략을 썼다.

그레이스의 사례는 서비스 부문에서 일하는 자영업자, 컨설 턴트, 영업 사원이 참고할 만한 이야기다. 서비스산업에서 '시간' 이란 당연히 제한된 대상이며, 고객에게 현재 서비스 이용 가능 여부나 그 기준을 전달하는 건 매출을 늘리는 데 큰 도움이 될 수 있다.

짧은 상품 교체 주기

몇몇 기업은 상품의 교체 주기를 짧게 줄이고 공급을 제한한다. 이러한 기업들은 소규모 제품 컬렉션을 자주 출시하고, 제품 수명

주기를 줄인다. 이 방법을 사용하면 고객의 독특성 욕구에 부응할 수 있다. 상품의 짧은 교체 주기를 판매에 활용하는 기업의 가장 좋은 예는 패스트 패션 회사인 자라일 것이다.

자라는 패션 유통업체에서 일반적으로 사용하는 두 계절 모델을 따르지 않고, 1년에 20개나 되는 패션 시즌을 만들어냈다. 자라는 고객의 요구에 따라 상품을 재빨리 공급한다. 다른 패션 브랜드에서는 신상품을 생산해 매장까지 배송하는 데 평균 6개월이 걸리지만, 자라는 이 시간을 3주 미만으로 대폭 줄였다. 경쟁 업체가 생산할 수 있는 제품이 2,000~4,000개에 불과한 데 비해, 평상시 자라가 생산할 수 있는 제품의 수는 약 1만 1,000개나 된다. 그런데 이보다 더 흥미로운 사실은 자라가 매장에서 정기적으로 제품 구성을 순환시킨다는 점이다.[16] 대부분의 유통업체에서는 기본적으로 상품의 이용 가능성을 중요하게 생각하지만, 자라는 정반대로 접근해, 상품의 교체 주기를 짧게 줄이고 공급을 제한함으로써 상품의 이용 가능성을 의도적으로 제한한다.[17] 특정 사이즈가 다 팔리면 전체 사이즈가 다시 갖춰질 때까지 해당 제품을 매대에서 치우고 매장 안쪽 공간에 보관하는 게 회사의 정책이다. 자라는 제품 주기가 짧아서 대개 사이즈도 빨리 동난다. 만일 해당 제품의 생산이 끝난 상태라면 나중에 재고 정리 세일을 할 때까지 매장 안쪽 공간에 계속 보관한다. 혹은 매우 인기 있는 제품이라면 창고로 이동시켰다가 그 제품이 가장 많이 팔리는

지점으로 보낸다.[18]

이처럼 상품의 교체 주기가 짧고, 재고를 매장 안쪽 공간으로 옮겨두기도 하며, 제한된 공급으로 제품의 회전율도 빠르다 보니, 소비자들의 머릿속에 제품이 희소하다는 인식이 자리 잡았다. 자라의 주 고객층은 비싸지 않은 가격에 최신 유행하는 옷을 사고 싶은 젊은 층이다. 이들은 자라 매장의 상품 구성이 바뀐다는 걸 알기 때문에 매장을 자주 방문한다. 또한 다음에 왔을 때 없어질지도 모르니, 마음에 드는 옷이 있으면 바로 사는 게 낫다는 것도 안다. 이런 판매 방식의 또 다른 흥미로운 측면은 소비자의 독특성 욕구를 충족한다는 점이다. 상품 공급이 매우 제한되어 있으므로, 인기 있는 옷을 입어 다른 사람들과 같아질 것이라는 우려가 줄어든다.

물론 패스트 패션 회사가 아니라 해도 이 전략으로 효과를 볼 수 있다. 슈퍼마켓에서는 특정 상품이나 브랜드 제품을 특별 구성해 구매 가능성을 제한할 수 있다. 또한 기업에서 팝업스토어를 여는 방법도 있다. 팝업스토어는 소비자에게 오늘 본 제품이 내일이면 없을 거라는 생각을 하게 한다. 심지어 동네 농산물 직판장의 상인도 이런 심리를 활용해 이익을 얻을 수 있다. 농산물의 본질상 상품은 제한되어 있고, 항상 살 수 있는 게 아니기 때문이다.[19]

누구나 할 수 없는 특별한 경험

특별한 경험을 선사하는 것은 공급의 희소성을 효과적으로 활용한 또 다른 형태이며, 기업에서 쉽게 실행할 수 있는 방법이다. 우리 동네 수족관을 예로 들어보자. 이 수족관은 애리조나주에서 규모가 가장 크다(약 760만 L 이상의 물이 있다… 사막 한가운데에!).[20] 우리 아들이 초등학교에 다니던 시절, 아들은 펭귄에 흠뻑 빠져 있었다. 방의 장식은 물론, 펭귄 인형, 펭귄 도시락 가방, 펭귄 티셔츠 등 모든 물품이 펭귄으로 가득했다.

그즈음 아들은 학교에서 이 수족관으로 견학을 갔고, 나는 자원봉사 차원에서 학부모 인솔자를 맡아 견학에 따라갔다. 우리는 수족관을 걸어 다니며 여러 해양 동물을 감탄하며 바라보았다. 그때 '펭귄 만나기' 체험 행사가 있다는 안내 표지판이 나왔다. 펭귄과 함께 놀 수 있는 체험 행사로, 45분 동안 '아프리카 펭귄을 가까이서 직접 만날' 수 있었다.[21] 나는 집에 돌아오자마자 예약을 하려고 수족관 웹사이트에 접속했다. 펭귄 만나기 체험 비용은 입장권과 별도였다. 양쪽 비용을 합하니 상당히 비쌌다. 구매 결정이 조금 망설여지기 시작했다. 하지만 우리 아들이 펭귄을 그렇게 좋아하는데 어떻게 이런 특별한 기회를 놓칠 수가 있을까?

수족관 웹사이트는 이 점을 잘 활용해 펭귄 만나기 체험 행사가 특별하고 제한된 기회라는 점을 분명히 강조했고, 행사 시간대마다 정해진 숫자의 방문객만 참여할 수 있다는 점도 확실하게 표시했다. 자리를 맡고 싶으면 바로 지금 예약하라는 안내 메시지도 나왔다. '지금 예약' 버튼을 누르자 이 행사의 배타성을 한층 확실히 알 수 있었다. 가까운 날짜의 자리는 전부 다 차서 훨씬 뒤의 날짜로 예약해야 했기 때문이다. 펭귄 만나기 체험은 그만한 가치가 있었을까? 있었다. 우리 아들은 펭귄처럼 차려입고 펭귄을 만나러 갔다. 그보다 더 특별한 일이 있을까 싶다.

수족관 이야기는 기업이 만든 특별한 경험을 보여주는 하나의 예에 불과하다. 엠앤엠즈M&M's는 바삭한 식감의 신제품을 출시하기로 했을 때, 뉴욕시에 몰입형 팝업스토어를 열었다. 팝업스토어에서 고객들은 출시 후보작인 라즈베리, 에스프레소, 민트 맛의 바삭한 엠앤엠즈 초콜릿을 맛볼 수 있었다.[22] 특정 맛 고유의 향과 관련 장식으로 꾸며놓은 '플레이버 룸'도 있었다. 스낵과 음료를 즐길 수 있는 라운지에는 엠앤엠즈를 주제로 한 칵테일까지 있었다.[23] 엠앤엠즈는 새로운 맛을 고르는 일에 왜 이렇게까지 한 걸까? 팝업스토어를 열었을 당시, 엠앤엠즈를 생산하는 회사 마스Mars의 초콜릿 부문 담당이었던 타냐 버먼 부사장은 이렇게 말했다. "팝업스토어 행사를 연 건 엠앤엠즈의 팬들이 새로운 맛을 만들어내는 과정에 참여하는 걸 좋아하기 때문이었습니다. 저희는 항상 팬들로부터 아이디어를 얻습니다. 소셜미디어나 인터넷, 어디에 있는 의견이든지요. 심지어 회사로 편지를 보내는 팬들도 있습니다. 그들은 엠앤엠즈의 다양한 제품과 맛을 좋아하거든

요." 그렇게 팬들은 팝업스토어에서 새로운 맛으로 민트를 선택해 자신들의 의견을 전했다.[24]

엠앤엠즈에서 정말 창의적인 행사를 진행했던 것처럼 어느 업계의 어떤 회사라도 특별한 경험을 할 수 있는 행사를 기획해 고객에게 브랜드와 소통할 기회를 제공할 수 있다.

VIP, 특별 회원 자격

어떤 모임이든 그 구조상 'VIPvery important person'로 선정되면, 특별 회원 자격이 생긴다. 영부인 메리 토드 링컨은 1862년 선택받은 일부만 백악관에서 열리는 저녁 무도회에 참석하게 함으로써, 워싱턴 사교계에 일종의 VIP 자격을 만들었다.[25] 이로써 무도회는 사교계 인사들의 마음을 한층 더 끌게 되었다.

VIP 회원권은 공급 관련 희소성의 범주에 속한다. 이러한 회원권은 제한된 수만큼만 발행되며, 구매를 많이 하는 최상위 고객이 되거나 프리미엄 비용을 낼 의사가 있어야 얻을 수 있는 경우가 많다. 여행, 관광, 엔터테인먼트 업계에서는 전부 VIP 회원 제도를 시행한다. 메리어트 본보이의 '라이프타임 엘리트Lifetime Elite' 회원 제도를 생각해보라. 메리어트 호텔에서 정해진 날짜만큼 숙박하면 체크아웃 시간 연장이나 객실 업그레이드와 같은 특별 혜택을 받을 수 있다. 호텔에서 더 많이 숙박하고 더 많은 금액을 사용할수록 더 높은 단계의 회원 자격을 얻는다.

VIP 회원이 되면 고급 모임에 속한 기분이 들고, 회원권 프로그램에서 낮은 단계에 있는 사람들과 자신을 차별화하기 시작한다. 회원권 프로그램은 회원권을 가진 사람을 엘리트 혹은 심지어 희귀한 존재로 보이게 만드는 효과가 있다. 그러면 희소성에 대한 인식이 더 강해지고, 사람들은 회원권을 탐내게 된다. VIP 회원권 제도를 마련하거나 회원을 단계별로 나누는 방식은 기업에 이익을 가져다준다. 소비자들이 더 높은 단계의 회원 자격을 얻기 위해 기꺼이 추가 비용을 쓰기 때문이다.[26] VIP 회원이라고 해서 다른 회원과 비교해 엄청나게 다른 서비스를 받는 것도 아닌데도 그렇다. 결국 그들이 돈을 내는 이유는 남들과는 다르다는 배타성을 얻기 위한 것이다.

◆ ◆ ◆

한정판 상품도 공급 제한 희소성의 한 형태다. 매우 보편적이고 효과적인 방식이므로 다음 장 전체에 걸쳐 한정판에 관해 살펴보기로 한다.

- 타인의 선망과 존경, 그리고 남들과는 다른 독특함을 추구하는
  사람들은 한정된 공급으로 발생하는 희소성에 매력을 느낀다.
- 한정된 공급은 상품의 형태는 물론, 소수만 접근할 수 있는
  초대권이나 특전, 행사 혹은 서비스의 형태로 나타날 수 있다.
- 고객에게 공급 관련 희소성 메시지를 전달할 때는 이용 가능한
  수량이 적은 게 높은 수요 때문이 아니라, 공급이 제한되어
  있기 때문임을 명시해야 한다.

CHAPTER 8

물량 소진 시까지만 판매!
: 한정판의 법칙

하룻밤 잠을 푹 잘 수 있다면 얼마의 돈을 내겠는가? 이 질문에 17만 5,000달러를 내겠다고 답하는 사람들도 있다. 2013년 영국의 매트리스 제조회사 사보이어 침대는 17만 5,000달러라는 엄청난 가격에 한정판 상품 '로열 침대'를 출시했다.[1] 이 매트리스를 하나 만드는 데 700시간 이상의 노동력이 들어간다. 가격을 보면 매트리스를 금으로 만든 게 아닐까 싶을 것이다. 매트리스를 금가루로 채운 건 아니지만, 그 안에는 구불구불한 라틴아메리카산 말총 묶음(말총은 습기를 흡수하고, 체온을 조절하며, 스프링과 같은 탄력을 제공하는 자연 소재로 사용된다), 순수 몽골리안 캐시미어, 특별한 방식으로 짠 실크(길게 이으면 실의 길이는 약 2,575km에 달한다)가

들어 있다.[2] 장인들은 캐시미어와 말총을 넓게 펼친 뒤 빗질하며 침대 하나에 어느 정도의 양이 필요할지 계산해서 만들어야 했다. 로열 침대 매트리스는 단 60개만 생산되었다.

당시 사보이어 침대의 대표이사였던 앨리스테어 휴즈Alistair Hughes는 이 매트리스가 일반 대중을 대상으로 하는 상품이 아니라는 점을 인정했다. 어떻게 그 가격의 침대가 일반인을 위한 것이겠는가? "엄청난 가격이라는 건 누구도 부정할 수 없습니다. 하지만 1박에 1만 달러인 프레지덴셜 스위트룸에 묵거나 엄청나게 비싼 차를 운전하는 그런 사람들은 이 침대를 매우 마음에 들어 할 수 있어요." 잡지《타임》에 실린 휴즈 대표의 말이다.

로열 침대는 의심할 여지없이 소수의 사람만 감당할 수 있는 최상의 제품이었다. 또한 한정판 상품의 전형적인 사례이기도 했다. 앞서 살펴본 바와 같이 사람들은 언제나 희소한 상품이 품질과 가치가 더 뛰어나다고 여긴다. 한정판 상품은 공급 관련 희소성의 한 종류지만, 매우 보편적이고 효과적인 방법이므로, 한 장전체에 걸쳐 살펴보아야 마땅할 것이다.

한정판 상품은 의도적으로 상품의 공급을 제한해, 고객의 배타성 욕구를 충족시키기 위해 만들어진 제품이다. 수요와 관련한 희소성, 즉 상품의 인기가 높아 희소해지는 것과 달리, 한정판 상품은 제한된 수량만 생산해 희소성이 나타나는 경우다. 보통은 일반 상품을 약간 변형한 형태로 출시한다.

스타벅스에서 내놓았던 유니콘 프라푸치노를 기억하는가? 이 음료는 정해진 기간에만 판매되었을 뿐 아니라, 한정판 제품이 기도 했다. 유니콘 프라푸치노에는 블렌디드 크림, 핑크 파우더, 망고 시럽, 새콤한 블루 드리즐이 들어가며, 물론 맨 위에는 바닐라 휘핑크림이 올라간다.

음료 이름에 신화 속 동물의 이름이 붙은 것처럼, 유니콘 프라푸치노에 들어가는 블렌디드 크림에는 약간의 마법이 섞여 있다. 처음에는 파란색 소용돌이무늬가 들어간 보라색 음료로 보이고, 마시면 달콤한 과일 맛이 나지만, 음료를 저으면 분홍색으로 변하면서 톡 쏘는 새콤한 맛으로 변한다. 더 많이 저으면 저을수록 음료의 색깔과 맛도 더 많이 변한다.

스타벅스가 내놓은 신제품 소개 글이다.[3] '약간의 마법'을 원하지 않는 사람이 어디 있겠는가?

유니콘 프라푸치노는 2017년 유니콘 디자인이 다시 최신 유행으로 자리 잡은 시기에 출시되었다. 그런데 특별한 점은 2017년 4월 19일부터 23일까지 행사에 참여하는 매장에서만, 거기서도 물량이 남아 있을 때까지만 살 수 있었다는 것이다. 그 결과 구하기 힘든 유니콘 음료에 열광한 소비자들이 미국 전역에서 스타벅스 매장으로 떼를 지어 몰려들었다. 신문 《USA 투데이》에는 "스타벅스 유니콘 프라푸치노에 흥분한 사람들"이라는 제목의 기사가 실렸다. 그렇다, 사람들은 진짜 흥분한 상태였다. 각종 소셜미디어 게시물은 유니콘 프라푸치노 사진으로 도배되었다.

유니콘 프라푸치노가 출시되었던 그 주를 아직도 기억한다. 그때 나는 대학에서 마케팅 수업을 하고 있었는데, 수업이 시작되기 전 한 학생이 내게 유니콘 프라푸치노를 마셔보았는지 물었다. 나는 아마 이런 식으로 대답했던 것 같다. "무슨 프라푸치노라고?" 그러자 다른 두 학생이 바로 대화에 끼어들어 활기차게 유니콘 프라푸치노에 관해 설명해주었다. 한 여학생은 휴대전화를 꺼내 인스타그램을 열고 유니콘 프라푸치노를 마셨던 친구들이 남긴 게시 글을 찾아 사진도 보여주었다. 다양한 배경으로 찍힌 알록달록한 음료의 사진이 쭉 나열되어 있었다. 달콤한 맛의 유니콘 프라푸치노가 판매되는 동안 인스타그램에는 15만 5,000개에 가까운 글이 게시되었고, 그 글을 보고 많은 사람이 음료가 매진되기 전 동네 스타벅스를 찾았다.[4] 그런데 유니콘 프라푸치노는 스타벅스의 순이익에 그보다 더 큰 영향을 주었다. 전기와 비교했을 때 스타벅스 매장의 총 달러 매출액이 증가했으니 말이다.[5]

◆ ◆ ◆

로열 침대나 유니콘 프라푸치노와 같은 한정판 상품을 구매하는 심리의 바탕에는 희소한 제품을 사용하면 자기를 남들과 다른 존재로 차별화할 수 있을 거라는 생각이 깔려 있다. 한정판 상품은 본질상 희소하다. 상품의 수량과 구매할 수 있는 기간, 양쪽이 모두 상당히 제한되어 있기 때문이다. 한정판 상품은 타인과 차별화되기 원하는 사람, 그리고 상품을 자기를 표현하는 하나의 도구로 보는 사람들의 관심을 끈다. 사보이어 침대의 대표이사가 한마디로 설명했듯이 로열 침대는 모든 사람을 위한 상품이 아니었다. 억대 매트리스에 투자할 돈과 그럴 욕구가 있는 선택 집단만을 위한 상품이었다.

한정판 상품은 특별한 포장, 독특한 디자인, 제품 라인 확장, 특별 컬렉션부터 묶음 상품에 이르기까지 여러 가지 형태로 나타난다(유니콘 프라푸치노는 제품 라인 확장의 사례다).

미국의 와이너리 코벨 샴페인 셀라Korbel Champagne Cellars는 상품 포장을 활용해 한정판을 만든다. 2015년 코벨 샴페인 셀라에서는 밸런타인데이를 기념해 한정판 코벨 브뤼 로제 샴페인을 출시했다. 내용물이 바뀐 건 아니었고, 병의 외관만 새로이 꾸몄다. 샴페인 병의 라벨에는 빨간 입술 무늬를 넣고, 병 맨 윗부분의 은박지는 검정 레이스처럼 보이게 장식했다.[6] 이 상품이 성공을 거둔 후 코벨은 계속해서 밸런타인데이에 새로운 한정판 제품을 출시했다.

기업에서 독특한 디자인을 적용해 한정판 제품을 개발한 사례는 아주 많다. 야마하(한정판 피아노), BMW(7시리즈의 40주년을 기념하는 특별판 모델), 그리고 코카콜라의 연말 기념 포장이 여기에 속한다. 명품 브랜드가 특히 독특한 디자인을 사용해서 이익을 내는 편인데, 다음에 소개하는 고급 시계 브랜드 파네라이가 그 예다.

희소성의 힘을 보여주는 파네라이 시계

●

1860년, 지오반니 파네라이Giovanni Panerai는 이탈리아 피렌체의 폰테 알레 그라치에에 첫 시계 매장을 열었다. 하지만 이 시계 회사는 100년 이상이 흐른 뒤에야 희소성의 힘을 직접 경험할 수 있었다.

가족끼리 운영하는 조그만 상점으로 시작한 파네라이는 원래 품질 좋은 회중시계를 전문으로 생산했다. 그러다 사업을 확장했고, 마침내 정밀한 기술로 시계를 생산해 이탈리아 왕립 해군에 납품하기 시작했다.[7] 파네라이는 라듐 소재의 가루를 시계에 뿌리자 시계가 어둠 속에서도 빛이 나는 것을 발견하고, 이 기술을 시계에 적용시켰다. 이는 이탈리아 해군 잠수 특공대에게 엄청나게 도움이 되는 기능이었다. 파네라이는 이 라듐 혼합 재료에 라디오미르Radiomir라는 이름을 붙이고, 특허를 등록했다. 라디오

미르는 파네라이가 처음 출시한 손목시계 모델의 이름이 되기도 했다.

수년 동안 파네라이는 티타늄 시계 케이스와 튼튼한 시곗줄을 만들고, 루미노르Luminor라는 상표를 붙인 또 다른 라듐 물질을 개발하는 등 시계에 새로운 혁신을 일으켰다.[8] 1993년에 파네라이는 일반 소비자 시계 시장에 진입하기로 하고, 한정판 제품을 포함한 세 가지 컬렉션을 출시했다(44mm 루미노르, 루미노르 마리나, 그리고 42mm 마레 노스트럼 크로노그래프). 이 특별판 제품들은 이탈리아 해군 잠수 특공대를 위해 만들었던 역사적인 시계 모델에서 영감을 받아 제작된 것이다. 파네라이는 1993년 9월 10일, 라 스페치아 군항에 있는 이탈리아 해군 순양함 두란드 데 라 펜네 선상에서 제품을 공개했다.[9] 시계를 공개하는 행사에는 당시 이탈리아 해군 잠수 특공대의 최고 책임자가 참석했다. 그로부터 2년 뒤 배우 실베스터 스탤론이 영화 〈데이라잇〉에서 파네라이 시계를 차고 출연한 다음, 소비자의 수요가 빠르게 늘어났다. 1997년에는 방돔그룹(지금의 리치몬트그룹)이 파네라이를 인수해 글로벌 브랜드로 성장시켰다.[10]

파네라이는 1993년 민간 시장에 진출한 이래 계속 한정판 제품 전략을 사용했다. 구매 가능한 기본 시계 모델은 변하지 않지만, 매년 새로운 특징이 가미된 제품이 출시된다. 수십 년 동안 시장에서 사라졌던 역사적인 모델이 업데이트된 후 다시 출시되기도 한다. 한 번에 250개에서 2,000개 정도로, 모델에 따라 출시되는 제품의 수량이 한정되어 있다.[11] 파네라이는 한정판 전략에서 한 단계 더 나아가, 고객의 수요와 기대감을 증폭시키는 특별한 방식을 사용했다. 바로 제품이 출시되기 훨씬 전에 새 모델을 공개하는 것이다. 파네라이는 보통 연초에 제품 모델을 공개한 뒤 출시는 나중에 한다. 그동안 기대감이 계속 커져서, 나만 살 기회를 놓치지 않을까 하는 두려움에 출시된 후 가능한 한 빨리 구매하는 게 팬들 사이에서 흔한 일이 되었다. 이러한 수요가 거의 20년 이상 지속되고 있다.

심지어 파네라이에 열광하는 팬과 수집가들이 자신이 수집한 시계를 공유하는 커뮤니티 사이트 '파네리스티Paneristi.com'까지 생겨났다. 2000년에 시작된 이 웹사이트에서 사람들은 파네라이 제품과 관련된 이야기를 나눈다. '오늘은 무슨 시계를 차고 있나요?'라는 주제로 이야기를 나눈 적도 있었다. 팬을 위한 비공개 페이스북 그룹도 있는데, 회원 수가 2만 3,000명이 넘는다(2021년 8월 기준). 이러한 커뮤니티는 파네라이 브랜드에 열성적인 사람들과 함께 유기적으로 성장해왔다.

2010년, 파네라이는 커뮤니티에서 보인 팬들의 브랜드 사랑을 더 확고히 할 만한 특별한 일을 벌였다. 파네라이는 팬 커뮤니티에 완벽한 파네라이 시계 모델이 있다면 어떤 모습일지 의견을 내달라고 요청했다. 그렇게 탄생한 것이 PAM 360 모델이다.

PAM 360은 파네리스티 커뮤니티 웹사이트 10주년을 기념해 만든 헌정 모델이었다. 제품을 한층 더 의미 있게 하기 위해, 시계 뒷면에 '파네리스티' 사이트 주소와 '10주년' 문구를 새겨놓았다. 이 모델은 단 300점 한정으로 생산되었다.

게다가 그들은 이 특별한 시계를 매장에서 판매하지 않았다. 대신, 파네리스티 커뮤니티 회원 한정으로, 추첨을 통해 당첨된 사람만 살 수 있게 했다.[12] PAM 360 모델을 사려고 모여든 파네리스티 회원은 2,600명이 넘었고, 7,000달러짜리 시계는 순식간에 전부 다 팔렸다.[13]

파네라이는 한정판 상품 전략을 계속 개발하고 따랐을 뿐 아니라, 고객을 인정해주고 적극적으로 소통함으로써 고객이 마치 자신이 정말 브랜드의 일부인 것처럼 느끼게 했다.

나를 표현하고 싶은 욕구

●

자기표현: 자신의 개성을 표현하는 일, 개인의 특성을 주장하는 것.

《메리엄–웹스터 사전》[14]

소셜미디어는 자기표현을 할 수 있는 중요한 장이다. 우리는 이

곳에서 자신이 누구인지, 어떤 생각을 하는지 공유하고 발산한다. 때로는 말로 전달하고, 또 때로는 이미지를 게시해 전달한다. 그 과정에서 발생하는 현상이 '트레이딩 업trading-up'이다. 트레이딩 업이란 더 나은 사람이 된 것처럼 느끼게 해주는 상품을 소비함으로써 성취감을 얻는 풍조를 뜻한다. 2020년산 옐로스톤 한정판 버번 한 병을 손에 넣었는가? 품절되기 전에 나이키 덩크로우 SE 운동화를 샀는가? 그렇다면 이건 혼자만 알고 있을 일이 아니다. 주위 사람들에게 자랑하고, 구하기 어려운 이런 물건을 사서 즐기는 모습을 찍어 소셜미디어에 게시할 것이다.

오늘날의 소비자들은 보통 소셜미디어를 준거집단으로 여긴다. 즉, 소셜 네트워크 내의 사람들과 자신을 비교하고, 의사를 결정할 때 이들의 의견에 기댄다. 또 한편으로는 이 준거집단으로부터 인정받으려고 상품을 구매한다.[15] 인스타그램이나 페이스북과 같은 소셜미디어가 널리 퍼지면서 많은 사람들이 희소한 상품을 자기를 표현하는 수단으로 사용하게 되었다. 흔치 않은 제품을 구매하면 남들과 차별화되며 독특성을 얻기 때문이다.

과거에는 한정판 상품의 타깃을 주로 자동차 애호가나 미술작품 수집가 같은 열성 팬으로 잡았다. 그러나 소셜미디어 덕분에 자기표현의 수요가 늘어나면서 한정판 상품을 가지려는 사람들은 점점 더 많아지고 있다. 오늘날 우리는 다른 방식으로 사회적 인정을 받기보다는 내가 가진 제품을 통해 자기를 표현한다. 기업의 시각에서 보면, 자기를 잘 표현해주는 제품이 있다면 소비자의 구매 의향이 더 커질 거라는 말이다.

과시적 소비와 한정판의 관계

●

눈에 띄는 사람이 되려고 태어났는데, 왜 다른 사람에게 맞춰야 하지?

– 닥터 수스Dr. Seuss[16]

한정판 상품은 과시적 소비재(자동차, 보석, 의류 등 다른 사람 눈에 띄는 물건이라면 뭐든지 해당된다)일 때 가장 빛이 난다. 구하기 어려운 버번을 손에 넣었든 새로 나온 명품 안경을 썼든, 과시하려고 애쓸 때는 타인의 눈에 띄는 것 자체를 자랑스러워한다. 과시적 소비를 하면 남들보다 돋보이고 싶은 욕구가 충족된다.[17] 그리고 그와 동시에 어떤 때는 감정적인 이유로 한정판 상품에 마음이 끌리기도 한다. 한정판 상품은 자신이 가치 있는 사람이라고 느끼게 하고, 스스로 인식하는 자기 가치를 높인다. 산타클로스 그림이 그려진 코카콜라 한 캔(크리스마스 한정판)을 산다고 해서 그런 일이 일어나지는 않겠지만, 파네라이의 특별판 손목시계를 샀다면 그렇게 느낄 수 있다. 한정판 상품이 지위의 상징으로 사용될 때, 그 물건은 소유자의 사회적 지위가 높다는 인식을 줄 수도 있다. 이는 소유자에게 자신이 가치 있는 존재일 뿐만 아니라, 타인의 부러움과 존경을 받는 사람이라는 생각이 들게 할 수 있다.[18]

"값비싼 물건의 과시적 소비는 유한계급이 좋은 평판을 얻는 수단이다." 미국의 사회학자이자 경제학자 소스타인 베블런이 1899년에 그의 유명한 저서 《유한계급론》에서 설명한 내용이다. 베블런이 말하는 유한계급은 사회의 엘리트 구성원으로,[19] 그는 이러한 사회의 엘리트 구성원들이 부의 소유 혹은 과시를 통해 비슷한 무리의 사람들 사이에서 자존감을 찾으려 한다고 주장했다.[20] 베블런에 따르면, 대외적으로 보이는 재화와 서비스가 부와 권력을 암시한다. 이렇게 부와 권력을 지녔다는 신호를 보냄으로써 사회적 지위를 얻게 된다는 것이 그의 설명이다.

베블런이 처음 제시했던 이 개념은 후에 다른 이론가들에 의해 더욱 확장되었다. 그들은 우리가 지닌 존경받고 싶은 마음, 부러움을 얻고 싶은 마음 등을 포함하는 일련의 사회적 요구를 상품을 통해 충족할 수 있다고 주장했다. 과시적 소비는 심지어 지도자가 되고 싶은 마음과도 이어져 있다.[21] 과시적 소비가 어떻게 작동하는지 더 자세히 살펴보자.

만일 당신이 선망의 대상이 되고 싶다면, 다른 사람들도 다 가지고 있는 물건(예를 들면 대중적인 것)을 소유하는 것으로는 그런 욕구를 충족할 수 없다. 대신 한정판 상품처럼 공급이 제한된 물건을 소유할 때, 그 욕구를 충족할 수 있다. 사람들이 많이 가지고 있지 않은 무언가를 손에 넣은 것이기 때문이다.

베블런이 주장한 이론 '베블런 효과'는 "같은 기능의 재화임에도 더 비싼 가격을 지급하려는 의지"로 정의된다.[22] 가격이 높을수록 제품을 구매하려는 사람이 늘어나는 경우가 한 예다. 이는 지금까지 알려진 한정판 상품에 관한 내용과 일치한다. 한정판 상품이 희소한 건 대개 높은 가격과 관련이 있으며, 사실 이 상품들은 가격대가 낮을 경우 판매량이 감소한다.[23]

어느 명품 회사의 마케팅 담당 매니저는 "저희 고객은 돈을 적게 내고 싶어 하지 않습니다. 만일 저희가 전 상품의 가격을 반값으로 내린다면 6개월 동안 두 배의 매출을 올린 뒤 그다음에는 아무것도 팔지 못할 것입니다"라고 설명했다.[24] 경제 잡지《이코노미스트》에서도 베블런 효과를 예로 들어 유통업체에서 상품을 지나치게 싸게 팔면 상품 이미지를 해칠 수 있다고 경고했다. 반대로 베블런 효과를 한정판의 희소성 효과와 연결 짓는다면, 매출이 크게 늘어날 수 있다.

한정판을 활용하는 법

●

상품 라인을 확장하거나 새로운 특징을 부여하는 등 기업이 한정판 제품을 만드는 방식은 다양하다. BMW 자동차를 예로 들어보자. 2017년 BMW는 7시리즈 40주년을 기념하기 위해 특별한 색과 디자인이 적용된 한정판 모델을 출시했다. 독일에 있는 BMW 딩골핑 공장에서만 구할 수 있었다는 게 문제였지만 말이다.[25]

지금까지 이야기해온 것처럼 한정판 상품은 남들보다 눈에 띄고 싶은 사람, 그리고 사회적 지위를 드러내고 싶은 일부 사람들의 관심을 끈다. 그런데 이런 고객뿐 아니라 다른 많은 고객을 대상으로도 한정판 상품 전략을 활용할 수 있다. 행사 주최, 묶음 상품, 제품 변형, 포장, 협업 등 다양한 한정판 전략을 알아보고, 기업에서는 이 전략을 어떻게 사용하는지 예시를 자세히 살펴보자.

브랜드 팬덤을 위한 행사

한정판 상품과 티켓 수량이 제한된 행사를 결합하면, 구매자는 열광하게 된다.

적절한 사례가 하나 있다. 춥고 음울한 한겨울의 어느 날이었지만, 사람들은 전국에서 일리노이주 시카고 교외에 있는 샴버그로 몰려들었다. 체인 양조장 'RAM 레스토랑 앤드 브루어리RAM Restaurant and Brewery'에서 열린 행사 '카오스 데이Chaos Day' 때문이었다.[26] 일부 열성 팬은 이 양조장 행사에서 판매하는 한정판 맥주를 사려고 차를 몰고 약 1,900km나 달려오기도 했다.

카오스 데이는 배럴에서 숙성한 스타우트 맥주 '카오스'의 출시를 기념하기 위해 2016년에 처음 개최되었다. 당시 카오스 데이 입장권은 판매를 개시한 지 두 달이 채 안 되어 전부 팔렸다. 처음 여는 행사 치고 나쁘지 않은 성적이었다. 그런데 그다음 해가 되자 희소성의 효과가 나타났다. 2017년, 1분이 채 안 되어 74.99달러짜리 입장권 400장이 팔렸고, 입장권 전체가 즉시 매진되었다.[27]

RAM에서 생산하는 한정판 스타우트는 전국의 맥주 업자들이 가장 구하고 싶어 하는 맥주다. RAM에서 800병만 공급하는 스타우트처럼 한정 생산되는 양조 맥주는 불법 유통 시장에서 병당 수백 달러를 호가한다고 알려져 있다. 하지만 맥주 마니아의 가장 큰 관심은 자랑할 권리를 얻는 것이다. 이들은 맥주 포럼, 맥주 평점 사이트, 혹은 수제 맥주 커뮤니티의 친구들로부터 구하기 힘든 양조 맥주에 관한 정보를 얻는다.

맥주 시장은 매우 경쟁이 심한 곳이지만, 희소성은 수제 맥주 펍 RAM을 경쟁 회사보다 돋보이게 만들었다. 한정판 양조 맥주를 공개하는 행사를 여는 것은 희귀한 맥주를 손에 넣으려는 맥주 사냥꾼들의 욕구를 끓어오르게 했다. 물론, 맥주 자체도 아주 훌륭하다.

마찬가지로 와이너리 중에도 시즌 한정 특별 와인을 출시할 때 회원을 위한 행사를 여는 곳이 많다. 이러한 전략이 주류 업계에서만 효과를 나타내는 건 아니다. 한정판 상품이나 서비스를 제공하는 회사라면 어디든 이 전략을 활용할 수 있다. 유통업체라면 특정 고객을 대상으로 최신 제품이나 한정판 제품 라인을 판매하는 '폐점 후' 파티를 열면 된다. 헬스장에서는 잠재고객을 위해 오픈 하우스 행사를 열고, 한정판 서비스나 가격 패키지를 제공할 수 있다. 소프트웨어 판매 기업은 신작 한정판 소프트웨어를 발표하는 원데이 콘퍼런스를 열 수 있다. 한정판 제품과 주 고객층에게 가장 잘 맞는 행사를 준비하는 것이 중요하다.

묶음 상품

서비스 기업 가운데 회사의 이익에 맞게 패키지 형태로 된 한정판 상품을 판매하는 곳이 많다. 보험이나 케이블 서비스 회사에서 여러 서비스를 묶어 특별 할인가를 제공하는 것도 여기에 포함된다. 미용실이나 미용 병원에서도 묶음 상품을 한정판으로 제공해 가격을 할인해준다.

기존 상품을 약간 변형하기

한정판 상품은 대부분 기존 상품을 약간 변형하는 방식으로 만들어진다. 앞서 이야기했듯, 야마하는 한정판 피아노 모델을 생산하고 공급을 제한하는 것으로 유명하다. 야마하는 2016년 버터플라이 리미티드 에디션 모델을 출시했다. 이 제품은 수공예 및 특수 디자인 악기 분야 최고의 업체 뵈젠도르퍼가 제작한 특별판 상감 기법 피아노 시리즈 중 하나다. 광택이 나는 흑단이나 나무로 마감 처리를 하는 일반적인 경우와 달리, 이 피아노 뚜껑 뒷면에는 꽃과 나비 무늬로 된 독특한 디자인이 들어가 있었다. 생산된 피아노는 단 9대뿐이었으며, 전 세계 매장에서 판매되었다. 예상할 수 있듯 제품은 금세 완판되었다.

바삭한 쿠키 오레오를 만든 기업 또한 기본 제품을 변형하는 방식으로 셀 수 없이 많은 제품을 판매했다. 이 회사에는 특별한 맛 개발을 전담하는 소규모 팀이 있다. 개발 팀은 2012년 이후 생일 케이크 맛, 젤리 도넛 맛, 바나나 스플릿 맛, 블루베리 파이 맛, 키 라임 파이 맛, 루트 비어 플로트 맛 등 65가지 종류의 특별한 맛 오레오 쿠키를 개발하고 출시했다. 물론 치킨 윙 맛과 와사비 맛 오레오도 빼놓을 수 없다.[28] 개발 팀은 새로운 아이디어를 얻으면 출시 전까지 18~24개월에 걸쳐 제품을 개발한다. 그들은 먼저 50가지 새로운 아이디어를 내놓고 거기서 목록을 10여 개 정도로 줄여 나가며, 때로는 유행하는 음식을 알아내려고 요리사들과 함께 일하기도 한다.[29] 기업에서 한정판 제품을 만들 때, 완전히 새로운 제품을 생산하기보다는 원래 제품의 맛이나 향, 색깔, 재료 등에 간단한 변화를 줄 수도 있다. 또는 야마하 피아노가 그랬던 것처럼 제품 디자인만 바꿔서 한정판을 만들 수도 있다.

229

한정판 포장

슈퍼마켓에 파는 일상용품 같은 비싸지 않은 물건의 경우 제품 포장에 변화를 주면 매출이 늘어난다. 기업에서 자주 제품 포장을 바꾸는 이유가 여기 있다. 사실 이 포장을 부르는 이름도 있다. 바로 '한정판 포장'이다. 물론 포장을 바꾸는 것도 희소성 전략이다. 같은 포장의 제품을 항상 살 수 있는 건 아니니, 포장을 바꾸면 어쨌든 구매가 한정되기 때문이다. 한정판 포장 상품에서는 포장 자체가 한정 판매 대상이다. 이런 물품에는 '한정판' 혹은 '특별판' 등의 문구가 적힌 라벨이 붙곤 한다.

한정판 포장은 기업이 실제 제품 자체를 바꾸지 않고도 희소성으로 이득을 얻을 수 있는 효과적인 방법이다. 한정판 포장의 사례는 끝이 없을 정도로 많다. 앱솔루트 보드카는 2006년에 연말 기념 '블링블링' 한정판 병을 내놓았고, 영국의 수도를 기념하는 '앱솔루트 런던' 병도 만들었다(51만 8,000개만 출시했다). 탄산수 생산 기업인 보틀 그린Bottle Green은 유방암 관련 자선 단체를 지원하는 한정판 병을 만들었고, 화장품 회사 어반디케이에서는 인기 드라마 〈왕좌의 게임〉을 주제로 한 한정판 메이크업 팔레트를 출시했다. 아이섀도용 팔레트에는 철 왕좌가 솟아 있었고, 아이섀도 브러시는 드라마 속 검의 모양을 닮았다. 심지어 포장이라고는 스티커밖에 없는 돌Dole에서도 한정판 포장의 영역에 뛰어들었다. 돌은 능력을 발휘하는 여성을 인정하자는 취지에서 '영웅들에게 안으로부터 힘 불어넣기'라는 캠페인을 펼치고, 바나나에 캡틴 마블 여성 캐릭터가 그려진 스티커를 붙였다.[30] 기업이 한정판 포장 전략을 사용하는 이유는 상품을 다시 만들거나 한정판으로 제품 라인을 확장하지 않아도 똑같이 희소하다는 인식을 이끌어낼 수 있기 때문이다.

협업

유명인과 협업한 한정판 제품으로 하늘을 찌를 듯한 매출을 올린 기업이 많다. 예로 들 만한 상품이 셀 수 없을 정도로 많은데, 나이키와 농구 선수 마이클 조던(에어 조던 운동화), 배우 리즈 위더스푼과 라이프스타일 숍 크레이트 앤드 배럴Crate and Barrel, 배우 겸 가수 데미 로바토와 패블리틱스Fabletics 레깅스, 배우 겸 가수 마일리 사이러스와 컨버스 운동화 등이다. 그런데 모든 기업에서 널리 알려진 유명인과 협업할 수 있는 건 아니다. 인플루언서의 시대에 '유명인'이 꼭 일류 배우나 프로 운동선수여야 할 필요는 없다. 타깃 고객층과 일치하는 팔로워를 갖춘 인플루언서도 유명인이 될 수 있다. 인플루언서의 팬을 위해 특정 상품이나 서비스 라인의 이름을 바꾸거나 포장을 다시 하거나 변형하면 된다.

브랜드끼리 협업해 한정판 제품이나 서비스를 만들 수도 있다. 어떻게 할 수 있을까? 기업끼리 협업해 소비자에게 간소한 서비스를 제공하는 것이다. 예를 들어 회계용 소프트웨어 회사와 급여 처리 서비스 회사가 한정판 서비스 패키지를 제공하는 식이다. 예술가와 보석 회사가 협업해 한정판 주얼리 라인을 개발하는 것처럼 서로의 강점을 합해 독특한 상품을 만들 수도 있다. 협업 전략이 매우 큰 효과를 내는 이유는 양쪽 브랜드의 고객층이 더해져 고객이 두 배가 되기 때문이다.

노르웨이의 패션 브랜드 하이크HAiK와 아이웨어 회사 카이보시Kaibosh는 협업을 통해 한정판 양면 선글라스를 개발해 출시했다(양면용이므로 두 개의 테 중 하나를 선택해서 사용할 수 있다). 이 양면 선글라스는 경첩이 특별해서 안경다리가 안경테 바깥쪽으로도 돌아간다. 이 상품은 온라인과 정해진 매장에서만 구매할 수 있었다. 브랜드의 협업이 관심을 끄는 건 특별판 상품이 출시되기 때문이기도 하지만, 두 브랜드가 언제 다시 협업할지 알 수 없다는 불확실성 때문이기도 하다. 이러한 개념은 기업의 규모와 상관없이 어느 회사에나 적용된다.

희소성의 원칙이 작동하면, 기간 한정 협업 상품은 때때로 엄청난 흥분과 열광을 불러일으킬 수 있다. 펜디와 스킴스의 협업 사례를 자세히 살펴보자.

펜디×스킴스: 하이엔드 한정판 제품

킴 카다시안이 세운 브랜드 스킴스는 펜디와의 협업으로 하이엔드 패션에 전용 제품 라인을 출시했다. 컬렉션 출시 소식이 전해지자 한바탕 흥분이 일었다.

미국의 연예 매체 TMZ는 한정판 펜디×스킴스 컬렉션을 구매하려고 베벌리힐스 펜디 매장 밖에 줄을 길게 늘어선 사람들의 모습을 영상으로 보여주었다. 초조하게 차례를 기다리는 쇼핑객들 사이에서 한 여성이 돈을 내고 새치기를 하려 했던 사실이 드러나자, 모여든 사람들이 금세 흥분하며 감정적으로 대응했다. 쇼핑객들은 소리쳐 비난했다. "저 여자가 새치기했어!", "저 여자가 돈을 내고 들어가려 했어!", "새치기는 안 돼!"

온라인 쇼핑객도 마찬가지로 단호한 모습을 보였다. 펜디×스킴스 컬렉션 제품이 온라인에 출시되자 1분도 채 지나지 않아 매출이 100만 달러로 치솟았다. 이 한정판 제품 라인의 모든 상품이 빠르게 매진되었다는 소식이 퍼졌다. 상품을 사려는 사람들 사이에 경쟁이 있을 거라는 데에는 의심할 여지가 없었다. 실제로 컬렉션 제품 출시 이전에 대기 명단에 이름을 올린 사람만 30만 명이 넘었다.

하이엔드 상품이라도 한정판 제품은 생리적 반응을 불러일으키고 강력한 경쟁의식을 부추긴다.

끼워팔기 전략

●

한정판 제품을 인기 있는 행사(한정판 제품을 출시한 기업과 연관이 없는 행사)에 끼워 파는 것도 좋은 방법이다. 이러한 끼워팔기 방식은 브랜드 친밀도를 높인다. 맥도날드 글로벌 마케팅 부문 수석 부사장을 지낸 딘 배럿은 맥도날드가 한정판 상품 광고에 성공한 방법을 알려주었다. 맥도날드의 해피밀을 생각해보라. 그들은 세계 최대 규모의 기업과 제휴를 맺어 메뉴를 판매한다. 해피밀은 맥도날드 고객이 해당 영화나 브랜드와 소통할 수 있는 도구가 되었다. 이렇듯 끼워팔기 전략은 해피밀의 매출을 늘렸을 뿐 아니라, 당시 인기 있는 영화나 대상에 맥도날드를 관련시킴으로써 브랜드 친밀도도 높였다.

맥도날드가 썼던 방법과 비슷하게 기업에서는 인기 있는 행사와 관련된 특별 상품, 서비스, 혹은 포장을 개발할 수 있다. 물론, 라이선스와 상표권 문제를 고려하는 걸 잊지 말아야 한다. 그러므로 이 방법을 택하려면 관련한 추가 절차를 밟아야 할 수도 있다.

✦ ✦ ✦

한정판 제품과 공급 관련 희소성이 기업에 놀라운 결과를 안겨줄 수 있다는 점을 배웠지만, 상품이나 서비스의 인기로 인해 발생하는 희소성 또한 효과를 나타낸다. 다음 장에서는 이러한 종류의 희소성에 관심을 쏟는 고객의 특징이 무엇인지, 그리고 기업에서는 이를 어떻게 활용할 수 있는지 이야기한다.

핵심 정리

- 한정판 상품의 바탕에는 희소한 제품을 사용하면 자신을 남과 다른 존재로 차별화할 수 있을 거라는 생각이 깔려 있다.

- 한정판 상품은 특별해지길 원하는 사람, 그리고 상품을 자기표현의 한 가지 형태로 보는 사람들의 관심을 끈다.

- 한정판 상품은 과시적 소비재일 때 가장 빛이 난다.

- 사람들은 종종 감정적인 이유로 한정판 상품에 마음이 끌린다. 한정판 상품은 우리가 가치 있는 사람이라고 느끼게 하고, 스스로 인식하는 자기 가치를 높인다.

- 기업에서는 행사 주최, 묶음 상품, 제품 변형, 포장, 협업 등 많은 방법으로 한정판 상품 전략을 활용할 수 있다.

CHAPTER 9

전용 상품 vs 인기 상품
: 높은 수요와 희소성

6살 난 루크는 커다란 파란 눈으로 엄마인 에밀리(내 친구)를 올려다보았다. 루크는 뺨에 붙은 머리카락을 떼고, 숨을 깊이 들이쉬었다. 루크는 엄마에게 이 부탁을 하려고 오전 내내 연습했다. 마침내 루크는 숨을 내쉬며 엄마에게 말을 꺼냈다. "강아지를 키울 수 있을까요?" 루크네 가족은 한 번도 개를 키운 적이 없었다. 하지만 개를 키우는 건 루크가 평생(루크의 표현이 그렇다) 원해왔던 일이라고 한다. 엄마가 안 된다고 말할 때를 대비해 루크는 이미 대안까지 마련해두었다. 엄마가 거절한다면 산타 할아버지에게 부탁할 생각이었다.

루크의 말에 에밀리의 마음이 녹아내렸다. 사실을 말하자면

에밀리는 전에 이미 남편 쉐인에게 강아지를 키우자고 말한 적이 있었다. 두 사람은 많은 논의 끝에 루크를 위해 래브라두들 한 마리를 분양받기로 했다. 개 사육장과 양심 없는 '개장수'에 관한 끔찍한 이야기가 너무 많아 에밀리는 잘 알려져 있고 신뢰할 수 있는 전문 사육사로부터 강아지를 분양받고 싶었다. 에밀리는 1년 전 래브라두들을 분양받은 친구에게 전화를 걸어 강아지 사육사인 제인의 연락처를 받았다. 에밀리는 제인에게 전화를 걸었고, 제인은 앞으로 2주 안에 한배에서 태어날 강아지 몇 마리가 있다고 알려주었다. 하지만 래브라두들은 수요가 매우 높은 견종이고, 제인은 분양 보낼 가정을 매우 까다롭게 선택하는 편이었다. 그래서 제인은 에밀리에게 강아지가 언제 태어나는지 제인의 페이스북 페이지를 계속 확인해야 한다고 이야기했다. 제인은 강아지가 태어난 후에야 분양 신청을 받을 예정인데, 선착순으로 신청을 받기 때문에 빨리 신청할수록 분양받을 확률이 높다고 일러주었다.

제인과의 통화 이후 에밀리는 제인의 페이스북 페이지를 종일 충실하게 확인했다. 에밀리는 점점 페이스북 페이지를 확인하는 일에 집착하기 시작했고, 가장 먼저 분양을 신청하는 사람이 되고 싶다고 생각했다. 그로부터 일주일이 흐른 뒤 에밀리와 아이들이 동물원에 다녀오는 길이었다. 페이스북 페이지를 마지막으로 확인한 지 두 시간이 지났고, 에밀리는 초조해졌다. 동물원에 있는 동안 강아지가 태어나는 바람에 신청서를 제출할 기회를 놓치면 어쩌지? 집 앞마당에 들어서자마자 에밀리는 차를 세운 뒤 휴대전화를 꺼내 페이스북 앱을 켰다. 그런데 우려하던 대로 에밀리가 동물원에 있던 사이 정말로 강아지가 태어났다. 에밀리의 심장이 요동치기 시작했다. 에밀리는 아이들을 집으로 들여보내고 차에 앉아 할 수 있는 한 빠른 속도로 신청서를 작성했다. 강아지가 태어난 지 한 시간이 채 되지 않았을 때 에밀리는 가까스로 분양 신청서를 제출할 수 있었다. 하지만 강아지가 태어나기를 기다리며 초조하게 페이스북 페이지를 주시하고 있던 사람은 에밀리뿐만이 아니었다. 강아지가 태어난 지 겨우 세 시간 뒤, 사육사인 제인은 페이스북에 이미 들어온 신청서의 수량이 엄청나므로 더는 신청서를 받지 않겠다는 게시 글을 올렸다. 에밀리의 가족은 분양 신청자 목록에 공식적으로 이름을 올렸다. 그로부터 12주가 지난 후 루크는 새로운 작은 강아지 찰리를 만났다.

이 이야기는 배타성(강아지를 분양받으려면 신청 필요)과 높은 수요가 어떤 결과를 낳는지 잘 보여준다. 그중 높은 수요에 관해 더 자세히 살펴보기로 하자.

◆ ◆ ◆

앞서 희소성이 제품의 인식 가치에 어떤 영향을 주는지 살펴보았다. 일반적으로 사람들은 얻기 어려운 대상일수록 더욱 가지고 싶어 한다. 그리고 이러한 마음은 대상의 가치를 바라보는 시각에 영향을 준다. 그런데 한정된 공급이나 시간제한 등과 같은 다른 요소가 아니라, 높은 수요 때문에 희소성이 나타날 때는 인식 가치가 훨씬 더 강해진다. 이처럼 희소한 상품을 가지고 싶은 마음(적어도 부분적으로는 우리 인식에 근거한다)이 점점 커지는 것이 제품 부족 사태를 일으키는 근본 원인이다.[1]

수요가 높거나 인기가 많아 발생하는 희소성은 시간제한(6장 참조) 및 제한된 공급에 의한 희소성(7장 참조)과는 다른 영향력을 지닌다. 제품의 수요가 높거나 인기가 많으면, 제품이 일단 매진된 후에는 다시 가질 기회가 영영 없을지도 모른다는 생각에 소비자의 마음이 다급해진다. 수요 관련 희소성은 수요에 비해 생산량이 부족할 때 혹은 소매 매장에 유통한 상품 개수 때문에 소비자 사이에서 경쟁이 일어날 때 발생한다.

소매 유통업체에서 매장별로 어느 상품의 구매 가능 개수가 얼마나 되는지 광고하거나, 웹사이트의 제품 설명 페이지에서 남은 재고 수량을 보여주는 경우가 그 예다. 여기에 마케팅 담당자는 '인기 절정' 혹은 '주문 폭주로 품절 직전'과 같은 메시지를 넣는다. 이러한 메시지가 눈에 띄면 제품을 손에 넣기 위해 다른 사람과 경쟁하는 듯한 느낌이 든다. 어떤 상품이 인기를 끌고 수량이 제한되어 있을 때 소비자 사이에 경쟁심이 싹트는데, 이때는 시간제한 희소성이 발생한 경우보다 경쟁이 더욱 치열하다.[2] 이처럼 수요 문제에서 발생한 희소성은 경쟁 환경을 조성함으로써 우리에게 큰 영향을 미친다. 이 사실을 입증하는 연구 결과는 수 없이 많다. 미국의 전자상거래 업체 엣시Etsy는 사이트 방문객 사 이에서 이러한 경쟁심을 불러일으키는 데 아주 능하다. '구매 가 능 수량 단 한 개' 같은 식으로 상품의 남은 수량이 줄어들고 있 음을 알려줄 뿐 아니라, 해당 상품을 장바구니에 담은 쇼핑객이 몇 명인지도 알려준다. 그러니까 먼저 주문하는 사람이 최종 승자 가 되는 셈이다!

희소성이 선택할 자유를 위협한다는 개념은 특히 수요 관련 희소성에서 더 지배적으로 나타난다.[3] 우리는 언제든 원할 때 원 하는 것을 구매할 수 있는 자유와 독립성을 원한다. 그렇기 때문 에 높은 수요로 인한 희소성이 나타나면 그 즉시 행동에 나서게 된다.

✦ ✦ ✦

애리조나주 스코츠데일에 새로 들어선 어느 고급 아파트 단지에 서는 분양 판매를 촉진하기 위해 인기 수요를 광고하는 전략을 펼쳤다. 그들은 아파트 단지 외부에 '90% 이상 분양 완료'라고 적 힌 표지판을 내걸었다. 굵고 붉은 글씨라서 눈에 잘 띄었다. 방이 하나인 호실의 분양가는 60만 달러, 방이 세 개인 호실의 분양가는 100만 달러로, 아파트의 가격대는 지역 내 아파트 가격과 비교해 상위 5% 내에 속하는 수준이었다. 아파트 분양 회사에서는 인기 수요를 광고하는 이런 전략으로 성공을 거두었다. 아파트라는 비싼 상품에 희소성을 적용한 것도 성공 요인이었지만, 건물 밖에 걸어둔 표지판을 정기적으로 바꿔 단 것 또한 큰 역할을 했다. 90%가 판매되었다는 표지판이 달리기 전에는 80%가 판매되었다는 표지판이 달려 있었다. 소비자들에게 아파트를 소유할 기회가 줄어들고 있음(상품이 점점 희소해진다)을 눈으로 확인하게 한 것이 판매에 큰 도움이 되었다.

오스트레일리아의 대학 교수 라자트 로이Rajat Roy 박사는 두 가지 실험을 통해 부러움이 수요·공급 관련 희소성과 어떤 연관성이 있는지 분석했다.[4] 로이 박사는 실험 결과를 근거로, 우리가 소비자로서 부러움을 느낄 때 상품의 가치를 더 크게 느끼고, 그것을 구매해야겠다는 생각이 더 강해진다고 결론 내렸는데, 그 가운데에서도 공급 관련 희소성보다는 수요 관련 희소성이 더 큰 연관성이 있다고 밝혔다.

제한된 공급 vs 높은 인기

●

공급 관련 희소성(예를 들어 제한된 공급과 한정판)이 수요 관련 희소성과 매우 비슷해 보이기는 하지만, 둘 사이에는 결정적인 차이가 있다. 공급 관련 희소성은 남들과는 다른 특별함을 나타내는 반면, 수요 관련 희소성은 경쟁과 사회적 수용, 그리고 제품 가치를 나타낸다.[5] 예를 들어 어느 제품이 희소해졌다는 소식을 들으면, 우리는 제품이 좋기 때문에 다른 소비자들이 대량으로 구매해서 그럴 것이라고 상황을 추정한다.[6] 또한 수요가 많아 상품 개수가 얼마 남지 않았을 때, 경쟁에서 '이겼다'는 느낌을 받으려고 그 상품을 갖고 싶어 하기도 한다.

과거의 경험 또한 구매에 영향을 준다. 내 친구 미첼의 예를 들어보겠다. 미첼은 어느 행사의 입장권을 매우 빠르게 구매했던 이야기를 들려주었다. '유령 옥수수밭 미로'라는 이름의 이 행사는 핼러윈 관련 이벤트로, 9월 중순부터 10월 말까지 열린다. 그 전해 10월, 미첼은 입장권을 사려 했는데, 모든 날짜의 입장권이 이미 매진되어 있는 것을 발견했다. 미첼은 남편과 10대 아들을 데려갈 수 없어서 낙담했고, 다음 해에는 절대 그런 일이 일어나지 않게 하겠다고 다짐하고, 미로 행사 주최 측의 이메일 소식 수신자 목록에 자신의 이메일 주소를 등록했다. 시간이 흐르고 다음 해 9월이 되자, 행사 운영진은 이메일 소식지를 신청한 사람들에게 입장권 구매 안내 이메일을 보내기 시작했다. 그로부터 2주도 채 지나지 않았을 때 입장권이 거의 매진 직전임을 알리는 이메일이 도착했다. 미첼은 전에 입장권이 매진되어 사지 못했던 경험이 있었기 때문에 매진 임박을 알리는 이메일을 받자마자 바로 입장권을 구매했다. 입장권의 인기가 높다는 사실이 미첼을 자극하기는 했지만, 입장권 구매를 완료하게 만든 건 행사 운영진이 보냈던 매진 임박을 알리는 이메일이었다.

사람은 대부분 상황에 따라 수요 관련 희소성에 민감하게 반응한다. 그리고 그중에서도 순응 욕구가 높은 사람은 더욱 큰 영향을 받는다.

무리에 순응하고 싶은 욕구

●

수요 때문에 발생하는 희소성은 소속감을 느끼고 싶은 사람 혹은 특정 그룹과 자신을 동일시하는 사람의 마음을 파고든다. 앞서 독특성 욕구에 관해 이야기했지만, 그와 정반대로 '무리에 순응하고 싶은 욕구'를 지닌 사람 역시 많다. 사회적 존재로 태어난 인간은 무리의 일원이 되기를 바란다. 생물학적 구조가 그렇다. 이 말은 우리가 규범과 규칙을 정할 때 같은 집단의 사람들을 고려한다는 뜻이다. 큰 그룹(또래집단이나 사회계층 집단 등)이든 작은 그룹(예술 애호가나 음식 평론가 등 관심사를 공유하는 집단)이든 상관없다. 여기서 말하는 '규범과 규칙'에는 우리의 생각과 신념, 행동 방식은 물론, 어떤 것을 구매할지 고르는 기준까지 포함된다. 순응 욕구가 높은 사람은 구매한 사람의 숫자로 물건의 가치를 정한다. 그들이 희소한 상품을 구매하는 건 '다른 사람들이 사기' 때문이다.

진열대의 공간이 쇼핑객의 선택에 어떤 영향을 주는지 시험한 연구가 있었다.[7] 진열대가 꽉 차 있는 쪽의 와인, 그리고 진열대가 거의 비어 있는 쪽의 와인, 선택지는 두 개였다. 그중 진열대가 비어 있는 쪽의 와인을 선택한 사람이 압도적으로 많았다. 쇼핑객들은 남은 수량이 적은 와인이 분명 인기 있는 제품이라고 추정했다. 그리고 인기 있는 제품이니 좋은 제품이 틀림없다고 생각한 것이다.

사회 집단에 적응하는 모습은 그 집단이 가치 있게 여기는 희소한 제품을 소유하는 형태로 나타날 수 있다. 취미로 운동화를 수집하고 거래하는 스니커헤드sneakerhead를 예로 들어보자. 이들은 수요가 높고 빨리 매진되는 운동화를 손에 넣은 뒤 종종 구매한 가격의 두 배, 심지어 네 배를 받고 되판다. 스니커헤드로부터 운동화를 사는 사람은 그 운동화가 품절 상품이라는 걸 알고 있고, 구매 기회를 놓칠지도 몰라 두려워하기 때문에 기꺼이 웃돈을 지불한다.

편승 효과: 나도 따라 할래

●

우리는 희소성 때문에 제품의 인식 가치가 높아진다는 사실을 알고 있다. 그런데 수요가 높아 상품이 희소해지면 이런 생각이 훨씬 더 두드러지게 나타난다.[8] 이는 사람들이 상품의 인기가 곧 좋은 품질을 나타낸다고 생각해 인기 있는 상품을 선호한다는 주장인 편승 효과의 내용과도 일치한다. 편승 효과는 어떤 제품에 대한 수요가 많아지면 다른 사람들도 이 제품을 따라 구매해 수요가 늘어나는 현상을 뜻한다.[9]

편승 효과의 기본 개념은 구매자의 수와 제품의 선호도에 상관관계가 있다는 것이다.[10] 우리는 인기 있는 상품은 사람들이 가지고 싶어 하는 상품이고, 그렇다면 품질이 좋을 게 틀림없다고 생각한다. 이 생각 때문에 다른 사람의 구매 결정에 편승하게 된다. 편승 효과는 레스토랑 업계를 비롯해 다양한 시장 부문과 산업, 그리고 수많은 행사에서 나타난다. 간단히 말해서, 많은 사람이 원하는 상품이라면 나도 갖고 싶어지는 현상이다. 편승 효과는 또래 압력과도 관련이 있다.

"친구들이 전부 절벽에서 뛰어내리면 너도 뛰어내릴 거니?" 10대 때 누구나 받아보았을 이 질문을 떠올려보자. 심지어 자기 아이들에게 이 질문을 던진 사람도 있을 것이다. 다른 사람의 의견에 편승하려는 마음과 집단을 향한 순응 욕구에 더해, 또래 압

246

력 또한 상품을 바라보는 관점과 의사를 결정하는 방식에 영향을 주는 실제적인 요소다. 코로나바이러스 백신을 널리 이용할 수 있게 되었을 때, 애리조나주의 고속도로 디지털 표지판에는 백신 접종을 완료한 애리조나 주민의 숫자가 표기되기 시작했다. 주민들에게 그냥 백신을 접종하라고 권하는 대신, 디지털 표지판에 '780만 회 백신 접종 완료. 추가 집계 중. 백신을 맞읍시다!'라는 메시지를 띄웠다. 수백만 명이 이미 백신을 맞았으니 당신도 백신을 접종하는 게 어떠냐는 식의 접근이다.

또래 압력이 우리의 행동에 영향을 주는 방식에 관한 연구는 많이 이루어져 왔다(또래 압력은 심지어 성인에게까지 영향을 끼친다). 노르웨이의 어느 연구 팀은 저녁 식사 자리에서 함께 식사하는 일행이 팁을 많이 남기면, 다른 사람도 팁을 더 많이 내게 된다는 사실을 발견했다.[11] 이 연구 결과를 바탕으로 생각해보면, 식사 자리에서 친구가 팁을 많이 남기면 나도 팁을 많이 남길 확률이 높고, 친구가 팁을 적게 내는 반대의 경우에도 마찬가지로 나도 적게 내게 될 것이다. 또래 압력에 관해 이야기하려면 우리가 어떤 식으로 타인을 따르는지도 고려할 필요가 있다.

중국 베이징의 어느 레스토랑 체인점에서 있었던 일이다. 그들은 특정 메뉴의 매출을 올릴 방안을 찾으려고 한 연구 팀을 초대했다.[12] 60개에 달하는 요리가 있는 두꺼운 메뉴판 속에서 특정 요리의 매출을 늘릴 방안을 찾는 건 절대 쉬운 일이 아니다. 하지만 연구 팀은 메뉴판을 살짝 고쳐 다섯 가지 요리의 매출을 크게 늘릴 수 있었다.

연구 팀은 여러 가지 실험을 시행했는데, 그 가운데 하나는 식사하러 온 손님을 무작위로 선정해 레스토랑 최고 인기 메뉴라며 다섯 가지 메뉴를 알려주면서 지난주에 각 메뉴가 몇 그릇 팔렸는지 주문받았던 숫자를 보여주는 것이었다. 연구 팀은 이 실험을 통해 돌출성saliency과 관찰 학습observational learning이라는 두 가지 효과를 조사하려 했다. '돌출성'이란 인지심리학에서 많이 나오는 개념으로, 무언가를 더 두드러져 보이게 하는 자극을 말한다. 돌출성 이론에 따르면 다른 사람들이 선택한 메뉴를 본 손님에게는 그 메뉴가 두드러져 보인다. 주문을 받는 종업원이 특정 요리를 추천할 때도 돌출성 효과가 나타난다. 그리고 '관찰 학습'이란 식사하러 온 손님이 다른 테이블에서 주문한 음식을 보고 이를 바탕으로 메뉴를 선택한다는 뜻이다. 마지막으로 알아야 할 개념은 '순응'이다. 순응의 개념에 근거한다면, 손님은 다른 테이블에 앉은 손님의 행동에 '순응하고 싶어서' 그쪽에서 고른 메뉴를 관찰한 뒤 같은 메뉴를 고른다.

그래서 최고 인기 메뉴 다섯 가지를 본 손님들에게 어떤 일이 일어났을까? 다섯 가지 메뉴의 수요는 평균 13~20% 늘어났다. 이는 순응이라는 개념에 기인한 결과다. 레스토랑 측에서 바꾼 거라고는 메뉴판에서 인기 메뉴를 가리키는 라벨밖에 없다는 걸 생각하면 나쁘지 않은 결과였다. 이 방법은 비단 레스토랑만이 아니라 어느 기업에서든 쉽게 활용할 수 있다.

재입고, 매진 임박!: 포모증후군

●

소셜미디어에 1분이라도 접속해보면 상품이나 서비스의 인기를 강조하는 마케팅 메시지를 보게 될 것이다. 보통 이런 메시지는 '재입고' 혹은 '티켓 매진 임박'과 같이 교묘하고 은근한 표현으로 나타난다. 앞서 이야기했듯이 우리가 이런 문구를 통해 상품이나 서비스의 수요가 높다는 점을 인지하게 되면, 포모증후군 현상이 발생한다.

여러 유통업체와 마찬가지로 노드스트롬 백화점도 소셜미디어 피드에서 신상품을 집중적으로 광고한다. 그런 게시물 가운데 나이키 에어 운동화 두 종류를 광고하는 글이 있었다. 게시 글이 올라가자마자 댓글에 한바탕 난리가 났다. 대부분 구매 가능한 재고와 관련된 댓글이었다. 어느 고객은 자신이 찾는 매장에서 이 운동화를 살 수 있는지 물었다. 온라인에서는 원하는 사이즈가 품절된 상태였다. 노드스트롬은 뭐라고 답했을까? 질문한 고객에게 죄송하다고 사과하며 온라인에서 품절된 상품이라면 매장에서도 품절 상태이며, 재입고 가능성은 없다고 답했다. 다시 말해, 해당 쇼핑객은 구매 기회를 이미 놓친 것이다. 나이키 에어 운동화는 수요가 높은 상품이었고, 질문한 고객은 이미 한발 늦어 운동화를 살 수 없었다.

홈쇼핑 방송에서는 수십 년 동안 대중의 인기와 수요를 활용한 전략을 펼치고 있다. 고객은 방송 중인 상품이 몇 개나 팔렸는지 실시간으로 볼 수 있는데, 이는 포모증후군 현상을 일으킨다.

아마존이 지배하는 시장에서도 살아남아 홈쇼핑 분야에서 입지를 유지하고 있는 곳이 있다. 바로 홈쇼핑 채널 QVC다. QVC 방송은 미국에서 매주 770개의 상품을 방송 판매하고 있으며, 시청자 한 명이 평균적으로 QVC 제품을 소비하는 비용은 연간 1,200달러에 달한다.[13] 그들은 다른 온라인 유통업체와는 달리 QVC에서 물건을 구매하는 것은 거래가 아니라 '사회적 경험'이라는 점을 자랑스레 내세운다. 그런데 QVC를 비롯한 홈쇼핑 채널이 큰 성공을 거둘 수 있었던 이유는 사회적 경험을 제공한 것뿐만 아니라, 희소성 전략을 잘 활용했기 때문이다.

어느 날 아침, QVC의 쇼핑호스트 팻 제임스-디멘트리는 탱크톱과 블라우스 세트를 걸어둔 옷걸이 옆에 서서, 시청자들에게 지금 바로 주문하면 가격이 30% 할인된다며(시간제한 희소성), 기다리지 말고 주문하라고 권했다. 촬영 스튜디오 뒤편에서는 방송 프로듀서가 화면 두 개를 확인하고 있었다. 하나는 주문 전화량 추이를 보여주는 화면이었고, 또 하나는 남은 제품의 색상과 사이즈를 보여주는 화면이었다. 화면을 보니 그날 아침에는 와인색 블라우스가 가장 인기였다. 실시간 제품 정보를 보여주는 대시보드 화면은 쇼핑객의 다급함을 자극하는 데 도움이 되었다. 프로듀서는 쇼핑호스트 맷의 이어폰에 와인색의 수요가 높다고 속삭였다. 팻은 명랑한 목소리로 거의 1억 명에 달하는 시청자의 가정에 외쳤다. "와인색이 날개 돋친 듯 판매되고 있습니다!"[14] 쇼핑호스트가 그렇게 소리치자 정말로 와인색 블라우스는 날개 돋친 듯 팔려 나갔다.

홈쇼핑 방송을 시청하는 사람들은 대부분 중장년층이었지만, QVC는 시청자층의 폭을 넓힐 방안을 시도해왔다. QVC는 경쟁사였던 홈쇼핑 네트워크Home Shopping Network, HSN를 인수한 뒤 북미에서 세 번째로 큰 전자상거래 유통업체가 되었다. QVC보다 앞선 회사는 월마트와 아마존뿐이다.

희소성은 QVC 웹사이트 전체에서 나타난다. 웹사이트 메인화면에는 '유행 상품'이라는 페이지가 있는데, 이 페이지에 접속하면 'QVC의 유행 상품: 사람들의 입소문을 탄 제품을 확인하세요'라는 제목이 뜬다. 높은 수요의 희소성이 여기서 효과를 발휘한다. 또한 QVC는 다른 온라인 유통업체에서는 지원하지 않는 '대기자 명단' 기능도 제공한다.

홈쇼핑 방송에서는 희소성 전략을 정말 뛰어나게 활용해왔기 때문에 나는 이 분야에서 경험을 쌓은 사람과 직접 이야기를 나눠보고 싶었다. 그 상대로 케빈 해링턴보다 나은 사람이 있을까? 1장에서 소개했던 것처럼 케빈은 TV 프로그램 〈샤크 탱크〉에 원조 '샤크(투자 심사위원)' 역할로 출연했고, 인포머셜의 창시자이자 홈쇼핑 업계의 선구자다. 마케팅에 활용할 희소성 전략에 관한 이야기를 나누는 동안 케빈은 HSN에서 일하기 시작했던 첫해의 이야기를 꺼냈다. HSN과 QVC 모두 특별 행사 때는 재고를 사전 주문한다. 예를 들어 HSN이 어느 상품을 5,000개 발주했다면, 쇼핑호스트는 방송에서 "재고는 5,000개뿐입니다"라고 말한다. 쇼핑호스트의 말은 진짜다.

세월이 흐르면서 케빈은 HSN 방송에서 쇼핑호스트가 하는 말이 진짜인지 아닌지 묻는 질문을 자주 받았다고 한다. "한번 매진되면 재입고는 없습니다"와 같은 말은 상품을 더 많이 판매하려는 마케팅 전략처럼 들릴 수 있겠지만, HSN에서는 100% 정확한 말이었다. 마케팅 시 지켜야 할 법률(광고 내 사실 적시에 관한 법률. 마케팅 내용의 가이드 라인을 제시한다)이 있기도 했고, 상품이 거의 다 팔렸다는 발언 역시 구매를 설득하기보다는 정보를 알려주기 위한 것이었다. 홈쇼핑 채널에서 발생하는 희소성은 방송 전에 제품을 특정 수량만 미리 확보하는 구매 모델에서 나온다. 그런데 이러한 구매 모델이 어째서 희소성 효과를 불러오는 걸까?

거실에 편히 앉아 가벼운 마음으로 홈쇼핑 방송을 보고 있다고 하자. 당신은 방송 중인 상품에 관심이 간다. 쇼핑호스트는 상품이 1,000개 남았다고 설명하다가 갑자기 잠시 멈춰 업데이트된 숫자를 받고 말한다. "어? 아닙니다. 남은 수량이 단 95개뿐입니다." 당신은 이제 자세를 바로잡고 앉아 이걸 사야 할지 진지하게 고민한다. 이후 10분 동안 계속 방송을 보는데, 쇼핑호스트가 갑자기 경고한다. "이제 남은 수량이 단 5개뿐입니다!" 그러고 나서 한 마디를 더 보탠다. "이 상품은 현재 재입고 계획이 없습니다. 만일 재입고가 되더라도 앞으로 3~6개월 사이에는 들어오지 않습니다." 그렇다면 당신은 어떻게 하겠는가?

우리가 지금까지 알아본 내용을 근거로 생각하면, 구매 결정 과정에서 심사숙고 단계를 건너뛰고 즉시 행동에 나서 지금, 그 자리에서 구매할 가능성이 아주 크다. 바로 '희소성의 마법'이 작동한 것이다.

지금까지 공급 관련 희소성(전체 공급 수량이 제한되어 있음), 수요 관련 희소성(상품의 인기가 높아서 빨리 팔림), 그리고 시간 관련 희소성(정해진 시간 안에만 구매할 수 있음)을 살펴보았다. 마지막으로, 포모증후군 역시 무시하기엔 너무 큰 영향을 끼치는 요소다.

속임수의 역효과

●

희소성에는 여러 종류가 있지만, 수요 관련 희소성은 조작하기가 쉽기 때문에 소비자를 속이는 데 가장 많이 이용된다. 제품이 정말 인기가 많아서 매진되는 것과 실제 인기 있는 제품도 아닌데 그저 광고 속 문구를 바꿔서 인기 있다고 '믿게 만드는' 건 별개의 일이다. 마케팅 담당자들은 희소성 효과를 불러일으키려고 의도적으로 수량을 제한하며 아슬아슬한 줄타기를 한다. 희소성을 알리는 메시지가 조작된 거짓임을 누군가가 알아차리면, 제품이나 브랜드에 관한 인식에 부정적인 영향을 미친다. 앞서 살펴보았던 고급 아파트 분양 사례로 다시 돌아가 보자. 만일 아파트를 분양받으려는 사람이 남아 있는 10%에 해당하는 집을 보려고 방문 약속을 잡았다가 와서 보니 아파트의 절반이 아직 비었다는 걸 알게 되었다면 어떻게 될까? 그 사람은 아파트를 구매하지 않을 가능성이 크고, 분양 회사를 속임수를 쓰는 곳으로 여길 것이 분명하다. 그리고 자신의 경험을 다른 사람과 공유해 분양 회사의 기만행위를 퍼뜨릴 것이다. 마케팅 담당자들이 반드시 유념해야 할 중요한 교훈은 제품의 인기에 따른 수요를 활용할 때는 매우 세심한 주의를 기울여야 한다는 점이다. 제품의 인기를 날조하는 상황은 절대 없어야 한다.

수요에 따른 희소성 활용하는 법

●

윤리적이고 진실한 방식으로 제품의 인기를 전달하는 방법도 있다. 이제 그 방법에 대해 살펴보자.

1인당 구매 가능한 개수 제한

구매 가능 수량을 제한하는 것은 수요의 범주에 속한다. 마트에 갔더니 시리얼을 엄청나게 싸게 팔고 있다고 해보자. 시리얼 한 통을 사야겠다고 마음먹었는데 '1인당 세 개까지 구매 가능'이라고 적힌 문구를 보았다. 이 문구를 보는 순간 할인 행사 때문에 시리얼 수요가 높아지겠다고 짐작하고 원래 마음먹었던 대로 한 통을 사는 대신 구매 제한 수량의 최대치인 세 통을 산다. 기회를 놓치고 싶진 않으니 말이다!

이 전략이 지금까지 큰 성공을 거뒀기 때문에 여러 마트에서 반복해서 이 전략을 사용하고 있다. 2장에서 이야기했던 연구 사례를 떠올려보라. 미국의 대형 마트 체인점 매출을 분석한 결과 이처럼 구매 가능 수량을 제한할 경우 그 상품은 80주 이상에 걸쳐 훨씬 더 많이 팔렸다.[15] 할인 행사를 계획하는 기업이라면 고객이 구매할 수 있는 수량을 제한하는 방식을 써도 좋을 것이다.

255

베스트셀러

책에서부터 화장품, 음반에 이르기까지 베스트셀러 목록은 상품의 인기를 나타내는 것이기 때문에 소비자에게 강력한 영향을 준다. 무엇을 사야 할지 잘 모를 때 베스트셀러 순위에 오른 제품에 마음이 끌릴 가능성이 가장 크다. 우리는 판매 실적이 우수한 상품 목록을 보면 고민 없이 구매 의사를 결정하게 된다. 베스트셀러 상품이 반드시 희소한 건 아니지만, 수요가 높고 판매량이 많은 상품이라는 걸 분명하게 알려주기 때문이다.

어떤 책을 사야겠다는 분명한 생각 없이 대형 서점에 들렀다고 하자. 여기저기 책 진열대 사이를 목적 없이 걸어 다니며 몇 시간을 보낼 수도 있고 아니면 '베스트셀러' 도서를 진열해둔 곳으로 바로 향할 수도 있다. 만일 베스트셀러 도서 가운데 한 권을 골랐다면, 당신은 기본적으로 '그렇게 많은 구매자의 의견이 틀렸을 리 없다'고 산정한 것이다.

나의 동료 재닛은 베스트셀러 상품과 관련된 자신의 경험을 들려주었다. 재닛 부부는 베란다 문을 막 교체한 참이었는데, 창문 블라인드도 새로 바꾸고 싶어 맞춤형으로 커튼이나 블라인드를 제작해주는 곳을 찾았다. 재닛과 마주 앉은 상담 직원은 천 소재로 된 여러 제품을 소개하다가 특별히 어느 제품 하나를 가리키며 디자이너 사이에서 베스트셀러인 상품이라고 말했다. 그 말을 들은 순간부터 재닛은 오로지 그 '베스트셀러' 상품에만 관심이 갔고, 다른 상품은 더 이상 확인하지 않기로 했다.

가장 인기 있는 상품이나 서비스가 무엇인지 보여주는 것도 같은 효과를 낸다. 인기 상품은 본질상 베스트셀러가 그렇듯이, "다른 사람들이 모두 구매하니까 좋은 제품일 게 틀림없어"라는 메시지를 전달하기 때문이다.

기업의 시각에서 보자면, 가장 인기 있는 상품이나 베스트셀러를 부각할 때, 소외되고 싶지 않은 소비자들 사이에서 포모증후군을 불러일으킬 수 있으며, 소비자의 구매 결정에 확신을 줄 수 있다. '베스트셀러' 혹은 '최고 인기'라는 표시를 붙임으로써 그 상품에 특별 승인 도장을 찍는 것이다.

재입고

어느 상품이 재입고되었다는 사실은 해당 상품이 인기가 많고 이전에 품절된 적이 있었음을 암시한다. 재입고 여부를 표시하는 건 간단하지만 정말 자주 쓰는 방법이다. 상품에 이제 다시 구매 가능하다는 표시만 써서 붙이면 되는 일이기 때문이다. 심지어 유니클로, 어그, 주방용품 편집 숍 윌리엄스 소노마Williams Sonoma 같은 기업들은 고객에게 상품 재입고 소식을 알리는 이메일을 보내기도 한다.

남은 수량 알림

5장에서 우리는 에리카가 화장품 판매 웹사이트에서 겪었던 일에 관해 살펴보았다. 화장품 판매 웹사이트에서 희소성 전략을 비윤리적인 방식으로 다루었다는 점은 짚어보았지만, 에리카가 제품 설명 페이지에 나온 '남은 수량 단 한 개'라는 문구를 보고 다급하게 구매를 결정한 이유는 설명하지 않았다. 지금 그 이유에 관해 알아보자.

제품이 희소하지 않더라도 '남은 수량 단 세 개'라는 식으로 재고가 많지 않다는 걸 보여주면 희소성 효과가 나타난다.[16] 대형 전자상거래 사이트에서 책 3만 5,000권의 판매 과정을 추적해 이 이론을 시험해본 연구가 있었다. 각 책을 소개하는 상품 페이지에는 가격, 평점, 출판일 등의 기본 정보와 판매 순위가 표시되었다. 연구진은 여기에 구매 가능한 재고 수량과 배송 마감 시간(예를 들어 '다음 ○시간 안에 주문하면 내일 배송 완료')을 보여주는 희소성 메시지도 추가했다. 그 후 2주간 책의 판매 과정을 추적하고 자료를 분석한 결과, 연구 팀은 남은 재고 수량을 보여주는 희소성 메시지를 더하면 판매가 촉진된다고 결론 내렸다. 그런데 이런 메시지는 주로 고객이 구매 과정으로부터 멀리 있을 때 효과가 있었다. 처음에는 고객이 가볍게 이리저리 살펴보기만 하다가 희소성 메시지를 보고 진지하게 상품을 사야겠다고 마음먹는다는 뜻이다. 연구 팀의 결론은 온라인 판매를 하거나 회사 홈페이지에서 상품

및 서비스를 홍보하는 기업이 남은 재고 수량을 보여주는 방식으로 매출을 늘릴 수 있음을 알려준다. 하지만 남은 수량은 사실대로 정확하게 표시해야 한다는 점을 명심하라.

유통업계 외에 서비스 지향 기업도 인기 서비스의 수요를 활용하는 방식으로 효과를 거둘 수 있다. 웹사이트에 지금까지 몇 명의 고객에게 서비스를 제공했는지 혹은 어떤 회사를 고객사로 두고 있는지 간단하게 보여주면 인기 있는 회사라는 인식이 생긴다. 하지만 그보다 더 효과적인 방법은 영업 사원이 '이제 고객사를 두 곳만 더 받을 예정'이라는 식으로 말하는 것이다. 이런 말을 들으면 희소성 효과가 나타나고, 소외될지 모른다는 불안감이 올라온다.

이 전략을 매우 잘 활용하는 회사가 부킹닷컴이다. 처음에 부킹닷컴 사이트에 할인된 가격으로 예약할 수 있는 남은 방의 개수를 공개했을 때, 예약 건수가 확 늘어났다고 한다. 건수가 너무 많이 늘어 고객 서비스 팀에서 시스템 오류가 발생했다고 생각할 정도였다.[17] 그러나 예약 건수가 치솟은 건 강력한 희소성의 효과 때문이었다. 광고에 나오는 저렴한 가격으로 예약할 기회가 제한되어 있다는 걸 알게 되자 고객들은 다급해졌다.

남은 수량을 알리는 방법과 비슷하게, 지금까지 얼마나 팔렸는지 보여주는 것도 높은 수요로 인한 희소성을 활용하는 또 다른 방법이다. 호텔 예약 사이트에서 어느 호텔에 오늘 몇 건의 예약이 이루어졌는지 보여주거나, 제품 판매 사이트에서 지금까지 해당 제품이 얼마나 팔렸는지 수량을 표시하는 식이다.

대기 명단

대기 명단이 있다는 건 해당 상품의 수요가 높다는 의미일 뿐만 아니라, 명단에 이름을 올린 사람에게는 (인내심이 필요하겠지만) 인기 상품을 얻을 기회가 있다는 뜻이다. 2003년, 의류회사 바나나 리퍼블릭은 198달러짜리 재킷을 대대적으로 광고했다. 이 덕분에 상품의 수요가 높아졌지만, 바나나 리퍼블릭은 이후 기존의 약 절반 정도로 출하량을 제한했다. 그러자 사람들은 앞다투어 대기 명단에 이름을 올렸다.[18] 바나나 리퍼블릭 외에도 자동차 회사부터 골프 클럽 제조업체, 사립 학교, 아파트 단지, 그 외에 기타 비유통 기업에 이르기까지, 상품의 수요가 높다는 것을 알리기 위해 대기 명단을 활용하는 기업의 사례는 아주 많다. 수수료가 없는 주식 거래 앱 로빈후드의 경우 출시 1년 전에 거의 100만 명에 달하는 사람이 이용 대기 명단에 이름을 올렸다. 이 회사는 2018년도에 다시 한번 대기 명단 제도를 활용한다. 이번에는 수수료 없는 가상화폐 거래 서비스의 대기 명단을 받겠다고 발표한 것이다. 발표 후 하루가 채 지나지 않아, 명단에 이름을 올린 사람이 125만 명이나 되었다.[19]

만약 수요가 높다는 사실을 잘 보여줄 수만 있다면, 다른 업계 혹은 기업에서도 제품이나 서비스 출시 전에 대기 명단을 만들어 그 인기를 알림으로써 희소성의 효과를 누릴 수 있다. 고객에게 (이미 하고 있다면 다시 한번) 높은 수요 때문에 제품이나 서비스가 품절될 가능성이 크다는 점을 알려라. 아니면 대기 명단에 이름을 올린 고객이 다른 누구보다 먼저 제품이나 서비스를 사용하게 될 거라고 전달하라.

✦ ✦ ✦

지금까지 배웠듯이 희소성은 어떤 종류든지 기업에 도움이 된다. 지금까지 배운 내용을 바탕으로 우리는 어떤 방향으로 나아가야 할까? 이제 이 질문을 던져야 할 차례다.

핵심 정리

- 높은 수요 때문에 희소성이 나타났을 때는 다른 요소(한정적인 공급이나 시간제한 등)로 인해 희소성이 나타났을 때보다 대상을 향한 인식 가치가 훨씬 더 높다.

- 제품의 수요가 높거나 인기가 많아 희소성이 발생하면, 일단 제품이 매진되고 나면 다시 가질 기회는 영영 사라지고 말 거라는 생각 때문에 소비자의 마음은 다급해진다.

- 높은 수요로 희소성이 나타나면 우리는 그 즉시 행동에 나서게 된다.

- 수요 때문에 발생하는 희소성은 소속감을 느끼고 싶은 사람 혹은 특정 그룹과 자신을 동일시하는 사람의 마음을 파고든다.

- 기업은 1인당 구매 가능 개수 제한, 베스트셀러, 재입고, 남은 수량 알림, 대기 명단 등록과 같은 방법을 활용해 희소성 효과를 일으킬 수 있다.

CHAPTER 10

어떻게
적용할 것인가?

"오스카 마이어, 볼로냐 햄에서 영감을 얻은 시트 마스크 출시."
미국의 방송매체 투데이닷컴에 실린 기사의 제목이다.[1] 그렇다,
지금 제대로 읽은 게 맞다. 오스카 마이어Oscar Mayer는 육가공품
브랜드로, 볼로냐라는 이름의 얇게 썬 둥근 햄 상품과 '볼로냐 햄
에는 이름이 있어요. 그건 바로 오-스-카'라는 귀에 쏙 들어오는
노래로 유명하다. 이 브랜드에서 한국의 화장품 회사 서울 마마스
Seoul Mamas와 제휴해 한정판 마스크팩을 출시한 것이다. 오스카
마이어에서 출시한 이 마스크팩은 어린 시절 볼로냐 햄에 눈, 코,
입 구멍을 뚫어 얼굴에 붙이고 놀았던 추억을 회상하는 사람들의
마음을 끌었다. 마스크팩 아이디어는 오스카 마이어의 팬과 화장

품에 열성을 쏟는 사람들을 미소 짓게 했다. 다만 보도자료에 따르면 이 마스크팩은 어린 시절 가지고 놀던 햄 대신 '수분 공급과 피부 회복을 위한 하이드로겔' 성분으로 만들어졌고, '피부 탄력성을 증진하고, 수분 공급과 보습 상태를 개선하며, 항염 기능을 제공하고, 피부를 보호'하는 제품이었다. 가격은 4.99달러였고, 아마존에서 판매했다. 그런데 출시한 지 불과 몇 시간 만에 오스카 마이어 마스크팩은 매진되었다.

마스크팩의 수요는 예상을 뛰어넘는 것이었다(마스크팩은 출시 후 불과 12시간이 채 안 되어 아마존의 미용&개인위생 관리 부문 신제품 순위에서 1위에 등극했고, 마스크팩 매출 순위에서는 3위를 차지했다). 그들은 며칠 안에 마스크팩이 재입고되도록 판매자 및 아마존 측과 함께 열심히 노력하고 있다고 알리면서, 그때까지 구매를 원하는 고객은 마스크팩을 갖고 싶은 상품 목록에 추가해두거나 구매 가능한지 상품 페이지를 계속 확인하라고 일렀다.

오스카 마이어의 마스크팩 출시는 고객들의 옛 향수를 불러일으켰을 뿐 아니라, 희소성과 관련된 심리적 요소를 유발했다. 오스카 마이어는 인스타그램에 여러 게시물을 올렸는데, 그중에는 출시 직후에 제품을 홍보하는 게시물 그리고 품절 및 재입고 소식을 알리는 게시물도 있었다. '재입고'라는 단어를 사용하자 팬들로부터 온갖 댓글이 달리기 시작했다. 포모증후군을 표현하거나 마스크를 꼭 손에 넣고 싶다는 강한 바람을 표현하는 내용이 많았다. 《USA 투데이》를 포함해 여러 뉴스 미디어에서 마스크 품절 사태와 재입고 계획을 보도했다.[2]

오스카 마이어의 마스크팩이 품절된 상황을 분석해보면, 앞서 살펴보았던 여러 가지 이론을 실제로 확인할 수 있다. 먼저, 마스크팩이 품절되기 전과 후에 뉴스 보도가 잇따랐던 것에 주목해보자. 신뢰할 수 있는 출처인 뉴스에서 이 마스크팩은 '공급량이 제한된 한정판 상품'이라고 소개했다. 이에 더해 앞선 장에서 희소성을 알리는 메시지에 다른 이들도 같이 영향을 받는다고 생각하면, 사람들은 즉시 행동에 나선다고 배웠다. 고객들은 아마존에 접속해 마스크팩을 구매하는 행렬에 동참했다. 마지막으로 마스크팩이 한정판 상품이고, 한정된 공급량으로 짧은 기간 동안만 구매 가능하다는 것도 살펴봐야 한다. 이런 점이 남들과는 다른 톡특함을 원하는 사람들의 관심을 끌 것이다. 게다가 오스카 마이어는 마스크팩 광고를 미리 했다. 사전 광고 덕분에 팬 커뮤니티는 기대와 흥분으로 고조되었다.

당신이 볼로냐 햄 디자인의 마스크팩을 팔 일은 없겠지만, 오스카 마이어의 사례를 분석해보면 많은 것을 얻을 수 있다. 지금까지 소개한 기업의 이야기와 연구 내용을 통해서도 마찬가지다. 오스카 마이어처럼 '한정판'과 '공급 관련 희소성' 전략을 활용해도 되고, QVC처럼 '수요 관련 희소성'에 집중하는 방법도 있다. 아니면 스타벅스나 콜스의 사례를 따라 '시간 관련 희소성'

을 활용하자. 지금까지 배운 전략과 방법이 앞으로 어떤 종류의 희소성을, 언제 어떻게 활용할 것인지 그리고 결국 제품을 어떻게 팔 것인지 정하는 데 길잡이 역할을 해줄 것이다.

희소성은 모두에게 영향을 준다

●

사람들에게 희소성에 관한 책을 쓰고 있다고 말하면 열에 아홉은 이 주제에 들어맞는 이야기가 있다며, 공급이 한정된 제품을 구하려고 매장 밖에 줄을 서서 기다리거나, 회원 전용 클럽이라는 이유로 클럽에 가입한 이야기 등 자기 경험을 말하곤 했다. 큰 물건을 구매한 경험에서부터 사소한 물건을 샀던 경험까지 대상은 다양했지만, 그들은 하나같이 자신이 구매를 결정하게 된 원인의 바탕에 희소성이 있다는 사실을 모르고 있었다. 사실 사람들은 자기가 무엇 때문에 구매를 결정했는지 잘 생각해보지 않았다. 앞서 언급했던 모든 개인 사례에서 대부분이 그랬다고 확실히 말할 수 있다. 우리는 희소성을 알리는 메시지에 그토록 자주 노출되는지 깨닫지 못할 뿐 아니라, 자신이 그로 인해 행동에 나선다는 것도 알지 못한다.

이 책을 읽기 전에는 당신도 그랬을 것이다. 하지만 이제는 상황을 조금 다르게 바라볼 수 있으리라 확신한다.

처음 내가 희소성을 조사하기 시작했을 때 나는 희소성이 사람에게, 특히 소비자에게 어떻게 영향을 미치는지 잘 이해하고 있다고 생각했다. 하지만 곧 희소성은 여러 측면으로 이루어진 복잡한 문제라는 것을 깨달았다. 희소성은 수십 년 동안 학자들을 사로잡은 연구 주제이며, 그와 관련해 셀 수 없이 많은 연구가 이루어졌다. 결론은 분명하다. 희소성은 우리에게 영향을 주고, 알아차리지 못하는 사이에도 구매하고 싶은 마음이 들게 한다.

희소성은 단순한 개념이 아니며, 수요 대 공급 이상의 문제다. 다양한 종류의 희소성은 종류별로 다른 영향을 주며, 특정 그룹에 속하는 사람들에게는 더 큰 영향을 미치기도 한다. 예를 들어 다른 사람보다 돋보이고 싶어 하는 사람을 주 고객층으로 하는 명품 회사라면, 판매 전략의 초점은 높은 수요를 일으키는 것이 아니라, 공급을 한정하는 것이어야 한다. 반대로 만일 순응 욕구가 강한 사람이 주 고객층이라면 고객이 인기 있는 상품을 원할 테니, 높은 수요로 인해 구매 가능성이 제한된 상품에 초점을 맞추자.

희소성의 개념 안에는 여러 측면이 있으니 다각도로 살펴봐야 한다. 어떤 경우에 우리는 희소성을 알리는 메시지를 받으면 빠르게 의사를 결정하거나 사고의 지름길을 택한다. 또 어떤 경우에는 비슷한 상품이더라도 진열대를 꽉 채운 상품보다 거의 다 팔려 텅 빈 진열대에 몇 개 남지 않은 상품에 손이 가기도 한다.

고객 충성도와 커뮤니티

•

희소성은 수익을 늘리는 촉매 역할을 할 수 있다. 지금까지 연구와 실전 사례를 통해 배운 사실이다. 하지만 고객 및 여러 브랜드의 임원들과 인터뷰를 진행하며 희소성이라는 연구 주제를 깊이 파고들어가 보니, 희소성에는 다른 긍정적인 영향도 있었다. 비록 수익을 늘리는 것만큼 눈에 띄는 장점은 아니지만, 영향력은 매우 강력하다.

맥도날드에서 맥립 버거와 같이 때때로 내놓는 기간 한정 상품은 고객과 브랜드 간 유대감을 형성하며, 고객에게 즐거움을 준다. 렉트릭 전기자전거의 구매 대기 명단에 이름을 올린 사람은 새 자전거를 기대하는 마음으로 설레한다. 해리 앤드 데이비드는 고객들이 공급이 제한된 상품을 구매할 수 있는 전용 그룹에 참여하게 함으로써 커뮤니티를 형성한다.

희소성은 세상에서 가장 강력한 영향을 끼치는 전략이며, 희소성이 가진 힘은 기업의 방향을 바꿀 수도 있고, 일의 성공을 촉진할 수도 있다. 앞으로 희소성이 가진 엄청난 힘을 언제, 어떻게 활용할 것인지 생각할 때면 윈스턴 처칠의 말을 기억하자.

"큰 힘에는 큰 책임이 따른다."

한눈에 보는 희소성의 정의

- **수요 관련 희소성:** 제품의 인기와 높은 수요를 공급량이 따라가지 못해 나타나는 희소성.

- **공급 관련 희소성:** 공급 부족으로 구매할 수 있는 상품이 많지 않을 때 발생하는 희소성. 고객이 희소한 상품을 사갈 때마다 남아 있는 상품의 개수는 줄어든다.

- **한정판의 희소성:** 공급 관련 희소성의 한 종류. 한정판은 생산 수량을 의도적으로 제한한 상품이므로, 뜻 자체에 희소성이 '내포되어 있다'. 한정판 상품은 남들과 차별화되고 싶은 배타성 욕구를 만족시킨다.

- **시간 관련 희소성:** 상품을 구매할 수 있는 시간이 한정될 때 나타나는 희소성.

감사의 글

책을 쓰는 건 절대 쉬운 일이 아니다. 외부의 도움과 지지가 없었더라면 해내지 못했을 것이다. 감사한 마음을 도대체 어디부터 전해야 할까?

우선 출판 에이전트인 신시아 지그문트에게 특히 고마움을 전하고 싶다. 신시아는 내가 가진 아이디어를 현실로 바꿔준 사람으로, 몇 시간씩 내 생각에 살을 붙이고, 그 과정에서 놀라운 피드백도 해주었다. 내가 마음속에 아무렇게나 떠오르는 온갖 질문을 던져도 인내심을 가지고 답해주었고, 멋진 조언을 건네주었다. 신시아, 신시아가 없었으면 이 책은 절대 나올 수 없었을 거예요.

이제 맥그로힐 출판사의 편집 팀에 감사를 전할 차례다. 특히 셰릴 세구라에게 감사의 마음을 보낸다. 줌을 통해 셰릴과 처음 대화를 나눴던 순간부터 나는 셰릴이 함께 일하고 싶은 사람이라는 걸 알았다. 셰릴은 편집 과정을 전부 즐거운 일로 만들었고, 뛰어난 아이디어를 정말 많이 더해주었다. 셰릴은 매 페이지이 책을 뛰어난 모습으로 바꿨다. 일상생활에서 경험하는 희소성에 관해 셰릴과 나눴던 대화를 어찌 좋아하지 않을 수 있을까? 믿기 힘들 정도로 커다란 감사의 마음을 전합니다, 셰릴.

이 책을 처음 쓰기 시작했을 때 나는 희소성을 이론적으로 설명만 하는 게 아니라 실제 작동하는 모습을 보여주고 싶었다. 그러려면 성공한 사업가로부터 직접 설명을 듣는 것보다 더 좋은 방법이 어디 있을까? 이를 위해 내가 부탁드린 인터뷰에 응해준 분들이 시간과 지식을 얼마나 후하게 나눠주셨는지 정말 감동했다. 케빈 해링턴, 짐 맥캔, 딘 배럿, 레비 콘로우, 데이비드 코건, 멜린다 스피겔, 그리고 제레미 니콜슨 박사님께 감사하다. 여러분의 이야기가 이 책에 담긴 정보에 생기를 불어넣었다. 게다가 매번 인터뷰를 진행할 때마다 개인적으로도 새로운 무언가를 배운 느낌이 들었다.

그리고 원고를 확인해주고, 친절하게 답변해준 로버트 치알디니 박사님의 모든 말씀에 감사드린다. 박사님을 정말 존경하고, 그의 연구에 감탄하고 있다. 그리고 박사님과 나눴던 대화는 정말 즐거웠다.

이 책을 쓰는 내내 나를 지지해준 그랜드캐니언대학교의 랜디 깁 박사님과 앨리슨 메이슨 박사님께 특별한 감사의 마음을 전한다. 두 분 모두 정말로 큰 힘을 주셨고, 열정과 흥분을 함께 했다.

마지막으로 남편 마이크에게 감사한 마음을 전해야겠다. 희소성에 관한 새로운 생각과 책의 전반에 관한 이야기를 얼마나 많은 낮과 밤에 마이크에게 쏟아냈는지 이젠 셀 수도 없을 지경이다. 남편은 항상 참을성 있게 두서없는 내 이야기에 귀 기울여 주었다. 마이크, 당신에게 빚을 졌다는 말을 전하고 싶어.

들어가며

1   https://www.nytimes.com/1996/12/22/nyregion/elmo-the-spirit-of-christmas.html.

2   Kastrenakes, J. "Beeple Sold an NFT for $69 Million." The Verge, March 11,2021.https://www.theverge.com/2021/3/11/22325054/beeple-christies-nft-sale-cost everydays-69-million.

CHAPTER 1

1   Kanfer, S. The Last Empire: De Beers, Diamonds, and the World. New York: Noonday Press, 1995.

2   Friedman, U. "How an Ad Campaign Invented the Diamond Engagement Ring." The Atlantic, February 13, 2015. Retrieved from https://www.theatlantic.com/international/archive/2015/02/how-an-ad-campaign-invented-the-diamond-engagement-ring/385376/.

3   John, M., Melis, A. P., Read, D., Rossano, F., and Tomasello, M. "The Preference for Scarcity: A Developmental and Comparative Perspective." Psychology & Marketing 35, no. 8 (2018), 603-615. doi:10.1002/mar.21109.

4   Huijsmans, I., Ma, I., Micheli, L., Civai, C., Stallen, M., and Sanfey, A. G. "A
     Scarcity Mindset Alters Neural Processing Underlying Consumer Decision
     Making." Proceedings of the National Academy of Sciences 116, no. 24 (2019),
     11699-11704. https://doi.org/10.1073/pnas.1818572116.

5   Kwon, W., Deshpande, G., Katz, J., and Byun, S. "What Does the Brain
     Tell About Scarcity Bias? Cognitive Neuroscience Evidence of Decision
     Making Under Scarcity." International Textile and Apparel Association
     Annual Conference Proceedings 74, no. 41 (2017). https://doi.org/10.31274/
     itaa_proceedings-180814-374.

6   Morrison, M., "Secret McRib Network Defunct as McD's Rolls It Out Nationwide."
     Advertising Age 81, no. 39 (2010), 3-24.

CHAPTER 2

1   Pennebaker, J. W., Dyer, M. A., Caulkins, R. S., Litowitz, D. L.,Ackreman, P. L.,
     Anderson, D. B., et al. "Don't the Girls Get Prettier at Closing Time: A Country
     and Western Application to Psychology." Personality and Social Psychology
     Bulletin 5, no.1 (1979), 122-125.

2   Brehm, J. W. A Theory of Psychological Reactance. New York:Academic Press,
     1966.

3   Rosenberg, B. D., and Siegel, J. T. "A 50-Year Review of Psychological Reactance
     Theory: Do Not Read This Article." Motivation Science 4, no. 4 (2018), 281-300.
     doi:10.1037mot0000091.

4   Zemack-Rugar, Y., Moore, S. G., and Fitzsimons, G. J. "Just Do It! Why Committed
     Consumers React Negatively to Assertive Ads."Journal of Consumer Psychology 27,
     no. 3 (2017), 287-301. doi:10.1016/j.jcps.2017.01.002.

5   Rummel, A., Howard, J., Swinton, J. M., and Seymour, D. B. "You Can't Have
     That! A Study of Reactance Effects & Children's Consumer Behavior." Journal of
     Marketing Theory and Practice 8, no. 1 (2000), 38-45.

6   Kowarski, I. "11 Colleges with the Lowest Acceptance Rates." US News, November
     10, 2020. https://www.usnews.com/education/best-colleges/the-short-list-college/
     articles/colleges-with-the-lowest-acceptance-rates.

7   Levitz, J., and Korn, M. "How Rick Singer's 'Side Door' Worked in ollege Admissions Scandal." Wall Street Journal, September 22, 021. https://www.wsj.com/articles/how-rick-singers-side-door-worked-in-college-admissions-scandal-11632312003?mod=article_inline.

8   Lartey, J. "Felicity Huffman Among Dozens Charged over admissions Fraud at Top US Schools." The Guardian, March 12, 2019. https://www.theguardian.com/us-news/2019/mar/12/us-college-admissions-fraud-scheme-charges-georgetown-southern-california-universities.

9   Drell, C. "What Is the College Admissions Scandal? Lori Loughlin and Felicity Huffman Were Indicted." Marie Claire, March 15, 2019, https://www.marieclaire.com/politics/a26801201/college-admissions-bribery-scandal-felicity-huffman-lori-loughlin/.

10 Hathcock, M. "Say Goodbye to Hobby Lobby's 40% off Coupon." The Krazy Coupon Lady blog. TheKrazyCouponLady.com, February 12, 2021. https://thekrazycouponlady.com/tips/couponing/hobby-lobby-discontinuing-40-off-coupon.

11 "KCL Press." The Krazy Coupon Lady. Accessed January 22, 2022. https://thekrazycouponlady.com/press.

12 Hathcock. "Say Goodbye to Hobby Lobby's 40% off Coupon."

13 "Hobby Lobby Eliminates Its Famous 40% off Coupons." Coupons in the News, January 28, 2021. https://couponsinthenews.com/2021/01/28/hobby-lobby-eliminates-its-famous-40-off-coupons/.

14 Birnbaum, G. E., Zholtack, K., and Reis, H. T. "No Pain, No Gain: Perceived Partner Mate Value Mediates the Desire-Inducing Effect of Being Hard-to-Get During Online and Face-to-Face Encounters." Journal of Social and Personal Relationships (2020).

15 Griskevicius, V., Goldstein, N. J., Mortensen, C. R., Sundie, J. M., Cialdini, R. B., and Kenrick, D. T. "Fear and Loving in Las Vegas: Evolution, Emotion, and Persuasion." Journal of Marketing Research 46, no. 3 (2009), 384-395.

16 Hamilton, R., Thompson, D., Bone, S., Chaplin, L. N., Griskevicius, V., Goldsmith, K., et al. "The Effects of Scarcity on Consumer Decision Journeys." Journal of the Academy of Marketing Science 47, no. 3 (2019), 532-550. doi:10.1007/ s11747-018-0604-7.

17   Griskevicius, Goldstein, Mortensen, Sundie, Cialdini, and Kenrick. "Fear and Loving in Las Vegas."

18   Inman, J. J., Peter, A. C., and Raghubir, P. "Framing the Deal:The Role of Restrictions in Accentuating Deal Value." Journal of Consumer Research 24, no. 1 (1997), 68-79. https://doi-org.lopes.idm.oclc.org/10.1086/209494.

19   Wansink, Brian, Kent, Robert J., and Hoch, Stephen J. "An Anchoring and Adjustment Model of Purchase Quantity Decisions." Journal of Marketing Research 35, no. 1 (1998), 71-81. doi:10.2307/3151931.

20   Johnco, C., Wheeler, L., and Taylor, A. "They Do Get Prettier at Closing Time: A Repeated Measures Study of the Closing-Time Effect and Alcohol." Social Influence 5, no. 4 (2010), 261-271. https://doi-org.lopes.idm.oclc.o rg/10.1080/15534510.2010.487650.

CHAPTER 3

1   Wansink, B., and Sobal, J. "Mindless Eating: The 200 Daily Food Decisions We Overlook." Environment and Behavior 39, no.1 (2007), 106-123.

2   Yarrow, K. Decoding the New Consumer Mind: How and Why We Shop and Buy. San Francisco: Jossey-Bass, 2014.

3   Jackson, T., Dawson, R., and Wilson, D. "The Cost of Email Interruption." Journal of Systems and Information Technology 5, no. 1 (2001), 81-92. https://doi.o rg/10.1108/13287260180000760.

4   Zhu, M., and Ratner, R. K. "Scarcity Polarizes Preferences: The Impact on Choice Among Multiple Items in a Product Class."Journal of Marketing Research 52, no. 1 (2015), 13-26.

5   Adams, K. "Famous Kentucky Whiskey Heist 'Pappygate' Coming to Netflix in New Documentary." Louisville Courier Journal, July 20, 2021. https:// www.courierjournal.com/story/entertainment/ movies/2021/06/24/netflix-documentary-series-features-kentucky-pappygate-whiskey-heist/5318783001/.

6   Hall, G. A. "Rare Kentucky Bourbon Stolen in Apparent Inside Job." USA Today, October 16, 2013. https://www.usatoday.com/story/money/business/2013/10/16/pappy-van-winkle-bourbon-stolen/2997065/.

7   Associated Press. "'Pappygate' Ringleader Gets Time in Prison . . .Where There's No Bourbon." Courier Journal, June 1, 2018.https://www.courier-journal.com/story/news/2018/06/01/kentucky-bourbon-pappy-van-winkle-theft-ringleader-sentenced-prison/663923002/.

8   Costello, D. "Judge's Order Lets 'Pappygate' Ringleader out ofPrison After 30 Days." Courier Journal, June 29, 2018. https://www.courier-journal.com/story/news/crime/2018/06/29/pappygate-leader-released-prison-after-30-days/746225002/.

9   Romano, A. "Bruno Mars' Las Vegas Shows Sold Out in Minutes—Here's How You Can Still Attend." Travel + Leisure, May 6, 2021. https://www.travelandleisure.com/trip-ideas/bruno-ars-park-mgm-hotel-las-vegas-package.

10   Schoormans, J. P. L., and Robben, H. S. J. "The Effect of New Package Design on Product Attention, Categorization, and Evaluation." Journal of Economic Psychology 18 (1997), 271-287.

11   Brannon, L. A., and Brock, T. C. "Limiting Time for Responding Enhances Behavior Corresponding to the Merits of Compliance Appeals: Refutations of Heuristic-Cue Theory in Service and Consumer Settings." Journal of Consumer Psychology 10, no. 3 (2001), 135-146. doi:10.1207/s15327663jcp1003_2.

12   Goldsmith, R. E., Lafferty, B. A., and Newell, S. J. "The Impact of Corporate Credibility and Celebrity Credibility on Consumer Reaction to Advertisements and Brands." Journal of Advertising 29, no. 3 (2000), 43-54. doi:10.1080/00913367.2000.10673616.

13   Engelmann, J. B., Capra, C. M., Noussair, C., and Berns, G.S."Expert Financial Advice Neurobiologically 'Offloads' Financial Decision-Making Under Risk." PLoS ONE 4, no. 3 (2009), e4957.doi:10.1371/journal.pone.0004957.

14   DeLamater, J. D., Myers, D. J., and Collett, J. L. Social Psychology. Boulder, CO: Westview, 2015.

15   Klucharev, V., Smidts, A., and Guillen, F. "Brain Mechanisms of Persuasion: How 'Expert Power' Modulates Memory and Attitudes." Social Cognitive & Affective Neuroscience 3, no. 4 (2008), 353-366. doi:10.1093/scan/nsn022.

CHAPTER 4

1   Mellers, B. A., Yin, S., and Berman, J. Z. "Reconciling Loss Aversion and Gain Seeking in Judged Emotions." Current Directions in Psychological Science 30, no. 2 (2021), 95-102. doi:10.1177/0963721421992043.

2   DeLamater, J. D., Myers, D. J., and Collett, J. L. Social Psychology. Boulder, CO: Westview, 2015.

3   Mellers, Yin, and Berman. "Reconciling Loss Aversion and Gain Seeking in Judged Emotions."

4   DeLamater, Myers, and Collett. Social Psychology.

5   Charpentier, C. J., De Martino, B., Sim, A. L., Sharot, T., and Roiser, J. P. "Emotion-Induced Loss Aversion and Striatal-Amygdala Coupling in Low-Anxious Individuals." Social Cognitive & Affective Neuros.

6   Bar-Hillel, M., and Neter, E. "Why Are People Reluctant to Exchange Lottery Tickets?" Journal of Personality and Social Psychology 70, no. 1 (1996), 17-27.

7   Risen, J. L., and Gilovich, T. "Another Look at Why People Are Reluctant to Exchange Lottery Tickets." Journal of Personality and Social Psychology 93, no. 1 (2007), 12-22.

8   Kahneman, D., and Tversky, A. "Prospect Theory: An Analysis of Decision Under Risk." Econometrica 47, no. 2 (1979), 263-292.

9   Seaton, P. "'I Hate to Lose More Than I Love to Win.' How Jimmy Connors Refused to Go Away." CalvinAyre.com, February 28, 2020. https://calvinayre.com/2020/02/28/sports/i-hate-to-lose-more-than-i-love-to-win-how-jimmy-connors-refused-to-go-away/.

10   Dalakas, V., and Stewart, K. "Earning Extra Credit or Losing Extra Credit? A Classroom Experiment on Framing Incentives as Gains or Losses." Atlantic Marketing Journal 9, no. 1 (2020), 44-55.

11   Inman, J. J., Peter, A. C., and Raghubir, P. "Framing the Deal: The Role of Restrictions in Accentuating Deal Value." Journal of Consumer Research 24, no. 1 (1997), 68-79. doi:10.1086/209494.

12   Abendroth, L. J., and Diehl, K. "Now or Never: Effects of Limited Purchase

Opportunities on Patterns of Regret over Time." Journal of Consumer Research 33, no. 3 (2006), 342-351. https://doi-org.lopes.idm.oclc.org/10.1086/508438.

13 Lange, D. "Magic Kingdom Walt Disney World Florida Attendance 2019." Statista, November 30, 2020. https://www.statista.com/statistics/232966/attendance-at-the-walt-disney-world-magic-kingdom-theme-park/.

14 Byun, S., and Sternquist, B. "Here Today, Gone Tomorrow: Consumer Reactions to Perceived Limited Availability." Journal of Marketing Theory and Practice 20, no. 2 (2012), 223-234. doi:10.2753/MTP1069-6679200207.

CHAPTER 5

1 Crouth, G. "Spa Client Manipulated into Bum Deal Irate." Pretoria News (South Africa). November 13, 2020.

2 Freeman, L. "The Marketing 100: Beanie Babies: Ty Warner." Ad Age, June 30, 1997. https://adage.com/article/news/marketing-100-beanie-babies-ty-warner/71576.

3 Bissonnette, Z. The Great Beanie Baby Bubble: Mass Delusion and the Dark Side of Cute. New York: Portfolio/Penguin, 2015.

4 Hunt, E. "What Beanie Babies Taught a Generation About the Horrors of Boom and Bust." The Guardian, June 19, 2019. https://www.theguardian.com/lifeandstyle/shortcuts/2019/jun/19/whatbeanie-babies-taught-a-generation-about-the-horrors-of-boomand-bust.

5 "Reported Retirement Sparks Beanie Buzz." Ad Age, September 13,1999. https://adage.com/article/news/reported-retirement-sparks-beanie-buzz/61176.

6 Ibid.

7 Dwyer, J. "Clothing Retailer Says It Will No Longer Destroy Unworn Garments." New York Times, January 7, 2010. https://www.nytimes.com/2010/01/07/nyregion/07clothes.html.

8 Mohr, S., Kuhl, R. "Exploring Persuasion Knowledge in Food Advertising: An Empirical Analysis." SN Bus Econ 1, 107 (2021). https://doi.org/10.1007/s43546-021-00108-y.

9 Haugtvedt, C. P., Herr, P. M., and Kardes, F. R., eds. Handbook of Consumer Psychology. New York: Lawrence Erlbaum Associates, 2008.

10 Ibid.

11 Friestad, M., and Wright, P. "The Persuasion Knowledge Model: How People Cope with Persuasion Attempts." Journal of Consumer Research 21, no. 1 (1994), 1. https://doi.org/10.1086/209380.

12 Haugtvedt, Herr, and Kardes, eds. Handbook of Consumer Psychology.

13 Reuters Staff. "Global Auto Recovery to Take More Hits from Japan Chip Plant Fire, Severe U.S. Weather: IHS." Reuters, March 31, 2021. https://www.reuters.com/article/us-autos-chips/global-auto-recovery-to-take-more-hits-from-japan-chip-plantfire-severe-u-s-weather-ihs-idUSKBN2BN27E.

14 Alba, J. W., Mela, C. F., Shimp, T. A., and Urbany, J. E. "The Effect of Discount Frequency and Depth on Consumer Price Judgments."Journal of Consumer Research 26, no. 2 (1999), 99-114.

15 Hardesty, D. M., Bearden, W. O., and Carlson. J. P. "Persuasion Knowledge and Consumer Reactions to Pricing Tactics." Journal of Retailing 83, no. 2 (2007), 199-210. doi:10.1016/j.jretai.2006.06.003.

16 Alba, Mela, Shimp, and Urbany. "The Effect of Discount Frequency and Depth on Consumer Price Judgments."

17 Drolet, A., and Yoon, C., eds. The Aging Consumer: Perspectives from Psychology and Economics. London: Taylor & Francis Group, 2010. ProQuest Ebook Central.

18 Ziaei, M., and Fischer, H. "Emotion and Aging: The Impact of Emotion on Attention, Memory, and Face Recognition in Late Adulthood." In J. R. Absher and J. Cloutier (eds.). Neuroimaging Personality, Social Cognition, and Character. London: Elsevier, 2016, pp. 259-278. https://doi.org/10.1016/b978-0-12-800935-2.00013-0.

19 Phillips, L. W., and Sternthal, B. "Age Differences in Information Processing: A Perspective on the Aged Consumer." Journal of Marketing Research 14, no. 4 (1977), 444-457. doi:10.2307/3151185.

20 Kaur, D., Mustika, M. Dwi, and Sjabadhyni, B. "Affect or Cognition: Which Is More Influencing Older Adult Consumers' Loyalty?" Heliyon 4, no. 4 (2018). https://

doi.org/10.1016/j.heliyon.2018.e00610.

21 "What Drives Brand Loyalty Today." Morning Consult. Accessed August 3, 2021.
https://morningconsult.com/form/brand-loyalty-today/.

22 Drolet and Yoon, eds. The Aging Consumer.

23 Riggle, E. D., and Johnson, M. M. "Age Difference in Political Decision Making:
Strategies for Evaluating Political Candidates." Political Behavior 18, no. 1 (1996),
99-118. https://doi.org/10.1007/bf01498661.

24 Drolet and Yoon, eds. The Aging Consumer.

25 Fung, H. H., and Carstensen, L. L. "Sending Memorable Messages to the Old: Age
Differences in Preferences and Memory for Advertisements." Journal of Personality
and Social Psychology 85, no. 1 (2003), 163-178.

CHAPTER 6

1 McDonald's USA LLC. "Look Who's Back! McDonald's®Shamrock Shake® Returns
to Mark the First Green of Spring."PRNewswire, February 2, 2021. https://
www.prnewswire.com/news-releases/look-whos-back-mcdonalds-shamrock-
shake-returns-to-mark-the-first-green-of-spring-301220153.html.

2 Godinho, S., Prada, M., and Garrido, M. V. "Under Pressure: AnIntegrative
Perspective of Time Pressure Impact on ConsumerDecision-Making." Journal of
International Consumer Marketing 28, no. 4 (2016), 251-273. doi:10.1080/089615
30.2016.1148654.

3 Aggarwal, P., and Vaidyanathan, R. "Use It or Lose It: PurchaseAcceleration
Effects on Time-Limited Promotions." Journal of Consumer Behaviour 2, no. 4
(2003), 393-403.

4 Gabler, C. B., and Reynolds, K. E. "Buy Now or Buy Later: The Effects of Scarcity
and Discounts on Purchase Decisions." Journal of Marketing Theory & Practice 21,
no. 4 (2013), 441-456. doi:10.2753/MTP1069-6679210407.

5 Aggarwal and Vaidyanathan. "Use It or Lose It."

6 Wu, Y., Xin, L., Li, D., Yu, J., and Guo J. "How Does Scarcity Promotion Lead to
Impulse Purchase in the Online Market? A Field Experiment." Information &

Management 58, no. 1 (2021). doi:10.1016/j.im.2020.103283.

7   Song, M., Choi, S., and Moon, J. "Limited Time or Limited Quantity? The
    Impact of Other Consumer Existence and Perceived Competition on the Scarcity
    Messaging—Purchase Intention Relation." Journal of Hospitality and Tourism
    Management 47, no. 3 (June 2021),167-175. doi:10.1016/j.jhtm.2021.03.012.

8   Prime Rib Specials (n.d.). Retrieved March 13, 2021, from https://
    www.bjsrestaurants.com/prime-rib-specials.

9   Mims, C. "The Untold History of Starbucks' Pumpkin Spice Latte."Quartz. October
    17, 2013. https://qz.com/136781/psl-untold-history-of-starbucks-pumpkin-spice-
    latte/.

10 Chou, J. "History of the Pumpkin Spice Latte." The Daily Meal.October 28, 2013.
    https://www.thedailymeal.com/news/historypumpkin-spice-latte/102813.

11 Ibid.

12 Ibid.

13 Lucas, A. "Starbucks Is Introducing Its First New Pumpkin Coffee
    Beverage Since the Pumpkin Spice Latte." CNBC, August 26, 2019. https://
    www.cnbc.com/2019/08/26/starbucks-is-introducing-its-first-new-pumpkin-
    beverage-since-the-pumpkin-spice-latte.html.

14 Valinsky, J. "Attention Red Cup Fans! Here's How to Get Your Free Reusable
    Holiday Cup at Starbucks." CNN Business. ABC7 Los Angeles, November 18, 2021.
    https://abc7.com/starbuckscups- reusable-cup-holiday/11250222/.

15 "Five-Day Flash Sale with Savings of Up to 60% for Your Staycation on Yas
    Island." Adgully, September 1, 2021.

16 Berezina, K., Semrad, K. J., Stepchenkova, S., and Cobanoglu, C. "The Managerial
    Flash Sales Dash: Is There Advantage or Disadvantage at the Finish Line?"
    International Journal of Hospitality Management 54 (April 2016),12-24.
    doi:10.1016/j.ijhm.2016.01.003.

17 Berezina, Semrad, Stepchenkova, and Cobanoglu. "The Managerial Flash Sales
    Dash."

18 Hobica, G. "Confessions of an Airline Revenue Manager." Fox News, November

15, 2015. https://www.foxnews.com/travel/confessions-of-an-airline-revenue-manager.

19   Dhawan, N. "J.Crew Just Launched a Huge Flash Sale with an Extra 60% off Sale Items—but Only for Today." USA Today, March 19, 2021. https://www.usatoday.com/story/tech/reviewedcom/2021/03/19/j-crew-sale-get-extra-60-off-sale-clothing-shoes-and-more/4765251001/.

20   Lunden, I. "Five Woot Execs Check Out, as Daily Deals Site Feels the Strain Under Owner Amazon." TechCrunch. May 12, 2013. https://techcrunch.com/2013/05/12/five-woot-execs-check-out-as-daily-deals-site-feels-the-strain-under-owner-amazon/.

21   Ibid.

22   Houston, J. "A Psychologist Explains How Trader Joe's Gets You to Spend More Money." Business Insider. January 22, 2021. https://www.businessinsider.com/trader-joes-how-gets-youspend-money-psychologist-2019-1.

23   Gasparro, A. "Coupon-Clipping Fades into History as COVID-19 Accelerates Digital Shift." Wall Street Journal, September 1, 2020. https://www.wsj.com/articles/coupon-clipping-fades-into-history-as-covid-19-accelerates-digital-shift-11598702400.

24   "Integrated Print and Digital Promotion: 2020 Trends &Insights." Kantar. February 25, 2021. https://cdne.kantar.com/north-america/inspiration/advertising-media/print-and-digital-promotion-trends-2020.

25   Ibid.

26   Johnson, E. "How AI Is Transforming Coupon MarketingCampaigns?" ClickZ, January 26, 2021. https://www.clickz.com/how-ai-is-transforming-coupon-marketing-campaigns/264928/.

27   Smith, G. "Coupon Code Stats." Blippr, April 4, 2021. https://www.blippr.com/about/coupon-code-stats/.

28   Stuever, H. "TLC's 'Extreme Couponing': Little Piggies Go to Market, and Clean Up on Aisle 5." Washington Post, April 5, 2011. https://www.washingtonpost.com/lifestyle/style/tlcs-extreme-couponing-little-piggies-go-to-market-and-clean-up-on-aisle-5/2011/04/04/AFqJp9kC_story.html.

29   "Coupons.Com and Claremont Graduate University Study Reveals Coupons
     Make You Happier and More Relaxed." Business Wire, November 19, 2012.
     https://www.businesswire.com/news/home/20121119005572/en/Coupons.com-and-
     Claremont-Graduate-University-Study-Reveals-Coupons-Make-You-Happier-
     and-More-Relaxed.

30   Ibid.

31   Inman, J. J., Peter, A. C., and Raghubir, P. "Framing the Deal:The Role of
     Restrictions in Accentuating Deal Value." Journal of Consumer Research 24, no. 1
     (1997), 68-79. doi:10.1086/209494.

32   Krishna, A., and Zhang, Z. J. "Short- or Long-Duration Coupons:The Effect of the
     Expiration Date on the Profitability of Coupon Promotions." Management Science
     45, no. 8 (1999), 1041-1056.

33   Inman, Peter, and Raghubir. "Framing the Deal."

34   Sinha, I., Chandran, R., and Srinivasan, S. S. "Consumer Evaluations of Price and
     Promotional Restrictions—a Public Policy Perspective." Journal of Public Policy &
     Marketing 18, no.1 (1999), 37-51. https://doi.org/10.1177/074391569901800106.

35   Hanna, R., Swain, S., and Berger, P. "Optimizing Time-Limited Price Promotions."
     Journal of Marketing Analytics 4, no. 2 (2016), 77-92. doi:10.1057/s41270-016-
     0006-y.

36   Rodriguez, A. "Getting to Know You: J.C. Penney, Kohl's Go for Personalization."
     Advertising Age, May 18, 2015.

37   "Disruptions in Retail Through Digital Transformation: Reimagining the Store of
     the Future." Deloitte, November 2017.

38   "About Us." Dunkin'. Accessed September 11, 2021. https://www.dunkindonuts.com/
     en/about/about-us.

39   Gasparro, A. "Coupon-Clipping Fades into History as COVID-19 Accelerates
     Digital Shift." Wall Street Journal, September 1, 2020. https://www.wsj.com/
     articles/coupon-clipping-fades-into-history-as-covid-19-accelerates-digital-
     shift-11598702400.

40   Johnson. "How AI Is Transforming Coupon Marketing Campaigns?"

41 "TrueShip Announces Limited-Time Sale: 50% Off First Month of ReadyShipper Shipping Software for New Users with Coupon Code RS-SAVE-50." Marketwire Canada, July 15, 2015.

42 "Nissan: Victoria Dealership Service Center Provides SelectMaintenance Coupons for a Limited Time." Contify AutomotiveNews, July 16, 2020. Gale General OneFile.

43 "BlueHost Coupon—Just $3.95 per Month, a Limited Time Offer." PRWeb Newswire, June 9, 2012. Gale General OneFile.

44 "Dell Back-to-School Coupon: Save $150 on XPS, Alienware, Inspiron," ICT Monitor Worldwide, July 22, 2017.

45 Email received from Joann.com on September 11, 2021.

46 Jcrew.com, September 10, 2021.

CHAPTER 7

1 Rosenberg, E. "'The Shed at Dulwich' Was London's Top-Rated Restaurant. Just One Problem: It Didn't Exist." Washington Post, March 28, 2019. https:// www.washingtonpost.com/news/food/ wp/2017/12/08/it-was-londons-top-rated-restaurant-just-oneproblem-it-didnt-exist/.

2 Butler, O. "I Made My Shed the Top-Rated Restaurant on TripAdvisor." VICE, December 6, 2017. https://www.vice.com/en/article/434gqw/i-made-my-shed-the-top-rated-restaurant-on-tripadvisor.

3 Haugtvedt, C. P., Herr, P. M., and Kardes, F. R., eds. Handbook of Consumer Psychology. New York: Lawrence Erlbaum Associates, 2008.

4 Butts, R. "Social Comparison Theory." Salem Press Encyclopedia, 2020.

5 Ibid.

6 Ibid.

7 Yarrow, K. Decoding the New Consumer Mind: How and Why We Shop and Buy. San Francisco: Jossey-Bass, 2014.

8 Haugtvedt, Herr, and Kardes, eds. Handbook of Consumer Psychology.

9   Sevilla, J., and Redden, J. P. "Limited Availability Reduces the Rate of Satiation." Journal of Marketing Research 51, no. 2 (2014),205-217.

10   Amaldoss, W., and Jain, S. "Pricing of Conspicuous Goods: A Competitive Analysis of Social Effects." Journal of Marketing Research 42, no. 1 (2005), 30-42. https:// journals.sagepub.com/doi/10.1509/jmkr.42.1.30.56883.

11   Roof, K. "Clubhouse Discusses Funding at About $4 Billion Value." Bloomberg.com. April 6, 2021. https://www.bloomberg.com/news/articles/2021-04-06/clubhouse-is-said-to-discuss-funding-at-about-4-billion-value.

12   Amaldoss and Jain. "Pricing of Conspicuous Goods."

13   "Scents and Sensibility." Marketing Week, July 3, 1997. https:// www.marketingweek.com/scents-and-sensibility/.

14   Kodali, Sucharita. "Digital Go-to-Market Review: Home Goods Brands, 2020," Forrester Report, October 1, 2020. https://www.forrester.com/report/Digital-GoToMarket-Review-Home-Goods-Brands-2020/RES161596.

15   Sularia, S. "Council Post: Combating Gray-Market Activities and Protecting Your Brand (Part II): Seven Best Practices." Forbes, April 9, 2021. https:// www.forbes.com/sites/forbestechcouncil/2021/04/09/combating-gray-market-activities-and-protecting-your-brand-part-ii-seven-best-practices/.

16   Aftab, M. A., Yuanjian, Q., Kabir, N., and Barua, Z. "Super Responsive Supply Chain: The Case of Spanish Fast Fashion Retailer Inditex-Zara." International Journal of Business and Management 13, no. 5 (2018), 212. https://doi.org/10.5539/ ijbm.v13n5p212.

17   Byun, S., and Sternquist, B. "Here Today, Gone Tomorrow: Consumer Reactions to Perceived Limited Availability." Journal of Marketing Theory and Practice 20, no. 2 (2012), 223-234. doi:10.2753/MTP1069-6679200207.

18   Ton, Z., Corsi, E., and Dessain, V. "ZARA: Managing Stores for Fast Fashion." Case Study. Harvard Business School, November 23, 2009.

19   Byun and Sternquist. "Here Today, Gone Tomorrow."

20   "About OdySea Aquarium." OdySea Aquarium. Accessed August 21, 2021. https://www.odyseaaquarium.com/about/.

21 "OdySea Aquarium in Scottsdale, AZ—the Southwest's Largest Aquarium." OdySea Aquarium. Accessed August 21, 2021. https://www.odyseaaquarium.com/.

22 Richards, K. "M&M's Made a Magical, Interactive Pop-Up Where Fans Vote for a New Crunchy Chocolate Flavor." Adweek, April 20, 2018. https://www.adweek.com/brand-marketing/mms-made-a-magical-interactive-pop-up-where-fans-vote-for-a-new-crunchy-chocolate-flavor/.

23 Becker, B. "14 Examples of Experiential Marketing Campaigns That'll Give You Serious Event Envy." HubSpot Blog, August 16, 2021. https://blog.hubspot.com/marketing/best-experiential-marketing-campaigns.

24 Mars, Incorporated. "M&M's® Announces Crunchy Mint as Winning Flavor in the 2018 'Flavor Vote' Campaign." PR Newswire, August 1, 2018. https://www.prnewswire.com/newsreleases/mms-announces-crunchy-mint-as-winning-flavor-in-the-2018-flavor-vote-campaign-300689947.html.

25 Fombelle, P. W., Sirianni, N. J., Goldstein, N. J., and Cialdini, R. B. "Let Them All Eat Cake: Providing VIP Services Without the Cost of Exclusion for Non-VIP Customers." Journal of Business Research 68, no. 9 (2015), 1987-1996. doi:10.1016/j.jbusres.2015.01.018.

26 Ibid.

CHAPTER 8

1 Gralnick, J. "$175,000 Mattress Sold as 'Investment' in Good Sleep." CNBC, March 19, 2013. https://www.cnbc.com/id/100563624.

2 Adams, W. Lee. "The Royal Bed: Is a Good Night's Sleep Worth $175,000?" Time, March 21, 2013. https://style.time.com/2013/03/21/the-royal-bed-is-a-good-nights-sleep-worth-175000/.

3 Bowerman, Mary. "People Are Freaking Out over Starbucks Unicorn Frappuccino." USA Today, April 18, 2017. https://ww.usatoday.com/story/money/nation-now/2017/04/18/people-freaking-out-over-starbucks-unicorn-frappuccino/100592430/.

4 Koltun, N. "Mobile Campaign of the Year: Starbucks Unicorn Frappuccino." Marketing Dive, December 4, 2017. https://www.marketingdive.com/news/mobile-

campaign-of-the-year-starbucks-unicorn-frappuccino/510799/.

5   Dimon, J. "Starbucks: The Unicorn in the Report." Seeking Alpha. May 5, 2017. https://seekingalpha.com/article/4069794-starbucks-unicorn-in-report.

6   "Korbel Releases Limited-Edition Valentine's Day Bottle." Beverage Industry, October 28, 2015. https://www.bevindustry.com/articles/88205-korbel-releases-limited-edition-valentines-day-bottle.

7   "History." Panerai. Accessed August 31, 2021. https://www.panerai.com/us/en/about-panerai/history.html.

8   Yarrow, K. Decoding the New Consumer Mind: How and Why We Shop and Buy. San Francisco: Jossey-Bass, 2014.

9   "History." Panerai.

10   Yarrow. Decoding the New Consumer Mind.

11   Ibid.

12   Ibid.

13   Greene, L. "The Paneristi: The Benefits of Engaging with Your Cult Followers." Financial Times, September 10, 2010. https://www.ft.com/content/5715a3d0-bba5-11df-89b6-00144feab49a.

14   "Self-Expression." Merriam-Webster. Accessed August 31, 2021. https://www.merriam-webster.com/dictionary/self-expression.

15   Chae, H., Kim, S., Lee, J., and Park, K. "Impact of Product Characteristics of Limited Edition Shoes on Perceived Value, Brand Trust, and Purchase Intention; Focused on the Scarcity Message Frequency." Journal of Business Research 120 (November 2020), 398-406. doi:10.1016/j.jbusres.2019.11.040.

16   The quote was obtained from the website Goodreads. Accessed September 2, 2021. https://www.goodreads.com/quotes/187115-why-fit-in-when-you-were-born-to-stand-out. (Note: There is speculation if Dr. Seuss ever used these exact words.)

17   Chae, Kim, Lee, and Park. "Impact of Product Characteristics of Limited Edition Shoes on Perceived Value, Brand Trust, and Purchase Intention."

18   Gierl, H., and Huettl, V. "Are Scarce Products Always More Attractive? The

Interaction of Different Types of Scarcity Signals with Products' Suitability for Conspicuous Consumption." International Journal of Research in Marketing 27, no. 3 (2010), 225-235. doi:10.1016/j.ijresmar.2010.02.002.

19   Veblen, T. The Theory of the Leisure Class. Project Gutenberg, March 1, 1997. https://www.gutenberg.org/ebooks/833.

20   "Leisure Class." Encyclopedia.com, June 8, 2008. https://www.encyclopedia.com/social-sciences-and-law/sociology-and-social-reform/sociology-general-terms-and-concepts/leisure-class.

21   Gierl and Huettl. "Are Scarce Products Always More Attractive?"

22   Bagwell, L. S., and Bernheim, B. D. "Veblen Effects in a Theory of Conspicuous Consumption." American Economic Review 86, no.3 (1996), 349-373.

23   Wu, L., and Lee, C. "Limited Edition for Me and Best Seller for You: The Impact of Scarcity Versus Popularity Cues on Self Versus Other-Purchase Behavior." Journal of Retailing 92, no. 4 (2016), 486-499. doi:10.1016/j.jretai.2016.08.001.

24   Bagwell and Bernheim. "Veblen Effects in a Theory of Conspicuous Consumption."

25   Dornyei, K. R. "Limited Edition Packaging: Objectives, Implementations and Related Marketing Mix Decisions of a Scarcity Product Tactic." Journal of Consumer Marketing 37, no.6 (2020), 617-627.

26   Stein, J. "Chaos Day Is Coming." Paste Magazine, January 11, 2017. https://www.pastemagazine.com/drink/the-ram-/chaosday-is-coming/.

27   "Would You Drive 1,200 Miles to Get Your Hands on This Beer? There's Nothing like Scarcity—Real or Perceived—to Boost Demand, Which Is Why the Hottest Thing at Craft Breweries Today Is Limited-Edition Beers." Crain's Chicago Business, February 10, 2017.

28   Bromwich, J. E. "We Asked: Why Does Oreo Keep Releasing New Flavors?" New York Times, December 16, 2020. https://www.nytimes.com/2020/12/16/style/oreo-flavors.html.

29   Ibid.

30   Struble, C. "Captain Marvel Inspired Recipes: Powering the Hero Within Everyone." FoodSided, March 1, 2019. https://foodsided.com/2019/03/01/captain-

marvel-inspired-recipes-powering-herowithin-everyone/.

CHAPTER 9

1   Kristofferson, K., McFerran, B., Morales, A. C., and Dahl, D.W. "The Dark Side of Scarcity Promotions: How Exposure to Limited-Quantity Promotions Can Induce Aggression." Journal of Consumer Research 43, no. 5 (2017), 683-706. https://doi.org/10.1093/jcr/ucw056.

2   Cialdini, R. B., and Rhoads, K. V. L. "Human Behavior and the Marketplace." Marketing Research 13, no. 3 (2001), 8-13.

3   Lee, S. M., Ryu, G., and Chun, S. "Perceived Control and Scarcity Appeals." Social Behavior and Personality 46, no. 3 (2018), 361-374. https://doi.org/10.2224/sbp.6367.

4   Roy, R. "The Effects of Envy on Scarcity Appeals in Advertising: Moderating Role of Product Involvement." Advances in Consumer Research 44, no. 756 (2016).

5   Aguirre-Rodriguez, A. "The Effect of Consumer Persuasion Knowledge on Scarcity Appeal Persuasiveness." Journal of Advertising 42, no. 4 (2013), 371-379. https://doi.org/10.1080/00913367.2013.803186.

6   Lee, S. Y., and Jung, S. "Shelf-Based Scarcity and Consumers' Product Choice: The Role of Scarcity Disconfirmation." Social Behavior and Personality 47, no. 5 (2019), 1-10. https://doi.org/10.2224/sbp.7957.

7   van Herpen, E., Pieters, F. G. M., and Zeelenberg, M. "How Product Scarcity Impacts on Choice: Snob and Bandwagon Effects." Advances in Consumer Research 32 (2005), 623-624.

8   Lee and Jung. "Shelf-Based Scarcity and Consumers' Product Choice."

9   Niesiobędzka, M. "An Experimental Study of the Bandwagon Effect in Conspicuous Consumption." Current Issues in Personality Psychology 6, no. 1 (2018), 26-33. https://doi.org/10.5114/cipp.2017.67896.

10   Lee and Jung. "Shelf-Based Scarcity and Consumers' Product Choice."

11   Thrane, C., and Haugom, E. "Peer Effects on Restaurant Tipping in Norway: An Experimental Approach." Journal of Economic Behavior & Organization 176 (August

2020), 244-252. doi:10.1016/j.jebo.2020.04.010.

12   Cai, H., Chen, Y., and Fang, H. "Observational Learning: Evidence from a
     Randomized Natural Field Experiment." American Economic Review 99, no. 3
     (2009).

13   Smith, G. "QVC's Plan to Survive Amazon Might Actually Be Working." Bloomberg,
     February 6, 2018. https://www.bloomberg.com/news/features/2018-02-06/qvc-s-
     plan-to-survive-amazon-and-escape-the-cable-tv-death-spiral.

14   Ibid.

15   Gierl, H., Plantsch, M., and Schweidler, J. "Scarcity Effects on Sales Volume in
     Retail." International Review of Retail, Distribution & Consumer Research 18, no. 1
     (2008), 45-61. https://psycnet.apa.org/record/2008-01217-003.

16   Cremer, S., and Loebbecke, C. "Selling Goods on E-Commerce Platforms: The
     Impact of Scarcity Messages." Electronic Commerce Research and Applications 47
     (2021), 101039. https://doi.org/10.1016/j.elerap.2021.101039.

17   Cialdini, R. B. Influence, New and Expanded: The Psychology of Persuasion. New
     York: HarperCollins Publishers, 2021.

18   Daspin, E. "The T-Shirt You Can't Get." Wall Street Journal, October 10, 2003.
     https://www.wsj.com/articles/SB10657460791372700.

19   LeVick, K. "Behind the Label: Robinhood." TheStreet, August 6,2021. https://
     www.thestreet.com/investing/behind-label-robinhood.

CHAPTER 10

1   Stump, S. "Oscar Mayer Comes Out with Bologna-Inspired Sheet Masks."
     TODAY.com, January 19, 2022. https://www.today.com/food/trends/oscar-mayer-
     comes-bologna-inspired-skincare-masks-rcna12728.

2   Tyko, K. "Oscar Mayer Sells Out of Bologna-Inspired Face Masks on Amazon,
     Plans to Restock." USA Today, January 19, 2022. https://www.usatoday.com/story/
     money/shopping/2022/01/19/oscar-mayer-bologna-masks-amazon/6563703001/.

소비자의 구매 심리를 자극하는 희소성의 법칙

한정판의 심리학

초판 1쇄 발행 2023년 8월 24일

지은이 민디 와인스타인
옮긴이 도지영
펴낸이 성의현
펴낸곳 (주)미래의창

책임편집 최소혜
디자인 공미향

출판 신고 2019년 10월 28일 제2019-000291호
주소 서울시 마포구 잔다리로 62-1 미래의창빌딩(서교동 376-15, 5층)
전화 070-8693-1719 팩스 0507-1301-1585
홈페이지 www.miraebook.co.kr
ISBN 979-11-92519-84-5 03320

※ 책값은 뒤표지에 있습니다.

생각이 글이 되고, 글이 책이 되는 놀라운 경험. 미래의창과 함께라면 가능합니다.
책을 통해 여러분의 생각과 아이디어를 더 많은 사람들과 공유하시기 바랍니다.
투고메일 togo@miraebook.co.kr (홈페이지와 블로그에서 양식을 다운로드하세요)
제휴 및 기타 문의 ask@miraebook.co.kr